FERRET 1979

COLLECTION MICHEL LÉVY
— 1 franc le volume —
1 franc 25 centimes à l'étranger

FRÉDÉRIC SOULIÉ
— ŒUVRES COMPLÈTES —

AU JOUR
LE JOUR

PARIS
MICHEL LÉVY FRÈRES, LIBRAIRES-ÉDITEURS
RUE VIVIENNE, 2 BIS

1858

COLLECTION MICHEL LÉVY

OEUVRES COMPLÈTES

DE

FRÉDÉRIC SOULIÉ

POUR PARAITRE DANS LA COLLECTION MICHEL LÉVY

ŒUVRES COMPLÈTES

DE

FRÉDÉRIC SOULIÉ

UN VOLUME PAR SEMAINE

LES MÉMOIRES DU DIABLE.	2 vol.
CONFESSION GÉNÉRALE.	2 —
LES DEUX CADAVRES.	1 —
LES QUATRE SŒURS.	1 —
AU JOUR LE JOUR.	1 —
MARGUERITE. — LE MAITRE D'ÉCOLE.	1 —
HUIT JOURS AU CHATEAU.	1 —

Les autres ouvrages paraîtront successivement.

IMPRIMERIE DE BEAU, A SAINT-GERMAIN-EN-LAYE.

AU
JOUR LE JOUR

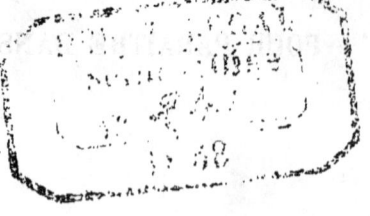

PAR

FRÉDÉRIC SOULIÉ

PARIS

MICHEL LÉVY FRÈRES, LIBRAIRES-ÉDITEURS

RUE VIVIENNE, 2 BIS

—

1858

AU JOUR LE JOUR

I

25 décembre 1843

C'était hier soir.

Le salon de M. Simon, avoué, était éclairé comme pour un bal, et la table était pressée dans la salle à manger.

Il était dix heures, et cependant personne n'était encore arrivé.

Madame Simon (une femme de trente-six ans, de bonne mine, de bonne tournure et d'une parure fort simple) allait et venait, s'assurant de la bonne exécution de ses ordres.

Une jeune fille était assise devant le piano et repassait nonchalamment quelques contredanses. De temps en temps elle laissait échapper un léger bâillement, et, à chaque fois qu'elle retournait un des feuillets de la musique placée devant elle, elle jetait un regard dédaigneux dans le salon et murmurait d'un air de reine mal élevée ces mots malséants :
— Quel ennui, mon Dieu! quel ennui!

Cette jeune fille était habillée d'une façon remarquable, en ce sens qu'on pouvait dire qu'elle n'était point assez parée pour une fête, et qu'elle était beaucoup trop richement habillée pour une fille de son âge.

C'était une fille de seize ans.

Elle portait une robe montante, de satin gris-perle, fermée du haut en bas de boutons de jais blanc; les manches, ouvertes jusques auprès du coude, laissaient voir de secondes manches de magnifique dentelle. Son bonnet (elle portait un bonnet), en vieux point de Venise, avait presque la valeur d'une parure tout entière, et enfin elle avait à son bras gauche un bracelet dont l'unique diamant, monté avec la plus extrême simplicité, ferait la fortune d'un honnête bourgeois : on l'estimait à cinquante mille francs.

Dès l'abord, on eût pu croire que c'était une jeune femme dans tout l'éclat de ces premières toilettes qui sont la véritable lune de miel des jeunes mariées ; mais, en la regardant mieux, malgré les airs supérieurs qu'elle affectait, on reconnaissait tout de suite que ni l'amour ni le mariage n'avaient passé par là. Il y a dans la double virginité d'une jeune fille quelque chose d'empesé et de sec qui se reconnaît aisément. Son regard est droit; son geste, pointu et serré.

Quand l'amour vient, il dénoue, pour ainsi dire, ce regard, il le rend flexible, et lui donne ces douces langueurs et ces vifs éclairs qui attestent un cœur qui bat : quand le mariage est venu, l'allure, le geste semblent aussi se dénouer, et la femme marche plus libre, plus souple et plus fière à la fois.

Du reste, si l'on pouvait trouver à critiquer dans sa toilette, il eût été difficile d'en faire autant pour sa personne.

Cette jeune fille était admirablement belle ; car elle l'était à la fois de cette beauté qui vient de l'exacte pureté des traits, et de cette beauté bien plus rare qui tient au charme de la physionomie.

Elle avait particulièrement dans l'ensemble de son visage quelque chose d'élevé, de résolu et d'intelligent qui lui eût assurément été reproché par ceux des hommes qui s'alarment de la liberté d'idées à laquelle prétendent certaines femmes.

Cependant les exclamations de la jeune fille, dites d'abord

d'une voix étouffée, s'étaient peu à peu élevées à un diapason tel qu'elles frappèrent l'oreille de madame Simon, qui s'arrêta au milieu du salon.

— Tu t'ennuies, Sabine? dit-elle d'un ton doux et indulgent, mais qui n'avait rien de cette tendresse alarmée qui fait reconnaître une mère à sa première parole. — Moi? reprit Sabine en rougissant d'avoir été ainsi surprise; non, vraiment. — Que disais-tu donc? — C'est un passage de cette contredanse que je ne puis jouer en mesure, et que j'ai recommencé dix fois. — Ce n'est pas cela, mon enfant, tu joues supérieurement cette musique et d'autres beaucoup plus difficiles; mais notre monde t'ennuie, notre maison te paraît triste. — Ma bonne amie, dit la jeune fille en se levant vivement et en courant à madame Simon, oh! vous me croyez donc bien ingrate de me supposer de pareils sentiments? — Non, Sabine, non, repartit madame Simon, je ne te crois pas ingrate pour cela; tu nous sais bon gré, j'en suis sûre, de tous nos soins, de notre affection, de notre désir de te voir heureuse; mais soit notre faute, soit la tienne, nos efforts n'aboutissent à rien. Tu t'ennuies chez nous.

Sabine baissa la tête, et une larme tomba de ses yeux.

— Vous avez raison, dit-elle, je ne suis pas heureuse.

Madame Simon l'attira sur une causeuse, et moitié triste, moitié riant de la prétention de cette belle enfant à être malheureuse, elle lui dit : — Allons, voyons, Sabine, raconte-moi ce qui te tourmente ainsi. Quelle idée chagrine t'a passé par la tête? Dis-moi cela, et tu verras que ton malheur s'en ira avec ta confidence.

La jeune fille se détourna sans répondre, et madame Simon reprit : — Voyons, qu'as-tu donc? — Rien, ma bonne amie, rien. Je souffre, et l'idée de m'amuser ce soir me rend triste à mourir. — Mais que te manque-t-il? que désires-tu? — Rien. — Voyons, raisonnons un peu. — Est-ce qu'on raisonne avec ce qu'on sent malgré soi? — Ah! fit madame

Simon, voilà une de ces phrases toutes faites que M. Simon déteste, et dont il te ferait une rude querelle, s'il l'entendait.
— Mon tuteur est excellent pour moi, dit Sabine, aussi bon que vous, et c'est beaucoup dire ; mais il ne comprend rien au cœur des femmes.

Madame Simon fit un petit sourire malin qui la rajeunit de dix ans, et reprit : — A mon sens, M. Simon comprend très-bien le cœur des femmes. Je suis femme, et je l'ai aimé. J'avais dix-huit ans quand cela a commencé ; j'en ai trente-six, et cela dure encore. — Vrai ! dit Sabine d'un air si naïvement étonné qu'il couvrit l'impertinence des paroles, vrai ? vous l'avez aimé d'amour ? — Oui, reprit madame Simon en souriant à un charmant souvenir. Oui, je l'ai aimé avec tout ce qui fait une véritable passion. Je n'en dormais pas ; quand il devait venir le soir chez mon père, je l'attendais depuis le matin. Quand il arrivait, je ne le regardais pas, tant j'avais besoin de cacher ma joie. S'il parlait à une autre, j'épiais son visage, je devinais ses paroles, mon cœur se serrait ; puis, lorsque après mille détours il arrivait jusqu'à moi, tout mon cœur se dilatait, il me semblait que tout à coup je respirais un air plus libre, meilleur à ma poitrine ; je me sentais heureuse. — Vraiment !... reprit Sabine du même air étonné, et il était déjà avoué ?

La question ainsi posée montrait parfaitement que, dans l'esprit de Sabine, l'idée d'amour et l'idée d'avoué lui paraissaient incompatibles.

— Il était déjà avoué. Mais, reprit madame Simon avec un sourire moqueur, il faut bien vous le dire, pour m'excuser de l'avoir aimé malgré son titre, M. Simon n'était pas alors l'homme un peu gros, un peu lourd, un peu gris, que vous connaissez ; c'était un beau jeune homme, élégant, sérieux au besoin, plein de gaîté, quand il le fallait, et qui eut l'impertinence de me dire un jour avec le plus profond respect :
— Mademoiselle, je vous aime ; si cet amour ne vous

déplaît point, je demanderai votre main à M. votre père.

Je devins toute tremblante, et je répondis, je crois, que ce n'était pas ainsi qu'on agissait d'ordinaire, et qu'il devait s'adresser à mon père; à quoi il me répondit avec la même impertinence et le même respect : — Je le sais, mademoiselle; mais, franchement, ne vaut-il pas mieux que, si ma recherche doit vous déplaire, je vous sauve d'abord l'ennui qu'elle vous inspirerait, et ensuite les petits chagrins qu'elle pourrait amener entre vous et votre père, s'il l'agréait contrairement à vos vœux?

J'étais fort embarrassée, il s'en aperçut et me dit d'une voix qui tremblait, malgré l'air déterminé qu'il affectait : — Madame Simon n'est pas un joli nom. — Je crois, lui dis-je, qu'il sera toujours honorable.

Mon enfant, continua madame Simon, il y a de ces émotions qu'on ne retrouve jamais dans sa vie et qu'on n'explique jamais bien. M. Simon demeura immobile, ses yeux s'attachèrent sur les miens, j'ai vu sa poitrine se gonfler; il était pâle et serrait les dents comme pour contenir tout ce qui lui montait du cœur aux lèvres. Enfin tout ce bonheur se fit jour, une larme roula dans ses yeux... il ne pouvait rien dire de mieux. Je le quittai. Oh! mon enfant, on aimerait rien que pour l'avoir rendu si heureux... fût-il avoué, fût-il...

— Et vous l'aimez toujours ainsi? dit Sabine, qui écoutait madame Simon comme si elle lui eût fait un conte de fées. — Oh! mon enfant, reprit madame Simon en riant, ce n'est plus la même chose. — Je savais bien, dit Sabine en souriant.

Madame Simon prit un air tout à fait sérieux, et ajouta : — Ce n'est plus la même chose, Sabine; mais c'est aussi bien. Quand on a vécu vingt ans à côté d'un homme dont la tendresse et la protection ne nous ont jamais manqué, qui s'est fait un devoir de notre bonheur; d'un homme qui a loyalement dirigé notre vie d'une main ferme et douce à la

1.

fois ; d'un homme dont la bonne réputation vous accompagne partout ; d'un homme d'un caractère et d'un esprit assez hauts pour laisser à une femme le droit d'être triste ou gaie sans raison... quand on a vu revenir à soi, par la considération, par la fortune, par les plaisirs, tous les fruits des travaux de cet homme, on l'aime, Sabine, d'une tendresse qui n'a plus sans doute les charmantes ivresses d'un jeune amour, mais qui remplit le cœur d'une noble sécurité et d'une joie sérieuse.

Sabine avait écouté avec attention ; elle réfléchit un moment et reprit : — Ah ! vous avez été heureuse, vous ! — Et tu ne le seras jamais, toi, n'est-ce pas ? reprit madame Simon en se remettant dans sa douce gaîté. — Oh ! moi, dit Sabine, c'est bien différent.

Et l'expression de son visage montra que sa douleur était véritablement sentie.

— Tu es orpheline, mon enfant, et c'est là un bien grand malheur, je le sais ; quelque affection que nous ayons pour toi, rien ne remplace une mère, un père...

Sabine devint rouge jusqu'au blanc des yeux... et elle comprima ses lèvres tremblantes, pendant que de grosses larmes tombaient de ses yeux.

— Vous savez bien, reprit-elle, que je ne puis vous répondre à ce sujet ; vous savez bien que j'ai entendu dans votre maison un homme qui a osé dire : « Mieux vaut pour elle être seule au monde, que d'avoir encore un père pareil... et... » — Tu as raison, mon enfant, dit madame Simon en la prenant dans ses bras, je t'ai affligée... j'ai eu tort, n'en parlons plus jamais.

Sabine pleurait toujours.

— C'est qu'aussi tu n'es pas raisonnable. Tu as seize ans, tu es belle comme un ange, tu es bonne au fond, quoique un peu gâtée, tu possèdes une immense fortune, et il n'est pas un homme qui ne soit heureux, qui ne soit fier de t'avoir pour femme. Tu auras un titre si cela te plaît ; tu peux, si tu le veux, choisir parmi les hommes le plus haut placés dans le monde politique... si tu aimais une gloire pauvre, tu pourrais l'enrichir ; de quelque côté enfin que se tourne ton cœur, tu n'as pas de refus à craindre, et tu as peur de ne pas être heureuse ? — Oui, reprit Sabine, j'ai peur de ne pas être aimée, et cela pour toutes les raisons qui vous font trouver mon bonheur si facile. On m'aimera parce que je suis belle, peut-être, et ce sera seulement de la vanité... On m'aimera surtout parce que je suis riche, et cela est bien odieux.

Madame Simon voulut se récrier, mais Sabine continua vivement :

— Oh ! je ne suis point si folle que vous voudriez me le dire. Depuis six mois que j'ai quitté mon pensionnat, durant tout cet été que j'ai passé avec vous à la campagne, on m'a adorée, on a cherché à me plaire, et j'avoue que tant que nous étions dans le salon, et que je voyais mes pauvres amies abandonnées pour moi que tous vos protégés entouraient assidûment, j'avoue, dis-je, que je m'amusais de ce triomphe... Mais quand je rentrais seule dans ma chambre, je m'en voulais de mon plaisir comme d'une mauvaise action ; bien plus, j'étais humiliée de mon triomphe. Il me semblait qu'on me flattait trop pour m'aimer... Et alors je me demandais lequel avait le mieux fait sa cour à mes cent mille francs. — Oh ! dit madame Simon, il y a des gens pour qui tes cent mille livres de rente ne seront pas une considération plus importante que mes deux cent mille francs de dot ne l'ont été pour M. Simon, qui était quatre fois plus riche que moi. Ainsi M. de Bellestar, qui possède dix ou douze millions de fortune, a presque le droit de te considérer comme pauvre, et cependant il est de ceux qui t'adoraient. — Il a grand tort, reprit Sabine en riant, je ne puis souffrir ce monsieur ; il sent le million d'une lieue, ses rentes sont inscrites dans l'impertinente assurance de son visage... Celui-là... — Celui-là vient souper ici, dit madame Simon ; son impertinence a si franchement sollicité cette invitation de M. Simon, qu'il n'a pu la lui refuser. — Ah! fit Sabine d'un air particulier, nous aurons du moins un danseur élégant et un bon musicien. — Ce qui veut dire, répliqua madame Simon, que les autres sont des malotrus... — Oh! dit Sabine, quel mot... Mais entre nous, là... soyez juste, des clercs d'avoué, dame... ça n'est pas amusant.

Sabine ne finissait pas sa phrase qu'une voix franche et joyeuse s'écria derrière la causeuse où se trouvaient les deux dames : — Qui est-ce qui dit du mal des clercs d'avoué, dans ma maison? — Ah! fit Sabine en se cachant gaîment la tête dans ses mains, c'est mon tuteur, je suis perdue! — Les clercs d'avoué! reprit M. Simon en élevant la voix, mais c'est la perle de la jeunesse. Le clerc d'avoué est sobre, patient et rangé ; le clerc d'avoué a, ou doit avoir, une mémoire immense, un esprit subtil, une intelligence rapide, une judiciaire parfaite, une décision prompte; le clerc d'avoué doit savoir parler convenablement à tout ce qu'il y a de plus haut et à tout ce qu'il y a de plus bas dans la société ; il doit être tantôt conciliant, tantôt ferme comme un roc. Le clerc d'avoué sait le monde mieux que le confesseur le plus à la mode ; car celui-ci ne pénètre que dans les péchés qu'on lui avoue, tandis que le clerc d'avoué pénètre dans les secrets les plus intimes ; il voit les hommes dans l'affreuse nudité du papier timbré ; il tient en main les passions les plus haineuses, et il doit les modérer, les diriger, les gouverner en roi. Il est vrai qu'il n'a pas besoin d'être spirituel ; mais, comme la loi lui défend de plaider, il a l'avantage de ne pas être avocat, ce qui doit lui être compté pour plusieurs vertus de premier ordre.

Après avoir joyeusement achevé cette tirade, M. Simon alla s'asseoir devant le feu, tandis que Sabine lui répondait ;

— S'ils ne plaident pas au Palais, ils s'en dédommagent dans leurs salons, à ce que je vois. — Ah! Sabine, fit M. Simon, si tu m'appelles avocat, je te dirai quelque grosse injure. — Et, dites-moi, le clerc d'avoué est-il galant? fit Sabine en s'approchant de son tuteur. — Hé! hé! dit le tuteur, il y en a qui le sont... autant qu'un habit râpé et cinquante francs par mois peuvent le permettre. — Et cette pauvre galanterie s'en va tout à fait, dit Sabine en minaudant, quand le clerc est devenu patron? — Hein! fit Simon, qu'ai-je donc fait, je vous prie? — Vous avez oublié que vous ne m'avez pas encore vue d'aujourd'hui! — Et je ne t'ai pas embrassée, dit M. Simon en se levant.

Sabine s'échappa de lui, et s'enfuit au bout du salon en disant : Il est trop tard... — Si tu veux que je te poursuive pour te ravir un baiser, dit M. Simon en reprenant sa place, je t'avertis que j'ai un horrible froid aux pieds, et que je vais commencer par me chauffer. — Ah! dit Sabine en revenant et en lui prenant la tête dans ses charmantes mains, je sais de vos nouvelles... Vous avez été amoureux... — Ah bah! — Et je vous aime pour ça, dit Sabine en lui faisant une mine malicieuse. — Heureusement, dit M. Simon, que je n'avais pas affaire à une horrible coquette comme toi. — Moi? dit Sabine d'un air de profonde naïveté, peut-on me calomnier ainsi? — Du reste, tout ça finira, dit M. Simon ; j'ai déjà plus de dix demandes de mariage, et... — Ah! que vous êtes méchant ce soir! dit Sabine en s'éloignant avec impatience et allant se remettre au piano. — Eh bien! qu'a-t-elle donc? dit M. Simon en regardant sa femme.

Celle-ci lui répondit par un signe qui voulait dire : — Ce n'est rien; c'est une lubie, un caprice d'enfant.

Et on annonça tout aussitôt M. le marquis de Bellestar.

II

M. le marquis Alexandre de Bellestar était un bel homme, à tête de cheval, très-bien campé sur des jambes musculeuses, déployant, sous un gilet d'un velours orientalement doré, une vaste et large poitrine, et dissimulant mal sous des gants trop étroits la puissance d'une main herculéenne.

Quoique ce ne fût pas la première fois qu'elle le vit, Sabine jeta sur lui un regard plus que curieux, un de ces regards inconcevablement rapides et profonds avec lesquels les femmes et les filles examinent en une seconde l'homme dans lequel elles prévoient un mari.

Le visage de Sabine garda le secret de l'appréciation qu'elle venait de faire de M. le marquis de Bellestar, et elle répondit à son salut avec toute l'aisance et toute la modestie d'une jeune fille bien élevée.

M. Simon, qui avait observé sa pupille, fronça le sourcil, et si sa femme, qui vit son mécontentement, eût pu lui en demander la cause, il eût certainement répondu qu'il était fâché de voir une jeune fille être à ce point maîtresse de ses impressions.

M. le marquis de Bellestar se mit à causer avec M. Simon, et profita assez habilement de la conversation pour s'adresser à Sabine.

N'ayant aucune raison de penser qu'elle eût dans le cœur plus ou moins que ce que qui occupe la plupart des femmes, il parla des mille choses du jour.

Il profita des approches du jour de l'an, et des nombreuses obligations que les étrennes imposent à un garçon fort riche et fort répandu, pour étaler les connaissances les plus variées dans toutes les futilités élégantes qui peuvent appeler l'attention d'une femme. Voitures nouvelles, vieilles porcelaines, meubles de Boule, tentures antiques et modernes, riches cristaux de Bohême, cristaux tout nouveaux du mont Cenis, cachemires, dentelles, parures de Marlé, il avait tout vu, tout apprécié, et s'il n'avait pas tout acheté, c'est qu'il lui manquait quelqu'un qu'il pût entourer de tout l'éclat de ces merveilles.

Malgré tout son esprit, M. Simon n'était qu'un homme, et il trouva cela fort bien débité et heureusement adressé.

Mais il suffisait que M. Simon eût deviné l'intention, pour que madame Simon, en sa qualité de femme, trouvât que le prétendant avait un peu lourdement appuyé sur ses moyens de séduction.

Quant à Sabine, elle demeura dans la plus parfaite impassibilité.

Mais madame Simon put juger du mauvais effet qu'avait produit l'étalage de M. de Bellestar, lorsque quelques amies de Sabine étant arrivées, et l'une d'elles lui ayant demandé le nom de l'unique jeune homme qui paraissait tenir rang dans le salon, elle lui répondit : — Il s'appelle le marquis de Bric-à-Brac.

Le nom fut répété; on s'enquit de l'histoire qui lui avait mérité ce surnom.

Il y eut un petit conciliabule mêlé de petits rires étouffés, et le jeune seigneur fut irrévocablement baptisé.

Si nous avons dit tout à l'heure qu'il était l'unique jeune homme qui parût avoir rang dans le salon, ce n'est pas qu'il y fût seul; mais c'est que les autres se tenaient tellement à l'écart, qu'ils avaient l'air de ne pas s'y trouver à leur aise.

C'étaient les clercs de M. Simon, auxquels la présence du patron imposait sans doute. Ils s'étaient réfugiés dans un coin.

Cependant les remarques critiques ou enthousiastes de ces messieurs sur les jeunes filles qui étaient d'un autre côté, et les plaisanteries sur l'encolure de M. de Bellestar, commençaient à s'animer, lorsqu'un jeune homme parut.

M. Simon alla vivement à lui.

Le jeune homme lui remit quelques papiers; puis, après un moment de conversation, il salua M. Simon pour se retirer. — Comment! lui dit M. Simon, vous ne restez pas, Sylvestre? — Pardon, monsieur, répondit celui-ci; l'heure où j'ai l'habitude de rentrer est déjà passée, ma tante s'alarmerait d'un plus long retard. — Je vais la faire prévenir, puisque vous n'y avez pas pensé, malgré ma recommandation.

Le jeune homme parut embarrassé; il jeta autour de lui un coup d'œil triste et doux, et qui semblait vouloir dire : — Qu'ai-je à faire, moi, au milieu de ce luxe et de cette gaîté?

Puis il reprit doucement : — Je suis malade, je souffre, et il vaudrait mieux pour moi... — Hum! fit M. Simon, vous ne seriez pas malade, Sylvestre, s'il s'agissait d'un travail qui dût vous occuper toute la nuit. — Quand c'est un devoir... je sais... — Allons, allons, reprit M. Simon d'un ton de reproche amical, vous abusez de ce que vous n'êtes pas à l'étude pour ne pas m'obéir. C'est mal. Hortense, ajouta-t-il tout haut en appelant sa femme, viens dire à M. de Prosny que tu ne lui pardonneras pas, s'il n'est pas de notre réveillon.

Madame Simon alla tout aussitôt vers M. de Prosny, et il fallut bien que celui-ci cédât aux instances gracieuses qui lui furent faites.

Ce petit incident fit remarquer l'entrée de ce jeune homme, et à la manière dont on l'examina de toutes les parties du salon, il fut facile de deviner que cet homme avait en lui quelque chose qui n'était pas ordinaire.

Les clercs cessèrent leurs plaisanteries, et l'un d'eux

se contenta de dire : — Il est encore plus pâle qu'à l'ordinaire !

Les jeunes filles l'examinèrent en dessous.

Et probablement il leur parut mériter une attention particulière ; car elles demandèrent toutes à la fois à Sabine : — Quel est ce monsieur? — Je ne sais, repartit celle-ci ; mais je crois que c'est le premier ou le second clerc de mon tuteur.

La manière dont les jeunes filles reçurent cette réponse eût suffi pour apprendre à un observateur attentif la position et les espérances de chacune d'elles.

L'une se détourna après un dernier regard qui semblait dire : Il est fâcheux que ce soit si peu de chose.

Une autre, assez laide, l'examina assez longtemps, comme si elle pensait qu'il valait bien la peine qu'on lui apportât une belle dot pour qu'il pût acheter une bonne charge.

Une autre enfin, grande fille au nez busqué et à la bouche dédaigneuse, fit une petite grimace et dit à voix basse : Il est mis comme un huissier.

Mais le plus éclatant hommage qui pût être rendu à ce nouveau venu, fut l'air supérieurement impertinent dont le regarda M. le marquis de Bellestar.

Nul homme n'en considère un autre de cette manière, s'il ne lui trouve quelque chose qui lui déplaît; et, en général, ce qui déplaît aux hommes comme M. de Bellestar, c'est de trouver chez d'autres ce qui leur manque absolument.

Or, ce qui manquait à M. de Bellestar, c'était la noblesse intelligente de la tête, la grâce élégante de la taille, la finesse distinguée des pieds et des mains, et M. Silvestre de Prosny avait tout cela. Il avait à peine vingt-cinq ans, mais la teinte brune de son visage et la mélancolie sévère de son expression lui donnaient l'aspect d'un homme plus avancé dans les épreuves de la vie qu'on ne l'est ordinairement à cet âge.

Quant à Sabine, elle garda cette impassibilité qui ne laissait pénétrer personne dans ses sentiments; mais un moment après, en voyant son regard parcourir rapidement le salon et ne s'arrêter qu'au moment où il rencontra M. de Prosny, on eût reconnu qu'elle faisait plus que tout le monde, car elle le cherchait.

Sylvestre tenait un album dont il examinait attentivement les dessins; il en passa quelques-uns comme s'ils n'étaient pas dignes d'être regardés, puis il en considéra quelques autres avec l'attention d'un connaisseur. Enfin il s'arrêta tout à coup comme frappé par quelque chose d'extraordinaire : son front s'assombrit, un sourire amer et dédaigneux fit trembler ses lèvres, et presqu'aussitôt il releva les yeux comme pour chercher quelqu'un, et rencontra les regards de Sabine.

Par une cause qui resta inexplicable pour la jeune fille, Sylvestre pâlit comme si l'examen qu'on avait fait de lui avait été une insulte; il quitta sa place et s'éloigna si vivement qu'il oublia de refermer l'album, et le laissa ouvert à l'endroit où se trouvait le dessin qui l'avait si vivement impressionné.

Sabine reprit sa conversation avec ses amies, mais sans quitter de l'œil l'album ouvert, et lorsqu'elle fut assurée que Sylvestre s'était retiré dans la chambre de madame Simon, qui tenait au salon, elle offrit à ses jeunes amies de leur montrer ses nouveaux dessins, et courut la première s'emparer de son album.

Il était précisément ouvert à un feuillet sur lequel elle avait elle-même peint une aquarelle assez jolie.

Cette aquarelle représentait tout simplement la vue d'une maison de campagne et d'un parc qui appartenaient à Sabine; et elle fut on ne peut plus surprise que ce fût un dessin comme celui-là qui eût ému si vivement ce jeune homme.

Cette circonstance était de nature à être commentée

de mille manières, précisément à cause de son insignifiance apparente ; et toute belle fille qui a remarqué un beau jeune homme, ne manque jamais de se livrer à ces recherches mentales, lorsqu'elle en a le loisir ; mais les amies de Sabine ne lui permirent pas de se livrer à ses réflexions. Elles lui firent tant de compliments sur son talent de peintre, et tant de promesses d'augmenter les richesses de son album, qu'elle oublia l'effet de son aquarelle.

Cependant on vint annoncer que le souper était servi. On passa dans la salle à manger.

Sabine remarqua que Sylvestre était le seul qui ne se fût point hâté de venir offrir le bras à l'une de ses jeunes amies.

Il demeura à l'écart, et comme, de son côté, Sabine, en sa qualité de pupille de M. Simon, faisait passer tout le monde devant elle, il en résulta qu'ils se trouvèrent seuls.

Sabine usa de cet empire cruel que les femmes doivent à leur faiblesse, celui qui force les hommes à faire pour elles ce qu'ils ne feraient pour aucun homme au monde.

Elle s'arrêta, se retourna comme toute surprise de son isolement ; et comme elle avait fait un petit mouvement d'épaules qui voulait dire : « Personne n'a pensé à moi, » elle fit semblant d'apercevoir tout à coup M. de Prosny qui se tenait à l'écart, et passa vivement dans la salle à manger en lui disant d'un air confus : — Ah ! pardon, monsieur.

Les femmes sont impitoyables. Ce petit mouvement d'épaules, cette phrase si simple, tout cela avait été fait pour dire à ce monsieur : — Vous êtes un malappris, vous n'avez pas eu la politesse vulgaire de m'offrir votre bras.

Et pourquoi ce mauvais compliment ? Parce que ce jeune homme avait regardé d'un air d'humeur un dessin médiocre de mademoiselle Sabine Durand.

Car cette jeune fille, si belle, si riche, et qui pouvait, au dire de madame Simon, arriver à tout ce qu'il y a de plus élevé dans la société, n'avait pas un plus noble nom que celui de mademoiselle Durand.

Mais ce nom vulgaire était doré de cent vingt mille livres de rente en terres normandes ; et, comme le disait M. Simon, le papier timbré des baux à ferme qui constituaient ce magnifique revenu valait mieux que le plus gothique parchemin, portât-il brevet de marquis ou de duc.

Soit que Sylvestre eût deviné le petit jeu de mademoiselle Durand, soit toute autre cause, il entra dans la salle à manger d'un air fort contrarié.

Il aperçut Sabine à une extrémité de la table, et comme s'il eût craint qu'on ne lui offrît une place qui pût le rapprocher d'elle, il s'assit à l'extrémité où il se trouvait, et qui eût dû être celle du plus jeune et du moins avancé de l'étude.

Soit que M. Simon voulût réparer par un mot aimable le peu de convenance de cet arrangement, soit qu'il eût un autre motif, il arrêta sa femme au moment où elle allait désigner à Sylvestre une place plus convenable, et s'écria : — C'est très-bien comme ça... Les deux enfants de la maison chacun à un bout de la table.

Le mot de M. Simon n'eut aucun succès.

Mademoiselle Sabine fit une moue très-dédaigneuse de se voir mettre au niveau de M. Sylvestre, et celui-ci, qu'eût dû flatter en apparence une pareille assimilation, tressaillit sur sa chaise comme si on lui avait dit une grosse impertinence.

Cependant M. le marquis de Bellestar avait vu le petit air fâché de Sabine, et lui en avait su bon gré. Il reporta son regard sur le clerc dont l'humeur était manifeste, et dit assez haut à madame Simon, près de laquelle il était placé : — Ce monsieur a donc perdu toute sa famille, pour avoir l'air si désolé ? — Toute sa famille, lui répondit froidement madame Simon, et toute sa fortune ! — Et cette fortune?... fit M. de Bellestar du bout des lèvres. — Était immense ! — Et cette famille? reprit-il en s'appuyant sur le dossier de la chaise pour donner plus de hauteur à la question. — Était fort noble ! — Vous l'appelez? — M. de Prosny, dit madame Simon. — Attendez donc, fit M. de Bellestar, n'ont-ils point possédé près de Caudebec le château de Rieuze ? — Précisément, monsieur le marquis. — Oui, dit le marquis, j'ai entendu parler de ça... Il y a eu une grosse affaire, ajouta-t-il en baissant la voix et en regardant Sabine, qu'il surprit à l'écouter avec une avide curiosité.

M. de Bellestar lui jeta son regard le plus vainqueur et le plus modeste à la fois. Il venait d'être persuadé que la belle Sabine était sous le charme de sa présence.

Mademoiselle Durand baissa les yeux et rougit prodigieusement.

Le marquis se sourit à lui-même. Il était cependant bien loin de compte.

Si Sabine l'avait écouté avec curiosité, c'était parce qu'il parlait de Sylvestre, dont elle avait remarqué la mine contrariée ; et si elle avait rougi, ce n'était pas d'avoir été surprise écoutant M. de Bellestar, mais écoutant parler de Sylvestre ; et si le marquis eût demandé pourquoi elle devint alors si pensive elle-même, il eût découvert qu'elle venait d'apprendre pourquoi M. de Prosny avait été si ému à l'aspect d'un des dessins de son album.

En effet, ce dessin représentait le château de Rieuze, qui avait appartenu à M. de Prosny ou à sa famille, et qui maintenant appartenait à Mademoiselle Durand.

Il y avait là de quoi penser et de quoi réfléchir ; mais les interpellations incessantes de M. Simon, les joyeuses querelles qu'il faisait à ses convives sur leur sobriété, l'envie que chacun avait d'être à l'unisson du maître de la maison, firent bientôt circuler la gaîté autour de la table.

Au bout de quelque temps, Sabine, placée à côté d'un

petit clerc de seize ans qui dévorait tout ce qu'on lui offrait avec des extases inouïes, commença par rire de ce turbulent appétit qui n'avait de comparable que l'appétit colossal de M. de Bellestar, et finit par s'amuser de la folle gaîté de ce jeune homme, qui comptait de l'œil tous les morceaux qu'avalait le marquis, et qui les assaisonnait des quolibets les plus extravagants.

Quant à Sylvestre, il mangeait peu, buvait peu, quoiqu'il ne mît aucune affectation dans sa sobriété; il causait assez sérieusement avec un voisin, lorsque M. Simon, le prenant à partie, lui cria : — Allons donc, Sylvestre, je dis tous les jours à Radinot de suivre votre exemple à l'étude, vous méritez que je vous dise que vous devriez suivre le sien à table.

— C'est vrai, s'écria le petit Radinot en faisant une grimace du côté de M. de Bellestar... j'ai *marquisement* soupé.

Toute la jeune bande éclata de rire, malgré les mines sévères de M. Simon.

Le marquis, qui achevait alors un dixième verre de vin de Champagne, s'écria : — Qu'a-t-il dit? je voudrais être de la plaisanterie.

— Vous en êtes, lui repartit un autre clerc.

Le signal était donné, et l'on commençait à entreprendre M. de Bellestar, ou, comme on dit en argot d'étude et d'atelier, on commençait à le faire *poser*, lorsque M. Simon leva la séance.

En passant près de sa femme, qui s'étonnait de la brusque interruption du souper, il dit tout bas : — Il fallait en finir, ils l'auraient écorché vif. Occupes-les, et organise une contredanse.

Cela fut fait.

Quelqu'un s'assit au piano, et toute cette jeunesse se mit à danser.

M. de Bellestar s'avança triomphalement vers mademoiselle Durand, mais le petit Radinot l'avait prévenu.

Sabine, malgré les airs sérieux qu'elle prenait souvent, était encore une enfant légère et joueuse; deux fois dans cette soirée elle avait été en présence d'une émotion grave et d'une circonstance pénible, et quoiqu'elle en eût été frappée à chaque fois, cela n'avait pas tenu contre l'entraînement de la gaîté qui s'agitait autour d'elle.

Sabine dansa avec le petit Radinot, elle dansa avec M. de Bellestar, elle dansa avec d'autres, sans qu'elle pensât qu'il y avait dans le salon une autre personne à qui elle avait fait un moment attention.

Sylvestre s'était assis dans un angle du salon, et comme il arrive à ceux qui ont dans le cœur un véritable principe de tristesse, la joie qui l'entourait n'ayant pu le distraire finit par l'affliger, et lorsqu'il la considérait dans la personne de Sabine, dont le visage rayonnait de cet insouciant plaisir qui est la plus belle couronne de la jeunesse, il paraissait s'en irriter.

Cependant, soit qu'il fût dominé par un attrait dont il ne pouvait se rendre compte, soit qu'il éprouvât ce sentiment qui fait que l'homme se complaît quelquefois dans le tourment qu'il éprouve, Sylvestre ne quittait pas le salon, de façon qu'il s'y trouvait encore lorsque la proposition fut faite de laisser reposer la danse pour entendre le talent musical de quelques jeunes filles.

Toutes, et particulièrement celles qui comptaient sur un succès, baissèrent les yeux, en déclarant qu'elles n'oseraient jamais chanter devant tant de monde.

Madame Simon engagea Sabine à leur montrer l'exemple.

C'était son devoir, elle s'y résolut gaîment, en annonçant qu'elle consentait à braver le premier feu de la critique; et elle s'assit au piano, le sourire aux lèvres et le regard presque audacieux. Il semblait qu'une pareille disposition dût la déterminer à chanter quelque vive ballade; mais la liste des chants que lui avait permis d'apprendre la rigidité du pensionnat ne renfermait point de morceaux de ce caractère, et elle prit le premier qui se présenta sous sa main.

Cette romance, déjà vieille pour hier, s'appelait l'*Orphelin*.

Lorsque la fibre du cœur vibre sous une émotion quelconque, elle est plus près qu'on ne se l'imagine de vibrer plus vivement sous une émotion contraire.

Ainsi le chant plaintif de la romance, commencé par une voix tout émue par l'agitation du plaisir, s'empara pour ainsi dire de cette émotion, la tourna à son profit, si bien que, lorsque Sabine arriva au refrain de cette romance et prononça ces derniers vers :

> Pitié, madame,
> Pour l'orphelin
> Qui vous réclame
> Un peu de pain...

l'accent de sa voix était si animé, si désespéré, que les applaudissements éclatèrent avec transport.

C'était ajouter un mouvement de plus à cette agitation passionnée ; c'était frapper d'un coup de plus cette corde qui résonnait déjà si puissamment.

Sabine continua, et, se laissant gagner tout entière par le sentiment de ce qu'elle chantait, elle exprima non-seulement par la voix, mais encore par le regard, par l'expression de sa physionomie, la douleur de cette supplication qui demande du pain.

Les applaudissements se renouvelèrent ; mais avant qu'ils ne fussent arrivés à son oreille, un cri étouffé et douloureux l'avait frappée, et elle avait aperçu Sylvestre, les poings fermés sur ses yeux, refoulant les larmes qui s'en échappaient et ne pouvant calmer les violentes agitations qui soulevaient sa poitrine.

La première pensée fut pour la vanité d'un triomphe si complet, et Sabine continua ; mais elle voulut avoir tout le bonheur de son succès, et elle regarda Sylvestre pendant tout le dernier couplet. Dès le second vers elle rencontra ses yeux; ils étaient fixés sur elle, comme si ce jeune homme eût voulu démentir l'émotion qu'il avait éprouvée.

A mesure qu'elle chantait, le regard de Sylvestre prenait une expression presque menaçante; elle voulut se soustraire à ce regard; mais il lui fut impossible d'en détacher le sien, et telle fut l'impression qu'elle en ressentit, que peu à peu son accent s'affaiblit, elle balbutia les dernières paroles du dernier couplet, et sa voix finit par s'éteindre, arrêtée pour ainsi dire à la gorge par un effroi qui la glaçait insensiblement.

On la crut malade, on s'empressa autour d'elle en l'interrogeant sur ce qui l'avait ainsi troublée.

Sabine prétexta la fatigue, la danse, le souper; elle affirma que cela n'était rien; mais elle eut beau faire, elle eut beau danser encore, Sylvestre avait tué en elle toute la gaîté de cette réunion.

Radinot, dont tout le monde applaudissait la joyeuse folie, lui parut insupportable, et elle ne trouva même pas le marquis ridicule.

Il fallait qu'elle fût bien préoccupée. Sylvestre s'était retiré au moment où elle avait cessé de chanter, et Sabine seule s'était aperçue de son absence.

Enfin on se sépara, et la jeune fille put rentrer dans sa chambre.

III

DANS LA NUIT

26 décembre 1843

Qui pourra vous révéler au conteur, longues réflexions, rêves tristes et doux, colères soudaines, larmes solitaires, exclamations brusques, découragements profonds, résolutions violentes, tristes soupçons, retours désespérés ; ô vous toutes les agitations de deux âmes qui se sont heurtées sans se connaître, et qui, blessées l'une par l'autre, éprouvent un secret besoin de se retrouver ?

Ainsi voyez, dans la blanche alcôve où veille une douce lumière, cette jeune fille plus blanche que la toile qui la couvre, belle de cette beauté que nul homme ne connaîtra peut-être, la tête appuyée sur sa main, le coude perdu dans son oreiller, les yeux fixes et ouverts devant elle, immobile et agitée à la fois : la tenture de velours violet qui enveloppe sa chambre semble un cadre préparé pour mieux faire ressortir la blancheur aérienne de la fine mousseline qui s'épand en plis nombreux autour de sa couche.

Au milieu de cette chambre est une table couverte d'un riche tapis à franges d'or, toute chargée de livres magnifiquement reliés, avec leurs fermoirs garnis de pierres précieuses.

Sur la cheminée sont les bronzes les plus achevés, de saints noms dans de chastes corps.

En face, un dressoir antique tout plein de fantaisies ravissantes de la mode d'hier ; puis quelques siéges bas, soyeux, souples, roulant sourdement sur un tapis moelleux.

Au plafond pend à sa chaîne dorée la lampe qui éclaire cet étroit et somptueux réduit.

A quoi donc peut rêver cette jeune personne qui veille là, absorbée dans sa longue et muette rêverie ?

Voyez, bien loin de là, au fond de cette cour, cette vaste chambre carrelée : des rideaux de calicot blanc pendent aux vitres de ces croisées enfoncées dans un plafond surbaissé.

En face d'une cheminée de pierre, où fume un feu solide, une table de bois blanc, sur laquelle un jeune homme appuie son bras ; au fond de cette chambre, une couchette de noyer froide à l'œil, quatre ou cinq chaises de paille, misérables malgré leur propreté, un papier passé et qui flotte sur le mur, agité par l'air qui pénètre par les ais mal joints des fenêtres et des portes, et dites-moi à qui rêve ce jeune homme, immobile aussi, les yeux fixes et ouverts devant lui ? car cet espace ouvert devant l'œil qui pense, vide de tous les objets qui s'y trouvent réellement, se peuple, au gré de l'imagination, de mille fantômes charmants ou hideux, consolateurs ou désespérants.

A qui donc rêve ce jeune homme si pauvre, dans ce misérable réduit ?

Il rêve à cette belle jeune fille que vous regardiez tout à l'heure ; elle, elle rêve à ce pauvre jeune homme que vous voyez maintenant.

— S'aiment-ils donc ? — Est-ce que je le sais ?

Ce que je viens de vous raconter s'est passé hier, et peut-être ne se reverront-ils plus ; peut-être, quand le sommeil aura passé sur cette agitation qui les tient éveillés tous les deux l'un pour l'autre, peut-être ne penseront-ils plus à ce qu'ils ont senti, et peut-être que dans huit jours ils seraient fort embarrassés de se le rappeler.

Cependant voici ce qu'ils se disaient, à cette heure où l'on se dit tout à soi-même.

Sabine d'abord ;

— « Cet homme me déteste. Je l'ai compris à la dureté de son regard ; cet homme me dédaigne, je l'ai vu à la contraction de son amer sourire.

» Est-ce caprice, brutalité, sottise ?

» Non, il y a, dans son visage, une hauteur calme et sévère qui n'admet pas ces haines puériles qui viennent du caprice.

» Ce n'est pas brutalité ; il suffit de voir la distinction de ses manières, d'entendre la sonore douceur de sa voix et l'éloquence de son langage.

» Ce n'est pas sottise ; M. Simon ne le vanterait pas comme un homme du plus vrai mérite, qu'on devinerait l'étendue et la vivacité de son intelligence à l'expression de sa physionomie, à l'éclat de son regard.

» Il y a donc à la haine et au dédain de cet homme pour moi (car il me dédaigne, cela se voit), il y a donc une cause qui m'est étrangère.

» Est-ce parce que dans les nombreuses propriétés que m'a laissées mon père il s'en trouve une qui a appartenu à sa famille ? C'est un regret qui est facile à comprendre ; mais de là à en vouloir à celle à qui le hasard l'a donnée, il doit y avoir bien loin.

» Serait-ce parce qu'il est devenu pauvre, qu'il éprouve cette basse jalousie qui envie toute fortune ? »

Cela ne pouvait pas être non plus, selon la pensée de Sabine ; car, par une sorte de conviction dont rien n'eût su lui rendre compte, elle ne pouvait supposer une mauvaise passion à ce jeune homme. Plus d'une fois même, l'idée qu'elle pouvait avoir, à son insu, des torts envers lui traversa l'esprit de la jeune fille.

Ne pouvant sortir de ce dédale inextricable, elle se réserva d'interroger son tuteur, et puis, débarrassée, pour ainsi dire, de ce doute, elle pensa tout à fait à Sylvestre, rien que pour lui.

Alors il lui fut facile de trouver que le sort était injuste, que la fortune et le nom de M. de Bellestar iraient mieux à M. de Prosny qu'à ce gros bellâtre vulgaire qui mentait à son titre.

Et comme Sabine ne pouvait pas douter que M. de Bellestar ne fût venu dans l'intention de se présenter comme futur époux, elle se le figura lui faisant une déclaration d'amour; et comme elle le trouvait abominablement gauche, laid et présomptueux, elle se figura quelle autre tournure, quelle autre passion, quelle autre élégance auraient un pareil aveu, une semblable prière, s'ils étaient faits par ce beau Sylvestre, au visage si noble, aux regards si éloquents.

Et voilà qu'en s'écoutant le faire parler, elle sentit son cœur battre si violemment, qu'elle y porta la main, et qu'elle se cacha la tête dans son oreiller en disant d'un ton mécontent : — Allons, il faut dormir.

Et, de son côté, que se disait le pauvre Sylvestre?

Il accusait le sort. Il a tout donné à cette jeune fille, disait-il, la beauté, l'esprit, et la fortune, qui double la beauté et l'esprit. Et cette fortune dont le monde l'absoudra lui vient d'une source infâme, et elle en sera vaine. Rien ne lui pèse à cette heureuse héritière, pas même le nom de son père, qui était un malhonnête homme. Devant qui pourrait-elle en rougir, lorsqu'elle m'a pour ainsi dire affronté dans ma misère, qui est le résultat de sa fortune? Non qu'elle l'ait voulu, non qu'elle ait eu le parti pris de m'insulter par le chant qu'elle a choisi; mais elle sait, elle doit savoir qui je suis, et elle n'a pas pensé à moi... elle n'a pensé à rien. Légère, déjà vaine, bientôt insolente, quand ce rustre titré, qui était là pour elle, lui aura donné son nom, elle écrasera du faste de sa honteuse richesse celui à qui son père l'a volée; elle le raillera s'il la rencontre, elle s'amusera de son nom, si jamais elle daigne le savoir. Oh! que de malédictions je voudrais appeler sur sa tête! — Et pourquoi ne les appelles-tu pas, jeune homme? — C'est que je ne sais par quel charme elle m'apparaît comme une candide et blanche image tout entourée de honteux lambeaux qui ne la touchent pas; c'est que sa voix, qui m'a fait pleurer et crier, est dans mon oreille comme une harmonie inconnue et qui m'enivre; c'est que l'éclair de ses regards est dans mes yeux comme un feu qui les a inondés; c'est qu'il me semble...

Et peut-être Sylvestre allait-il dire en lui-même le motif de la colère qu'il éprouvait, lorsqu'une voix âcre et chagrine, sortie d'une pièce voisine, lui cria : — Allons, Sylvestre, éteins ta chandelle; il faut dormir; tu t'es assez amusé ce soir.

Cette voix était celle de sa vieille tante, mademoiselle de Prosny.

Elle avait jadis confié toute sa fortune à son frère, le père de Sylvestre, et la même main qui en avait dépouillé M. de Prosny avait aussi réduit sa sœur à la misère. C'était la main du père de Sabine.

Sylvestre fut arrêté dans sa rêverie par la voix de sa tante, comme s'il eût été surpris dans une mauvaise action; il gagna son lit glacé, et il murmura tout bas : — Oh! non, ce ne serait pas seulement une folie, ce serait une lâcheté!... Allons, il faut dormir.

Et tous les deux, Sabine et Sylvestre, veillèrent longtemps encore.

IV

LE JOUR DE NOEL

C'était encore hier; et cette fois-ci, hier c'était le jour de Noël.

Connaissez-vous l'église Saint-Vincent de Paul, une misérable grange dont on a fait une église, pour remplacer quelque église dont on aura fait une grange?

C'est à peine si le jour est levé, et déjà l'étroite enceinte du temple est envahie, car la France ne demande pas mieux que d'être religieuse, à la condition que les prêtres ne s'en mêleront pas trop.

Quelques pas après la porte d'entrée, vous eussiez pu voir une vieille femme vêtue de noir, avec un bonnet de percale blanche, garnie d'une mousseline pauvrement brodée.

La prière agitait d'un mouvement rapide ses lèvres minces et blanches, et lorsque son œil quittait un moment son livre, elle jetait autour d'elle un regard dont il semblait que rien ne pût modérer l'ardeur haineuse, pas même la prière qu'elle adressait au Dieu qui est grand par sa miséricorde.

A côté d'elle était Sylvestre, les genoux appuyés sur une des deux chaises qu'il occupait, le front incliné vers la terre, un livre de messe dans la main.

De temps en temps sa tante, qu'il avait accompagnée à l'église, le regardait d'un air mécontent. La profonde méditation dans laquelle était plongé Sylvestre lui déplaisait; car la vieille femme ne comprenait pas que le cœur pût prier sans faire entendre ce petit bredouillement sourd qui permet aux dévots de remplir leurs devoirs religieux en pensant à toute autre chose.

Cependant Sylvestre était, à vrai dire, en ce moment, bien plus dans les voies du Seigneur que mademoiselle sa tante.

Tandis qu'elle débitait, d'un train de dix lieues à l'heure, la prière écrite qu'elle savait depuis quelque soixante ans passés, et qui n'avait jamais probablement parlé à son âme, Silvestre cherchait à appliquer à l'heure présente de sa vie les saints principes de la foi. Il faut reconnaître qu'une pensée plus que mondaine se mêlait à cette pensée religieuse.

Il rêvait de Sabine; mais, comme tous les esprits impressionnables, il y rêvait dans le sens des choses dont il était entouré.

— Pourquoi lui en voudrais-je, se disait-il, parce qu'elle est riche d'une fortune que son père a dérobée au mien? Est-elle coupable d'être née de parents coupables? et ne dois-je pas lui pardonner, à elle qui est innocente, lorsque je viens invoquer ici le Dieu qui ordonne de pardonner à ceux-là mêmes qui nous ont offensés?

Certes, on serait difficile d'exiger des sentiments plus chrétiens que ceux-là, et la vertu de Sylvestre se sentait assez forte pour les mettre en pratique ; mais, au delà de ce sacrifice, cette vertu n'était plus que faiblesse.

Il supportait difficilement la pensée de se trouver encore en présence de mademoiselle Durand. Il sentait que le ressentiment qu'il pourrait dominer loin d'elle se réveillerait malgré lui à la première rencontre, surtout s'il se trouvait que M. de Bellestar y assistât.

Comment se faisait-il que M. de Bellestar fût, pour ainsi dire, le plus grand tort de Sabine aux yeux de Sylvestre? Comment, si indulgent pour elle lorsqu'il la considérait toute seule, la trouvait-il inexcusable si elle associait sa vie à celle du marquis?

Celui-ci ou les siens avaient-ils été pour quelque chose dans la ruine du père de Sylvestre? Il est inutile de dire qu'il n'en était rien, et il est même probable que Sylvestre eût plus facilement pardonné ce crime à M. de Bellestar qu'il ne lui pardonnait d'avoir la prétention de devenir le mari de Sabine.

A tout ce tumulte de pensées qui agitaient de Prosny, se mêlait cependant la pensée sérieuse des devoirs qui lui restaient à remplir, et à plusieurs fois son cœur s'était dégagé de tous ces intérêts pour s'élancer vers Dieu et lui demander sincèrement la lumière qui devait le guider, et la force nécessaire pour marcher dans le droit chemin.

Rien ne se décidait encore dans son cœur, lorsque ces réflexions furent interrompues par un mouvement qui se faisait derrière lui.

On s'écartait comme pour faire place à quelqu'un ; Sylvestre se retourne à ce bruit, et se voit face à face avec mademoiselle Durand, qui, accompagnée d'une vieille gouvernante, cherchait des yeux une chaise libre dans l'enceinte.

Pour tout autre que Sylvestre, la plus médiocre politesse lui ordonnait d'offrir sa place à une femme inconnue ; pour un clerc de l'étude de M. Simon, c'était un devoir de la céder à la pupille de son patron ; mais pour M. de Prosny, c'était une action énorme, compromettante, pleine de suites très-graves, de remords peut-être.

Le trouble de Sylvestre fut extrême, et ce fut précisément parce qu'il fut confondu de cette soudaine apparition, qu'il fit, sans s'en douter, le mouvement machinal que lui avaient appris ces habitudes de politesse. Il s'écarta, montra les deux chaises à mademoiselle Durand, et se recula en s'inclinant et sans prononcer une parole. Sabine le remercia par une légère salutation, sans paraître l'avoir reconnu, et prit sa place.

A ce mouvement, mademoiselle de Prosny s'était retournée et avait attaché son regard fauve et bilieux sur la voisine que lui donnait son neveu. Elle ne vit qu'une jeune et belle fille ; mais c'était assez pour que ce regard devînt plus âcre et plus jaune, et le coup d'œil qu'elle lança à Sylvestre l'eût cruellement averti de sa faute, si, déjà de lui-même, il n'eût pas été horriblement fâché de ce qu'il venait de faire.

A ce moment, il voyait se dresser devant lui toutes les fureurs de sa tante, si elle venait à apprendre la lâcheté qu'il venait de commettre en étant poli avec la fille d'un homme dont mademoiselle de Prosny ne parlait jamais qu'en termes tellement exaspérés, qu'elle ramassait les plus vilaines épithètes de la langue pour lui en faire un cortége.

Quelle insulte ne verrait-elle pas dans ce rapprochement opéré par son neveu, d'elle, mademoiselle de Prosny, la victime, avec la fille de son bourreau, avec la fille du voleur, du brigand, du scélérat Durand?

Jamais homme placé entre deux rivales, dont l'une est capable des dernières extrémités, n'a été plus tremblant, n'a suivi d'un œil plus inquiet chaque mouvement de celle dont la moindre parole peut amener une horrible explosion.

Pour cette fois, il faut le dire, la colère de Sylvestre contre Sabine fut sincère et réelle.

Cette femme s'était introduite dans ses pensées, dans ses rêves; c'était déjà beaucoup. Mais elle se jetait étourdiment dans sa vie pour ajouter de nouveaux chagrins à ses douleurs, des misères insupportables à sa misère... à une misère dont elle était la cause.

Et puis voilà qu'une idée traverse tout à coup la tête de Sylvestre ; car l'explication de cette politesse faite à mademoiselle Durand va se présenter si naïve et si simple à tous les esprits, que personne ne manquera de la donner comme il suit : — Comment vouliez-vous qu'il fît autrement? Certainement, il est impossible qu'il ait oublié par quelles infâmes saletés le père de mademoiselle Durand a réduit le sien à la misère. Mais elle est pupille de son patron, qui adore cette jeune fille. M. Simon n'est pas homme à souffrir que personne manque d'égards envers elle.

Si Prosny s'en était avisé, il en eût eu trop à souffrir pour ne pas y regarder à deux fois; et le pauvre garçon n'a pour vivre et pour faire vivre sa tante que les quinze cents francs qu'il gagne chez M. Simon. Ah! dame! quand on en est réduit là, il faut bien courber la tête.

La possibilité de cette explication, cette excuse que l'odieuse pitié du monde allait donner à sa conduite, révolta Sylvestre et l'humilia à ses propres yeux; elle l'humilia d'autant plus qu'elle avait quelque chose de vrai : c'est que toute sa vie dépendait de la place qu'il occupait chez M. Simon.

Oh! quand on a le cœur élevé et l'esprit ambitieux, mais que, plié par la misère, on a renfermé tous les élans de son âme pour demander à la probité du travail une existence médiocre, mais régulière ; quand on a étouffé tous ses rêves pour se faire assez petit pour la petite place que vous donne le hasard, et qu'un hasard comme celui que nous venons de dire vient nous montrer notre infirmité, alors il s'élève dans le cœur des mouvements de rage contre le monde qui vous a été si dur, contre soi-même, parce qu'on a manqué de courage.

Sylvestre, envahi par cette pensée, se méprisait, se détestait ; mieux valait, à cette heure, pour lui, mieux valait la misère, la faim, le suicide, que d'entendre dire : Il faut bien qu'il se résigne, le pauvre garçon !

A ce moment, il eût voulu pouvoir courir chez M. Simon pour lui rendre sa place, pour lui montrer qu'il avait de la fierté dans le cœur. Mais il ne pouvait quitter sa tante...

Et cette simple réflexion en entraînait mille autres plus cruelles à sa suite. N'était-ce pas elle dont son père lui avait dit à son lit de mort : — Hélas ! je lui ai fait perdre toute sa fortune, il est juste que tu lui donnes au moins du pain jusqu'à la fin de ses jours.

Pouvait-il, par un sentiment violent de vanité blessée, la priver du patrimoine de son travail ? alors même qu'il eût pu le remplacer par un autre, ne savait-il pas que, dans cette existence besogneuse, où chaque dépense est strictement pesée jour par jour au revenu de chaque jour, un mois d'attente était un mois de misère qui pèserait longtemps sur cette pauvre vieille femme ?

Oh ! que de larmes intérieures gonflèrent le cœur de Sylvestre à cette pensée, et quel véritable ressentiment il éprouva contre celle qui avait si gauchement et si indifféremment appuyé sur la blessure endormie de son cœur !

Cependant l'office s'acheva, et Sabine, s'étant retournée, dit doucement à Sylvestre : — Je vous remercie, monsieur.

Mais sa voix s'arrêta encore à l'aspect de ce visage pâle et désespéré, devant ce regard si cruellement menaçant.

Sabine en tressaillit, et baissant la tête avec confusion, elle s'éloigna, plus persuadée que jamais, ou que cet homme avait contre elle des griefs bien cruels, ou que, peut-être, cette étrange expression tenait à la bizarrerie d'un caractère déraisonnable.

Du reste, le premier moment de cette rencontre avait troublé Sabine, aussi bien que Sylvestre, durant toute la cérémonie religieuse; elle avait beaucoup pensé à son voisin, et l'empressement qu'il avait montré envers elle avait détruit presque entièrement les suppositions qu'elle avait faites durant la nuit, et voilà que tout à coup il lui fallait les reprendre.

Mais voici les événements qui marchent, et à ce propos il faut le faire remarquer :

Il est mille circonstances dans la vie où un mot, un pas, un geste, sont de grands événements, car ils déterminent souvent tout l'avenir de notre existence. Cela est vrai surtout pour les hommes dont le cœur et l'esprit sont à l'abandon, sans passions qui les dominent, qui vivent de la vie qui se présente, privés qu'ils sont de cette sage prévoyance et de cette forte volonté qui choisit et prépare la vie où l'on veut vivre.

Mademoiselle de Prosny avait pris le bras de son neveu, et le premier mot qu'elle lui dit fut tellement empreint de cette haine querelleuse qui appartient aux âmes aigries par le malheur, que Sylvestre en fut tout épouvanté : — Quelle est, lui dit-elle, cette grande péronnelle pour laquelle tu m'as plantée là?

A une pareille question, faite d'un ton pareil, Sylvestre se fût bien gardé de répondre que c'était la demoiselle Durand. Il sentait trop bien quelle avalanche d'injures et de récriminations lui vaudrait cette réponse; d'ailleurs, il voulait bien avoir le droit de penser mille mauvaises choses de Sabine, il voulait bien l'accuser lui-même de tous les torts que pouvait lui avoir légués son père; mais il eût trop souffert de les entendre dans la bouche de sa tante. Il hésita donc, et répondit d'un air fort embarrassé : — C'est une demoiselle que j'ai vue chez M. Simon. — Ah! fit la tante en dévisageant son neveu. — C'est la fille d'un de ses clients. — Qui vient à l'église sans sa mère? — Je crois qu'elle a perdu la sienne. — Et monsieur son père la laisse aller seule? — Je la crois orpheline, dit Sylvestre qui voulait échapper aux questions de sa tante. — Et quel est le nom de cette orpheline? dit mademoiselle de Prosny.

A ce moment, Sylvestre repoussa assez vivement une vieille femme, en disant : — Faites donc attention, vous m'écrasez les pieds!

La pauvre vieille femme ne l'avait pas touché.

— Où avez-vous appris à parler ainsi à des femmes? lui dit mademoiselle de Prosny. Est-ce parce qu'elle est vieille que vous êtes impoli? Si c'était une mijaurée de la tournure de l'autre, vous lui auriez demandé pardon du mal qu'elle vous aurait fait.

Ceci se disait pendant la sortie, et Sylvestre était dans un état de colère qu'il avait toutes les peines du monde à dissimuler.

Il espérait toutefois que quelque incident inattendu appellerait l'attention de sa tante sur un autre sujet, lorsqu'il se sentit pris d'une nouvelle terreur en apercevant mademoiselle Durand debout sur le trottoir, attendant sa voiture. Un domestique était allé la chercher, et les pauvres tendaient la main avec toute l'ardeur que leur inspirait une femme qui a un équipage.

Sabine donnait toute sorte de monnaies, lorsque le coupé arriva en faisant refluer tout le monde sur le trottoir.

Sabine monta rapidement dans la voiture, et, s'étant retournée pour donner ses ordres au domestique, elle aperçut Sylvestre. Une rougeur lui monta au visage.

Sylvestre s'inclina sans savoir ce qu'il faisait, et la jeune fille lui répondit cette fois par une grave salutation.

Sylvestre, en se tournant vers sa tante, vit son œil disgracieux qui semblait vouloir lui arracher le visage.

— Hum! fit la vieille fille, une orpheline qui a une voiture, qui vient à l'église avec une vieille femme qui n'est pas sa mère, comment ça s'appelle-t-il?...

Sylvestre feignit de ne pas avoir entendu.

Mais la tante avait des ongles à la langue, et elle continua à écorcher son neveu pour le faire crier.

— C'est comme ça de notre temps. N'est-ce pas honteux que l'on ait donné l'un des noms de la sainte Vierge à ces drôlesses-là?...

Cette fois, Prosny ne comprit pas du tout ; mais mademoiselle de Prosny continua : Ça s'appelle des lorettes... n'est-ce pas?... à cause... — Ma tante, s'écria Sylvestre indigné, qu'osez-vous dire contre cette jeune fille ? c'est affreux ! — Ah ! c'est bien singulier, cependant, de venir seule à l'église... mais enfin, puisque tu en réponds... Et comment s'appelle-t-elle cette vertu?

C'était là la question foudroyante.

— Elle s'appelle... je ne me souviens pas bien. — Ah! tu ne sais pas le nom des femmes à qui tu cèdes ta place à côté de moi... tu ne sais pas le nom des femmes qui te saluent en rougissant... tu ne sais pas le nom des clientes de ton étude, des orphelines qui ont des équipages? c'est bon... c'est bon... — Mais, ma tante... — Vous comprenez, Sylvestre, dit la vieille, qu'il y a des choses que je ne veux pas savoir. — Ma tante... — Pourvu que vos intrigues ne vous dérangent pas de votre travail... — Mais, ma tante... — Seulement, une autre fois, prenez vos rendez-vous de manière à ce que je ne leur serve pas de manteau.

Il y avait de quoi exaspérer un plus patient que Sylvestre. Il abandonna brusquement le bras de sa tante et fit un pas en avant.

La colère rendit mademoiselle de Prosny immobile.

Sylvestre se maîtrisa et revint : — Ma tante, dit-il d'une voix altérée, je vous prie de ne faire aucune supposition malveillante sur la jeune personne que vous venez de voir : elle n'est rien de ce que vous pouvez penser ; et ce serait une infamie de répéter de pareils propos.

L'accent de Sylvestre était si absolu et si sincère, qu'il arrêta le flot d'invectives qui bouillonnait au bord des lèvres de mademoiselle de Prosny ; mais elle ne se tint pas pour battue, et reprit : — Tant mieux pour elle, si elle est d'une famille honorable.

Sylvestre tressaillit ; car, par un de ces instincts dont la méchanceté est admirablement douée, mademoiselle de Prosny avait enfin trouvé le point par lequel elle pouvait véritablement attaquer l'inconnue.

La tante sentit le tressaillement de Sylvestre et continua d'un ton ironique : — Tant mieux aussi pour toi, mon garçon!

Ce n'est pas une chose sans exemple qu'un clerc d'avoué qui trouve une belle dot pour s'acheter une bonne charge, et quand c'est une belle fille qui l'apporte, cela vaut encore mieux.

Ces paroles remuaient un monde dans l'esprit de Sylvestre. Elles lui présentaient l'idée de son nom associé avec celui de la fille de l'indigne Durand.

— Ah! s'écria-t-il avec violence, laissez-là cette femme, je vous en prie, vous ne savez pas le mal que vous me faites en parlant ainsi.

Ce dialogue avait mené Sylvestre et sa tante jusqu'à la porte de leur maison.

— Il faut que j'aille à l'étude, dit Sylvestre... Adieu, ma tante, adieu...

Mademoiselle de Prosny savait qu'elle ne pouvait retenir son neveu; mais elle avait compris qu'elle avait touché à un sujet qui devait l'intéresser vivement

— Je croyais, dit-elle, que Noël était un jour de repos; mais je ne veux déranger les rendez-vous de personne.

Sylvestre ne répondit pas, et la tante ajouta en ricanant:
— Je parle des rendez-vous d'affaires.

Prosny s'éloigna, et la tante resta un moment sur le seuil de sa porte à le regarder, puis elle dit : — Je saurai ce qui en est, je le saurai.

V

Sylvestre devait véritablement se rendre chez M. Simon, et l'habitude lui fit prendre le vrai chemin; mais il ne pensait guère ni à ce qu'il faisait, ni aux affaires qu'il avait à traiter.

La supposition étrange de sa tante l'avait bouleversé; ce n'est pas que Sylvestre pût croire un moment à la possibilité d'une union avec mademoiselle Durand : sa pauvreté n'eût point été un obstacle insurmontable, que ses ressentiments lui eussent défendu une pareille pensée. Mais enfin cette pensée, on la lui avait offerte.

Comme une lumière soudaine et brutale, les paroles de sa tante avaient éclairé la sombre inquiétude où Sylvestre s'agitait; elles lui avaient montré le but où, pour tout autre que lui, devaient nécessairement tendre les sentiments inconnus que lui inspirait Sabine; et en se reconnaissant malheureux de ne pouvoir même rêver à cette espérance, il se demanda s'il n'aimait pas la femme qu'il voulait tant haïr.

— Comment! diront quelques-uns de ceux qui lisent cette histoire, comment, pour l'avoir rencontrée une fois, sans la connaître, il en était déjà à penser à l'aimer?

Je renonce à l'expliquer à ceux qui ne le comprennent pas, à ceux qui demandent pourquoi on aime si fort et si vite; mais ce que je puis attester, c'est qu'il n'y a qu'un homme furieux d'être amoureux, qui devienne tout à coup aussi maussade, aussi brusque, aussi impatient que le fut Sylvestre, lorsqu'étant entré dans l'étude, il apprit qu'il ne pouvait parler à M. Simon.

Et pourquoi?

Parce que mademoiselle Durand était dans le cabinet de l'avoué, qui avait déjà refusé de recevoir deux ou trois personnes.

Il s'agissait donc d'un bien important entretien?

En effet, jamais jusqu'à ce jour Sabine n'avait paru dans le cabinet de son tuteur, lequel, se trouvant à l'entre-sól ainsi que son étude, était complétement séparé de son appartement personnel, qui occupait le premier.

Mais Sylvestre eût été bien plus étonné qu'il ne le fut, s'il eût pu apprendre quel était le sujet de cet entretien.

Sabine, à son retour, au lieu de monter directement chez elle, était entrée chez M. Simon: Celui-ci, en l'apercevant, s'était levé avec empressement, et avait dit gaiment à sa pupille : — Eh! mon Dieu! avons-nous un procès, mon enfant, que tu viennes me trouver dans ce sanctuaire de la patrocine, comme tu l'appelles? Sur quelle affaire viens-tu me consulter? — Sur une affaire plus grave que vous ne pouvez penser, lui dit sérieusement Sabine. — Je suis tout aux ordres de ma belle cliente, répondit M. Simon en riant,

3

Pendant qu'il la faisait asseoir auprès de lui, il l'examina et put s'assurer qu'elle était sincèrement préoccupée d'une chose grave.

Il supposa, sur-le-champ, que la plaisanterie qu'il avait faite la veille sur les prétendants qui demandaient la main de sa pupille, il supposa, dis-je, que cette plaisanterie jointe à la présence de M. de Bellestar, avait alarmé Sabine, et qu'elle voulait s'en expliquer avec lui; il fut donc assez vivement surpris, lorsqu'elle lui dit d'une façon brusque et résolue : — Mon ami, il faut que vous me disiez ce que c'est que M. de Prosny? — M. de Prosny... fit le tuteur en regardant Sabine, Sylvestre ? — Oui, M. Sylvestre de Prosny, votre maître-clerc?

Il paraît que cette question, si simple en apparence, avait une grande portée, car M. Simon, pris à l'improviste, fut très-embarrassé; il s'agita sur son fauteuil, fit une grimace significative, laissa échapper deux ou trois petites exclamations, et finit par répondre : — Eh! il est ce que tu viens de dire : mon maître-clerc. — Vous comprenez bien que ce n'est pas cela que vous demande. — Oh! fit M. Simon en se remettant un peu, c'est un brave et bon garçon. — C'est un homme de mérite et d'honneur, je vous l'ai entendu dire vingt fois. — Eh bien! alors que veux-tu savoir de plus?... Et d'ailleurs, ajouta M. Simon en regardant plus attentivement Sabine, pourquoi cette question? — Vous m'interrogez au lieu de me répondre, dit Sabine. Je veux... oui, c'est le mot, je veux savoir ce qu'est M. de Prosny.

M. Simon se tut et se gratta le front.

— C'est étrange que tu me fasses cette question, et cependant...

Il s'arrêta, et se mit à réfléchir.

— Cette question, ne voulez-vous pas y répondre? dit la jeune fille. — Mon enfant, reprit l'avoué, ceci est très-grave... — Je ne m'étais donc pas trompée, reprit mademoiselle Durand; dites-moi tout... je vous en prie... c'est votre devoir...

M. Simon prit les mains de sa pupille, et en voyant les larmes qui roulaient dans ses yeux, il comprit qu'elle avait touché à la vérité, du moins dans sa pensée.

— Sabine, lui dit-il doucement, je te dirai tout ce que je dois te dire; mais, avant cela, je veux savoir, moi, pourquoi tu m'adresses cette question?

Sabine rougit, elle chercha sa réponse; mais enfin elle dit en baissant les yeux : — Peut-être les manières de M. de Prosny envers moi m'ont-elles forcée à vous la faire... — T'aurait-il manqué de respect? dit M. Simon; t'aurait-il adressé une parole peu convenable?

— M. de Prosny est un homme trop bien élevé pour cela. Mais il n'est pas toujours nécessaire de parler pour laisser voir avec quel déplaisir on rencontre certaines personnes. — Il te l'a donc montré? — Il ne l'a peut-être pas voulu, mais je l'ai vu, moi. — Vous ne me trompez point, Sabine? reprit sévèrement M. Simon. J'aime beaucoup Sylvestre, je l'aime pour ses bonnes qualités; je l'aime aussi peut-être parce qu'il n'est pas à la place qu'il devrait occuper; mais s'il vous avait montré, de quelque façon que ce fût, l'embarras que peut lui causer votre présence, je ne lui pardonnerais pas. — Ma présence doit donc lui causer de l'embarras, du chagrin peut-être? dit Sabine vivement. — Ma chère enfant, personne n'est à l'abri d'un triste retour sur les malheurs passés. Mais enfin dites-moi, et je vous parle sérieusement comme vous m'avez parlé : qui vous a avertie de... de la position gênée où Sylvestre devait se trouver près de vous? — Personne que lui-même, et quelques paroles que j'ai surprises au hasard.

Sabine raconta à son tuteur l'aventure de l'album, puis comment elle avait appris pourquoi la vue de ce dessin avait dû être pénible à Sylvestre. Elle lui dit aussi l'effet singulier de la romance chantée par elle.

Enfin elle lui dit tout, excepté ce que les femmes ne disent jamais : ce qui fait qu'elles sont femmes, qu'elles sentent, qu'elles comprennent, qu'elles devinent mille choses là où nous ne voyons rien. Elle ne lui dit pas non plus que tout autre homme que Sylvestre eût pu faire tout ce qu'il avait fait sans qu'elle y prît garde.

Et en cela elle ne mentit point, car elle n'en était pas encore à savoir que tout est indifférent de ce qui vient d'un indifférent. Du reste, elle n'avait point de finesses à faire avec M. Simon.

Éclairé sur ce qui avait pu dicter la question de Sabine, il ne cherchait point à pénétrer plus avant dans l'effet qu'avait pu produire sur elle la conduite de Sylvestre; il réfléchissait profondément, il méditait la réponse qu'il devait faire.

Enfin, après un assez long silence, il lui répondit : — Sabine, je suis vis-à-vis de vous dans une position on ne peut plus embarrassante. Ce que vous me demandez est fort difficile à vous dire.

Sabine baissa la tête en soupirant.

— La confidence que je vous dois, et que je vous ferai, peut avoir des résultats qu'on me reprocherait indubitablement. Il faut que je réfléchisse; il faut que je prenne des mesures. Je vous demande un mois pour vous répondre. — Pas un jour, pas une minute, monsieur Simon, dit Sabine d'une voix tremblante. Oh! je vous ai compris, j'ai tout compris... Je sais tout maintenant : M. de Prosny a été ruiné par...

Comme elle allait prononcer ce nom qui est si doux à dire pour tous les enfants, et qui lui était si cruel, on frappa à la porte du cabinet, et Radinot, le seul clerc qui eût osé troubler cet entretien, annonça à son patron que plusieurs clients auxquels il avait donné rendez-vous l'attendaient depuis longtemps.

Radinot fut trompé dans la douce espérance qu'il avait eue de mettre son patron en colère en l'interrompant ; et M. Simon, ravi de n'être pas obligé de répondre à Sabine, ordonna qu'on fit entrer ceux qui attendaient.

Puis il renvoya Sabine en lui disant : — Nous reparlerons de cela demain.

Sabine, pour regagner son appartement, était obligée de traverser le cabinet de Sylvestre et l'étude des autres clercs.

Lorsqu'elle entra, il semblait occupé à compulser un dossier, mais il était tellement absorbé dans ses réflexions, qu'il ne vit point celle à laquelle il pensait à cet instant même.

Elle s'arrêta à le considérer. La résignation douloureuse et amère qui était peinte sur le visage de ce jeune homme lui serra le cœur... Elle fit un pas vers lui...

Il l'entendit, et en la voyant il laissa échapper une sourde exclamation ; mais presque aussitôt il se contint, se leva et la salua profondément.

Sabine s'éloigna, mais avec un mouvement d'impatience douloureuse, et elle se dit en son cœur : — Ah ! si j'avais été un homme, je lui aurais tendu la main, et je lui aurais dit : Voulez-vous partager en frères ?

Lorsque M. Simon fut libre des rendez-vous qu'il avait pris, il réfléchit longtemps à l'événement qui venait d'arriver dans sa maison, car pour lui c'était un grand événement, et voici pourquoi :

M. Simon n'avait point élevé sa pupille en tuteur de comédie. Il ne s'était point borné à lui faire donner cette instruction dangereuse qui fait de la plupart des femmes de nos jours des peintres médiocres ou des musiciennes prétentieuses, quand elle ne les pousse pas jusqu'à écrire leurs impressions de cœur, assaisonnées des rêves creux de leur esprit.

Notre avoué avait veillé sur l'éducation morale de Sabine, mais il n'avait pas borné cette éducation à lui inspirer cette retenue sévère qui met les femmes à l'abri de beaucoup de dangers, en les sauvant de beaucoup d'attaques. Il ne lui avait pas enseigné seulement cette noble pudeur, ce sévère respect de sa personne, sans lesquels la femme n'est plus que le compagnon féminin de nos plaisirs, et descend du chaste autel où il est permis de l'aimer comme une idole. Il ne lui avait pas dit que toute l'étendue des devoirs d'une femme consiste dans la chasteté de la jeune fille et dans la fidélité de l'épouse ; il l'avait plus sérieusement initiée qu'on ne le fait d'ordinaire à ce qui fait la véritable vertu.

Sabine, à dix-huit ans, devait se trouver maîtresse d'une grande fortune, maîtresse d'elle-même, c'est-à-dire maîtresse de se choisir un nom, un mari, un maître peut-être. Il était donc possible qu'elle échappât à l'influence que lui, son tuteur, devait garder sur elle ; et dans cette prévision, il avait cherché à mettre dans le cœur de sa pupille les principes vigilants qui la protégeraient contre les mouvements passionnés que révélait déjà son enfance.

Ainsi, jamais M. Simon n'avait laissé arriver jusqu'à sa pupille les plus innocentes plaisanteries sur ce qu'on est convenu d'appeler les folies de la jeunesse.

A une époque où la conversation joue avec toutes choses, avec le vice, avec le crime, avec le vol, jamais le sévère tuteur n'avait permis qu'un de ces mille récits qui amusent l'oisiveté des salons fût légèrement fait devant sa pupille.

Elle n'était point habituée à entendre rire des spéculateurs qui volent adorablement leurs actionnaires, des jeunes gens qui font de charmantes dettes, et des filous qui déploient un génie plein de portée dans l'enlèvement des montres et des bourses.

Selon M. Simon, toutes ces improbités se tiennent par la main, et quand on permet à l'une de s'introduire dans l'esprit sous une excuse quelconque, les autres doivent suivre nécessairement.

Comme nous l'avons dit, Sabine était exposée à n'avoir qu'elle même pour décider de sa destinée. C'est pour cela que M. Simon, craignant l'habileté des séductions qui pourraient l'entourer, lui avait fait de l'inconduite, de l'improbité, de l'indélicatesse même, des objets d'aversion et de mépris tellement odieux à son esprit et à son cœur, qu'il était certain que jamais un homme à qui l'on pourrait reprocher la moindre action douteuse ne prendrait ou ne garderait d'empire sur les sentiments de mademoiselle Durand.

Certes, il était difficile d'accomplir avec une plus noble prévoyance les devoirs de la tutelle; mais, par une circonstance particulière, cette sévérité de principes qu'il avait donnée à Sabine avait été pour lui la cause de plus d'un ennui, et le jetait dans un véritable embarras.

Malheureusement Sabine était la fille d'un homme dont la fortune avait eu pour point de départ des opérations honteuses, quoiqu'il eût su les mettre toujours à l'abri des poursuites judiciaires.

La mère de Sabine, sans avoir été compromise activement dans les spéculations indélicates de M. Durand, les avait partagées, en se faisant le gardien d'une fortune indignement acquise. Séparée de biens avec son mari, elle se trouvait toujours plus riche à chaque nouvelle faillite qu'il organisait. Quoiqu'elle eût subi la volonté de son mari sans l'aider jamais ni de ses désirs ni de ses conseils, elle était morte avec la réputation d'avoir été sa complice.

Il en résultait que, lorsque Sabine interrogeait M. Simon ou sa femme sur ce qu'avaient été ses parents, l'un et l'autre lui faisaient le plus souvent des réponses évasives, et remettaient à un temps éloigné les explications que demandait leur pupille.

Comme on a pu le voir, malgré toutes ces précautions,

malgré mille réticences, la vérité s'était fait jour jusqu'à Sabine ; mais cette vérité ne lui était encore arrivée que comme une appréhension vague, générale, et sans application personnelle.

Or, voilà que tout à coup, presque certaine d'être riche d'une fortune dont l'origine était méprisable, voilà que Sabine rencontre un homme qui lui paraît avoir un droit direct à s'indigner de cette richesse mal acquise, un homme estimé de tout le monde, fier dans sa pauvreté, et qui peut dire, peut-être, qu'il n'est pas une obole de cette fortune magnifique qu'il ne paie, lui, d'une privation et d'un labeur pour lequel il n'était pas fait.

Que devait faire Sabine en présence de cet homme, et avec les sentiments que lui avait inspirés M. Simon? Précisément ce qu'elle avait fait.

C'était là que commençait l'embarras du tuteur.

En effet, se disait-il, lorsque je lui aurai révélé la vérité, lorsque j'aurai fait une certitude de ses soupçons, que fera-t-elle? Voilà ce qui alarmait M. Simon.

Restituerait-elle de sa propre volonté la fortune ravie?

Certes, c'eût été une noble et belle action ; et, si elle eût été accomplie par un homme, il n'y eût eu sans doute que des applaudissements pour lui et pour le tuteur qui lui avait donné les sentiments qui auraient dicté sa conduite.

Mais d'une femme tout se discute : sa faiblesse présumée la livre trop, selon le monde, aux influences qui l'entourent, pour qu'on n'eût pas dit que M. Simon avait aidé à cette restitution ; que ses conseils, ses exigences peut-être, basées sur son intérêt, que les méchants auraient coté à un chiffre considérable, avaient déterminé mademoiselle Durand.

L'amitié qu'il avait toujours montrée à Prosny, l'asile qu'il lui avait donné chez lui, expliquaient admirablement cette opération d'un nouveau genre, et M. Simon était trop honnête homme pour ne pas avoir beaucoup d'ennemis qui n'attendaient qu'une occasion de dire qu'il ne l'était pas.

Jusqu'à ce jour, notre avoué avait compté que sa pupille se marierait avant que rien la forçât à prendre un parti à ce sujet. Il l'avait toujours tenue éloignée du contact des gens qui pouvaient l'éclairer ; elle avait passé la plupart des belles saisons à la campagne, et depuis un mois qu'elle était à Paris, les prétendants se présentaient assez nombreux et assez distingués, pour que M. Simon n'eût pas craint une rencontre de quelques heures avec M. de Prosny.

Le hasard en avait décidé autrement, et il se trouvait en face d'une difficulté presque insoluble.

Dans cette perplexité, il chercha à atteindre tout de suite le but qu'il avait en vue, et il écrivit immédiatement à M. de Bellestar, en le priant de passer chez lui dès le lendemain.

Cela fait, il remonta chez lui, espérant trouver Sabine près de sa femme ; mais il apprit que sa pupille, prétextant un violent mal de tête, s'était enfermée chez elle. Il comprit pour quelles pensées elle avait ainsi recherché la solitude, et voulut la faire appeler ; mais sa femme l'arrêta en lui disant : — Est-ce qu'il s'est passé quelque chose entre toi et Sabine ? — Je te conterai cela, lui dit M. Simon ; mais je veux d'abord que tu la forces à sortir aujourd'hui, demain, pendant quelques jours. Voici l'époque des étrennes, c'est aussi sa fête à la fin de cette semaine ; fais-lui un prétexte de tout cela pour l'emmener partout où tu voudras, dans les magasins les plus curieux. Je t'ouvre même un crédit de dix mille francs pour ne rien lui refuser de ce qui pourrait lui plaire.

— Mais, fit madame Simon, je dois te dire une chose sur laquelle Sabine m'a demandé le plus profond secret, secret que je lui ai promis, tant ce qu'elle m'a demandé m'a paru bizarre et sans raison. — Et que t'a-t-elle donc demandé ?

— Une chose qui doit avoir quelque rapport avec le crédit énorme que tu m'ouvres pour satisfaire ses caprices; elle m'a dit tout simplement ceci : — Est-ce que, si je demandais cent mille francs à mon tuteur sur ma fortune, il me les donnerait? — Ah! fit M. Simon en frappant du pied, nous y voilà! J'avoue, dit madame Simon tout étonnée de l'air sérieux dont son mari écoutait cette nouvelle, j'avoue que je me suis mise à rire à cette folle question, et que je lui ai répondu que tu ne le devais pas et que tu ne pouvais pas le faire. — C'est vrai, dit M. Simon, je ne le dois, ni ne le puis... Et c'est après ce refus qu'elle s'est retirée dans sa chambre? — Peu d'instants après, mais sans avoir l'air blessée et fâchée de ce que je lui avais dit. Seulement elle m'a priée, elle m'a suppliée de ne pas te parler de cette folie; et, en vérité, j'y mettais si peu d'importance, que je ne l'eusse pas fait sans ce que tu viens de me dire.

M. Simon raconta rapidement à sa femme ce qui s'était dit entre sa pupille et lui, et la pria d'aller près de Sabine.

Madame Simon revint presque aussitôt. Sabine n'était pas chez elle.

On fit chercher dans toute la maison, et l'on finit par apprendre du concierge que sa gouvernante avait été chercher un fiacre, et qu'elles étaient sorties ensemble. Dans les habitudes de Sabine, c'était une chose inouïe que d'être sortie avec cette femme sans prévenir madame Simon :

M. Simon, quoiqu'il pensât que cette sortie avait rapport au sujet dont il avait été question entre lui et Sabine, se perdait en conjectures sur ce qu'avait pu vouloir faire sa pupille.

Cependant toutes les questions de M. Simon aux gens de sa maison avaient été faites de manière à montrer cette sortie comme approuvée par lui; il fit même quelques plaisanteries sur la prétention qu'avait Sabine de faire des surprises pour le premier jour de l'an; mais il fut tout surpris lorsque quelqu'un lui dit qu'avant de sortir, la gouvernante était venue s'informer à l'office de l'adresse de M. de Prosny.

Sans pouvoir supposer que cet avis fût donné avec une intention malveillante, madame Simon fut cependant bien vivement fâchée de cette circonstance ; il faut si peu de chose pour donner un prétexte à une méchante parole ; et de si bas qu'elle parte, elle trouve si aisément des échos, que la bonne dame se promit bien de gronder la jeune imprudente.

Mais M. Simon exigea de sa femme qu'elle parût complétement ignorer la démarche de Sabine, ou que du moins elle n'eût pas l'air d'y attacher d'importance, et lui promit de savoir bientôt la cause de sa sortie.

Une heure ne s'était pas écoulée que Sabine rentra.

Madame Simon lui laissa croire qu'elle avait trompé sa vigilance, et ce ne fut qu'une demi-heure après son retour qu'elle alla chez la jeune fille. Au premier regard, madame Simon devina qu'il avait dû se passer quelque chose d'extraordinaire ; Sabine était rayonnante, une satisfaction intérieure brillait dans ses yeux.

Madame Simon, sachant que la joie est d'ordinaire assez communicative, dit alors à sa pupille : — Tu es tout à fait guérie de ton mal de tête ? — Tout à fait. — C'est probablement à la promenade que tu viens de faire que tu le dois ? — Eh bien ! oui, dit Sabine joyeusement.

Il y avait un si naïf contentement dans cette réponse, que madame Simon ne voulut pas arrêter l'élan de cette joie, de peur de refouler en même temps la confidence qu'elle espérait obtenir. — Tu as donc fait de bien belles choses ? dit-elle à Sabine. — J'espère en avoir fait une bonne, répondit celle-ci. — Et peut-on la savoir ? — Vous la saurez le premier jour de l'an, dit la jeune fille ; c'est une surprise que je vous ménage, à vous et à mon tuteur.

La réponse de Sabine semblait faire allusion à une chose

si vraisemblable, c'est-à-dire à un cadeau qu'elle préparait pour ce jour-là (le jour de l'an), que madame Simon pensa qu'elle et son mari avaient peut-être donné des raisons bien extraordinaires à une démarche toute naturelle.

Cependant elle fit quelques instances pour apprendre quelle était cette importante affaire; mais Sabine demanda si gracieusement et si instamment qu'on lui laissât son secret, que madame Simon fut à peu près convaincue que la sortie de sa pupille n'avait eu d'autre motif que des emplettes à faire.

Cela n'expliquait point cependant le grand fait de l'information qu'avait prise la gouvernante sur la demeure de Sylvestre. Mais il se pouvait que cela fût une démarche personnelle à la gouvernante, et d'ailleurs M. Simon s'était réservé le droit de pénétrer ce mystère, et madame Simon ne poussa pas plus loin ses questions.

Le reste de la journée se passa comme tous les jours qui avaient précédé ces deux derniers jours; il n'y eut que quelques mots échangés à ce sujet entre le mari et la femme.

A l'heure du dîner, l'avoué dit tout bas : — Je sais tout. — Eh bien? — C'est ce que j'avais soupçonné. — Est-ce mal? — Non, assurément non. Mais c'est mal fait. — Il faut l'empêcher d'aller plus loin. — Peut-être, dit M. Simon, il m'est venu une idée... mais il faut bien y réfléchir.

L'arrivée de quelques convives empêcha l'explication d'aller plus loin, et la soirée s'acheva sans qu'il parût aux yeux de personne qu'il s'était passé quelque chose d'extraordinaire dans la maison.

Il n'en était pas de même chez de Prosny.

Vers six heures, il retourna chez lui, calmé par la réflexion qui lui avait fait considérer les petits événements de la veille et la rencontre du matin comme des circonstances très-vulgaires que son humeur avait grossies, et qui ne recommenceraient plus. Le travail aussi, cette puissante distraction, était venu en aide à la réflexion, et, lorsqu'il arriva chez lui,

Sylvestre était comme un homme qui a clos un compte fâcheux et qui se dit qu'il est inutile d'y penser davantage.

Pour mieux dire, il avait fermé la porte sur les tristes souvenirs du passé et sur les espérances folles d'un avenir impossible, et il s'était remis, autant que possible, dans sa vie telle qu'elle était, telle qu'elle promettait d'être.

Dans cette disposition d'esprit, il se repentit de la brusquerie avec laquelle il avait, le matin même, répondu à sa tante, et il s'apprêtait à calmer, par ses prévenances et ses caresses, l'humeur qu'elle pouvait en avoir gardée. Mais en arrivant chez lui, il jugea que ce serait chose fort difficile.

Mademoiselle de Prosny était en train de mettre leur modeste couvert, et, au bonjour gracieux qu'il lui adressa, elle répondit par un bonjour rogue et sec, puis elle se détourna et continua le travail dont elle s'occupait, en levant les yeux au ciel, et en poussant de profonds soupirs.

Sylvestre se garda bien de toucher à cette colère par la moindre parole. Mademoiselle de Prosny lui faisait l'effet d'une machine électrique chargée outre mesure ; le moindre contact direct devait avoir pour résultat une véritable explosion.

Il se tint à l'écart, et voulut rentrer dans sa chambre ; mais la tante avait trop amassé de colère sur son cœur pour rester plus longtemps avec un poids pareil, lorsqu'elle pouvait s'en décharger. Elle se mit donc à dire, d'un ton lamentable et comme si elle se parlait à elle-même : — Heureusement que ce sera bientôt fini ! heureusement que j'aurai bientôt six pieds de terre sur le corps !

Sylvestre eut le courage de résister à cette première attaque, et se replia du côté de sa chambre.

La tante, voyant la manœuvre, reprit aussitôt : — Et si la mort ne vient pas assez vite, il y a toujours moyen de débarrasser les gens de la présence qui doit les ennuyer... La Salpêtrière est faite pour les vieilles femmes.

4

A des natures pareilles à celle de mademoiselle de Prosny, il eût fallu pour neveu un homme qui écoutât de telles paroles comme on écoute le bruit d'une cascade, sans s'inquiéter si les flots arrivent plus pressés ou plus lents; mais Sylvestre n'avait pas cette patience, et il ne put retenir un mouvement d'humeur. La tante le vit; c'était assez pour déterminer la détonation.

Elle se tourna vers Sylvestre, les yeux ardents comme des charbons, le visage tremblant de colère : — Ce n'est pas assez tôt dans quelques jours sans doute ; c'est tout de suite qu'il faut que je parte! Eh bien! soit, tout de suite. Et si l'on m'arrête parce que je tendrai la main, on saura pourquoi je suis dans la rue, pourquoi je n'ai plus de quoi vivre!... C'est bien, c'est bien.

Sylvestre se jeta devant la porte extérieure, et arrêta sa tante en lui disant : — Mais qu'avez-vous donc? — Ne m'arrêtez pas, monsieur, ne me touchez pas! s'écria la vieille comme si elle avait été en présence de quelque horrible assassin.

C'est une chose fort désagréable pour un homme qui cherche quelque chose d'un peu nouveau à dire, que d'être forcé de répéter ce qui a été écrit cent mille fois avant lui; mais la conduite de mademoiselle de Prosny nous force à le redire encore.

Quand une vieille femme s'avise d'être méchante, elle l'est avec une férocité près de laquelle la nature du tigre a toute la douceur de l'agneau. Ce qu'il y a surtout d'odieux dans cette méchanceté, c'est qu'elle s'abrite derrière des égides que les honnêtes gens doivent respecter. Ainsi ces terribles furies ne manquent jamais d'invoquer la faiblesse de leur sexe et la vénération due à leurs cheveux blancs.

Sylvestre avait eu à subir beaucoup de scènes de la part de sa tante, mais aucune encore de cette violence, aucune surtout qui eût procédé avec cette rapidité et sans qu'on lui en eût dit les motifs.

— Mais expliquez-vous donc! s'écria-t-il; qu'avez-vous, que vous a-t-on fait?

Mademoiselle de Prosny le toisa d'un regard de colère et de mépris, et lui répondit : — Vous êtes un lâche!

Ce mot suffit pour éclairer les soupçons de Sylvestre. Il ne douta plus que sa tante n'eût découvert quelle était la jeune fille à laquelle il avait cédé sa place à l'église. Il se trouva donc rejeté tout à coup dans les pensées qu'il avait résolu de fuir; l'impatience que lui avait causée la colère extravagante de sa tante, jointe à l'humeur que lui donna la crainte d'une discussion à propos de Sabine, l'exaspéra, et il lui répondit d'un ton qu'il n'avait jamais pris jusque là avec sa tante : — Laissez-moi tranquille! vous êtes une vieille folle!...

Après ce mot exorbitant, Prosny se retira dans sa chambre.

C'était là une belle occasion pour sa tante de mettre à exécution son projet de départ, mais ce n'était pas là son but.

Elle resta un moment abasourdie de la violence du coup qu'elle venait de recevoir; mais presque aussitôt elle sentit que l'heure était venue où il lui fallait briser, à sa première parole, la première révolte de son neveu, ou qu'il lui fallait perdre l'empire tyrannique qu'elle avait exercé sur lui jusqu'à ce moment.

Elle se redressa, et, ce qui peut paraître inouï à nos lecteurs, plus furieuse qu'elle ne l'était, l'œil plus hagard, les lèvres plus contractées, elle alla se placer devant son neveu en lui disant : — Qu'avez-vous dit, malheureux? qu'avez-vous dit? — J'ai dit... j'ai dit, fit Sylvestre en détournant la tête, j'ai dit que je vous demande un peu de repos, que je suis malade, que je suis malheureux, et qu'il ne s'en faut de guère que j'en finisse avec la vie.

L'accent dont Sylvestre prononça ces dernières paroles était bien celui d'un homme qui, ne voyant nulle issue au malheur où il est enfermé, ne recule pas devant celle que la mort peut lui ouvrir.

Mais mademoiselle de Prosny, qui savait combien elle mentait lorsqu'elle criait sans cesse qu'elle souhaitait la mort, n'était pas femme à s'imaginer que ce désir pût être sincère dans le cœur d'un autre, et elle répondit à Sylvestre :
— Cela vaudrait mieux que de faire ce que vous faites. Vous, le fils de M. de Prosny, vous aimez la fille du voleur Durand!
— Moi! s'écria de Prosny, qui ne s'était pas rendu un compte assez exact des vagues sentiments qu'il éprouvait, pour que cette accusation ne le frappât point comme une injustice... moi! répéta-t-il! ah! je vous le répète, c'est de la folie. — Vous ne l'aimez pas? — Je la connais à peine. Je l'ai vue deux fois en ma vie. — Ah! fit la vieille : c'est donc cela qu'elle est venue aujourd'hui ici. — Ici !s'écria de Prosny! ici, dans cet appartement : — Oh! non, fit la tante; si elle avait osé y mettre les pieds, si cette drôlesse, la fille de ce scélérat, s'était introduite ici... mais je l'aurais chassée avec un bâton... je l'aurais tuée.... Non, non! n'ayez pas peur, elle n'est pas venue ici... elle s'est arrêtée chez le portier. Et là sa complaisante, cette vieille infâme qui l'accompagne, a demandé si c'était bien ici la demeure de M. de Prosny, ce qu'il faisait, s'il était rangé.... Que sais-je les informations qu'elle a prises?

Sylvestre était à cent millions de lieues de la colère de sa tante, et ne pensait plus qu'à cette étrange démarche de Sabine.

— Ce n'est pas possible! s'écria-t-il. — J'ai donc menti? repartit mademoiselle de Prosny. — Mais pourquoi, dans quel but serait-elle venue! — Vous devez le savoir... Quand on a des intrigues, on sait pourquoi les *péronnelles* qu'on aime viennent vous espionner jusque dans votre maison.

Mademoiselle de Prosny pensait-elle véritablement ce

qu'elle disait, ou bien était-ce le besoin d'injurier cette jeune fille et de punir Sylvestre de ses égards pour elle, qui la faisait parler de cette façon brutale?

Toujours est-il que, profitant de la stupéfaction de son neveu, elle continua : — Du reste, ça ne m'étonne pas : on hérite aussi bien des vices que de l'argent volé, et je ne suis pas surprise que la fille d'un scélérat soit une petite... — Ma tante, s'écria Prosny indigné, ne répétez jamais un mot semblable sur mademoiselle Durand (le mot avait été dit), ne le répétez jamais ou, sur l'honneur de mon père, je vous le jure, je pars... je quitte la maison... je ne vous revois jamais.

La vieille eut peur... mais elle jugea que cette menace ne tiendrait pas contre un appel à des devoirs sacrés, et elle répondit : — Oh! mon Dieu! vous n'aviez pas besoin de me le dire, il fallait me laisser partir tout à l'heure, il fallait ne pas jouer la comédie, en faisant semblant de me retenir. Au moment où quelque chose de ces Durand nous a touchés, j'étais sûre que la misère viendrait tout aussitôt. Le père m'a réduite à la pauvreté... la fille me retire le dernier morceau de pain de la bouche, ça devait être. Aime-la, mon garçon, aime-la, c'est bien honorable pour toi. — Ma tante!... dit Sylvestre d'un ton suppliant. — Eh! bon Dieu! qu'est-ce que ça te coûtera? reprit mademoiselle de Prosny devenue plus calme, et par conséquent plus cruelle, parce qu'elle se faisait mieux écouter... ça te coûtera l'estime de tous les honnêtes gens... mais ça te débarrassera d'une vieille fille qui t'ennuie, qui te pèse, qui te coûte à nourrir... Il y a compensation, sans compter l'amour de cette coureuse, qui prie le bon Dieu le matin et qui court le soir après les clercs de son tuteur. Va, mon garçon, va, tu es en bon chemin.

Sylvestre souffrait horriblement, mais il subissait la loi de toutes les natures vives et faibles.

Après un violent emportement, il s'était senti pris d'une sorte de lassitude soudaine, de découragement désespéré. Il n'avait plus la force de se défendre, ni contre sa tante ni contre le hasard qui l'avait jeté dans la fausse position où il était.

Il tomba sur une chaise, appuya sa tête sur ses deux mains et murmura sourdement : — Et n'avoir pas le courage d'en finir ! — Que dis-tu?... fit la vieille. — Rien, rien ; mais, je vous prie, laissez-moi ; je vous le jure, je n'ai rien fait, rien dit qui puisse vous irriter. Je ne sais pourquoi mademoiselle Durand est venue ici... Je ne veux pas le savoir. Si vous l'exigez, je quitterai l'étude de M. Simon, je ferai ce que vous voudrez ; mais par grâce, par pitié, je vous en supplie, laissez-moi une heure de repos. J'ai tant souffert... je souffre tant.

On dit que lorsque le tigre, poussé par le seul instinct de la destruction, s'attaque sans faim à un animal plus faible que lui, il le déchire avec fureur tant qu'il se défend ; puis, couché près de sa victime vaincue, il en surveille les derniers mouvements et la frappe de sa griffe puissante tant que la chair tressaille dans les dernières convulsions de l'agonie ; puis enfin, lorsque tout mouvement a cessé, quand tout gémissement s'est éteint, la bête fauve s'éloigne avec dédain de ce corps inerte. Il en fut de même de la méchanceté de la vieille...

— Pauvre sot, pauvre niais ! dit-elle à son neveu, vaincu et abattu devant elle.

Et comme il ne répondit pas, comme il tomba tout à fait la tête sur la table, immobile et anéanti, elle s'en alla en levant les épaules et en disant : — Et ça s'appelle un homme !

VI

27 décembre 1843

Hier c'était le jour où M. Simon avait prié M. de Bellestar de passer chez lui.

En recevant cette invitation, le marquis se persuada que l'effet qu'il avait produit dans la soirée du réveillon avait été si complet, que son mariage était une affaire faite.

Le système des tourbillons et des atomes crochus qui s'attrapent les uns aux autres et qui finissent par faire des mondes, est on ne peut mieux applicable à la vie humaine. Ainsi une passion se met en mouvement, elle commence son tourbillon, et voilà que mille circonstances, qui seraient demeurées isolées sans cette passion, s'y rattachent; à celles-ci viennent s'en joindre d'autres qui en accrochent de nouvelles, si bien qu'en peu de temps, ou plutôt selon la rapidité du tourbillon, la plus petite aventure peut devenir une grosse histoire.

Pour vous prouver la justesse de cette comparaison, je vous prie de suivre M. de Bellestar, qui entre chez son bijoutier avant d'aller au rendez-vous de M. Simon.

Supposez que M. de Bellestar n'eût pas voulu épouser mademoiselle Durand ; supposez que mademoiselle Durand n'eût pas fait attention à M. de Prosny ; supposez que notre tourbillon qui marche depuis deux jours, n'eût commencé sa rapide rotation que demain, et rien de ce qui est arrivé et de ce qui arrivera n'eût été comme cela est et comme cela sera. Il est impossible que M. de Bellestar ne fût pas entré chez son bijoutier, il est surtout très-certain que cette visite n'eût pas eu les résultats qu'elle amena.

M. de Bellestar venait s'informer si quelques bijoux qu'il avait commandés seraient achevés pour l'échéance fatale des étrennes.

Le bijoutier, tout fier d'avoir plus que satisfait aux exigences d'une telle pratique, ouvre une armoire dans laquelle il renferme les diamants et les bijoux d'un prix très-élevé.

Le regard de M. de Bellestar suit la recherche que le bijoutier fait de l'écrin qui lui est destiné, et ce regard rencontre tout à coup un bracelet fort simple, mais enrichi d'un brillant plus qu'ordinaire.

Ce diamant, ce bracelet, M. de Bellestar les connaît ; il les a vus, il y a à peine trente-six heures, au bras de mademoiselle Durand.

Voilà qui est bizarre, étrange, inouï, peut-être se trompe-t-il.

— Pardon, dit-il à M. Léonard, montrez-moi donc ce bracelet ; il me semble très-remarquable. — Ceci ? répond M. Léonard à M. de Bellestar, sans remarquer l'air sérieux du marquis.

Celui-ci regarde, examine, et devient de plus en plus assuré que c'est bien là le bracelet de mademoiselle Durand.

— Ah ! fait le bijoutier, qui voit enfin l'attention de M. de Bellestar, c'est une belle pierre, et si c'était mieux monté...
— Vous êtes chargé de la remonter ? — Non.... non.... dit M. Léonard, occupé de l'écrin qu'il va soumettre au jugement sévère du marquis. — Ce bijou est-il donc à vendre ?
— Pas le moins du monde, répond M. Léonard. Voici ce que vous m'avez commandé. — Ce bracelet n'est donc pas à vous ? dit le marquis. — Malheureusement non ! — Et à qui donc appartient-il ?

Le bijoutier s'aperçoit enfin de l'insistance du marquis et répond : — Ce n'est pas mon secret. — Il y a donc un secret ? fait M. de Bellestar.

M. Léonard examine à son tour le marquis et lui dit d'un

ton alarmé : — Vous connaissez ce bijou ? — Parfaitement !
— Eh bien! s'écrie M. Léonard, je vous en supplie, veuillez garder sur ce sujet le plus profond silence. Je suis désolé; j'avais dit à ma femme de le monter dans notre appartement avec tous les autres bijoux qu'on m'a apportés... mais je suppose que monsieur le marquis voudra bien être discret.

M. de Bellestar pensait beaucoup; il tira enfin cette conclusion de ses profondes méditations : — Discret! dit-il, je vous promets de l'être. Mais je suis curieux, et il faut que vous me disiez comment et pourquoi ce bijou et d'autres, à ce qu'il paraît, sont arrivés dans vos mains. — Je suis désolé, monsieur le marquis; mais c'est une affaire toute particulière et dont j'ai promis de ne point parler.

M. de Bellestar se renferma encore une fois en lui-même et se trouva si intrigué, si curieux d'apprendre ce mystère, qu'oubliant tout à fait l'énorme distance qu'il y avait entre lui et son bijoutier, il lui répondit en clignant des yeux : — Et si je vous disais que cette affaire peut me regarder beaucoup ?

M. Léonard ouvrit de grands yeux.

M. de Bellestar crut avoir trouvé quelque chose de spirituel, et, comme tous les gens qui n'en ont pas l'habitude, il se laissa aller à l'envie de le dire.

— Oui, monsieur Léonard, peut-être s'agira-t-il bientôt d'un écrin de mariage, et peut-être ce diamant devait-il s'y trouver.

Ce fut le tour du bijoutier d'établir avec lui-même un colloque intérieur; il paraît que le résultat en fut très-excellent, car il prit un air joyeux et confidentiel et reprit : — Eh bien! monsieur le marquis, je vais vous raconter comment cela s'est passé, et, si je ne me trompe, je crois que cela vous fera plaisir. — Tant mieux, fit le marquis, car, puisque j'ai commencé, je puis vous dire qu'en sortant de chez vous je vais chez M. Simon.

4.

La confidence à faire parut assez importante à M. Léonard pour qu'il fît passer M. de Bellestar dans le cabinet attenant à son magasin, et voici ce qu'il raconta : — Hier, mademoiselle Durand vint chez moi ; je la connais depuis son enfance, ayant été le bijoutier de sa mère et ayant fait jadis des affaires importantes avec son père. — Un mot à ce sujet, dit M. de Bellestar, en interrompant M. Léonard, on a dit beaucoup de mauvaises choses sur ce M. Durand ; puisque vous l'avez connu, qu'en pensez-vous ?

Le joaillier fit une légère moue et repartit : — M. Durand avait d'assez grands capitaux ; il les faisait valoir à sa manière, et ceux qui ont cru se trouver lésés ont beaucoup crié. Mais, vous le savez, monsieur le marquis, les capitalistes, au moment où ils prêtent, sont des anges bienfaiteurs ; puis, quand l'heure est arrivée de leur rendre ce qu'ils ont prêté, ce sont des usuriers, des fripons, des voleurs ; mais monsieur le marquis sait comme moi qu'il faut beaucoup rabattre de toutes ces criailleries. Donc, pour en revenir à mademoiselle Sabine....

Il semblait que l'air réjoui de M. Léonard eût rassuré le marquis sur le chapitre du bracelet, car il en revint pour sa part à M. Durand le père : — Pardon encore, lui dit-il, quoique je sois tout à fait en dehors des sots préjugés qui font peser sur les enfants les fautes de leurs parents, je ne serais pas fâché d'être mieux informé relativement à M. Durand.

Cette prétention d'un marquis, fort entêté de sa noblesse, à ne point partager un préjugé vulgaire, mérite d'être expliquée.

Au compte des hommes comme M. de Bellestar, la naissance n'est une question importante que pour ce qu'ils appellent les gens nés, et, pour parler en termes catégoriques, comme les vertus d'un bourgeois ne donnent pas à ses enfants le moindre titre à être autre chose que des bourgeois, son improbité ne leur enlève rien.

La grande tache des gens de cette sorte étant la bourgeoisie, rien ne l'efface et rien n'y ajoute, et du moment qu'un mariage noble peut couvrir la plus grande, il doit couvrir encore plus aisément les petites.

Cependant la question du marquis semblait embarrasser cruellement le bijoutier, et il répondit : — Pour ma part, je n'ai jamais eu à me plaindre de M. Durand. — Quel genre d'affaires faisiez-vous donc avec lui ? — M. Durand, indépendamment des affaires industrielles où il avait gagné sa fortune, aimait à obliger. Trompé souvent, il finit par demander des garanties. Il lui arriva donc de faire quelquefois des avances considérables sur des dépôts de bijoux, d'argenterie, de diamants. Il en résulta que, lorsqu'il avait perdu tout espoir d'être remboursé, il fallait bien qu'il se défit de ces bijoux ; alors il s'adressait à moi... et... — Je comprends, fit M. de Bellestar.

Le père de Sabine avait eu, parmi d'autres qualités, celle de prêteur sur gages.

Malgré son dégagement sincère des vulgaires préjugés, le marquis fut peu charmé et s'éloigna le plus vite possible de cette pensée, en disant à M. Léonard : — Donc vous avez vu hier mademoiselle Sabine ? — Oui, monsieur le marquis, je croyais qu'elle venait faire quelques emplettes, et je m'apprêtais à lui montrer mes plus belles parures, car elle a une plus grosse fortune que ne le dit son tuteur ; mais je fus très-étonné lorsqu'elle me dit qu'elle voulait me parler en particulier. Une fois dans ce cabinet, elle sortit d'un petit sac de velours, non-seulement le bracelet que vous avez vu, mais une rivière de diamants, des boutons admirables, enfin un collier de perles, tout cela d'une beauté rare. — Il faut, me dit-elle, que vous estimiez tout cela. — Pourquoi cela ? lui dis-je. — Dites-moi ce que cela vaut, reprit-elle. — C'est fort difficile, répondis-je.

Et en effet, ne sachant quel était son but, et ne voulant

pas lui donner des prix exagérés, j'estimai tout cela à cinquante mille écus, bien que cela vaille au bas mot deux cent cinquante mille francs. — Ah! c'est bien, me dit-elle d'un air joyeux; je craignais qu'on ne m'eût trompée sur la valeur réelle de ces bijoux.

Je ne sais pourquoi, mais c'était pour parler, plutôt que pour faire une proposition sérieuse ; mais je lui dis : — S'ils étaient à vendre, je m'engagerais à en trouver ce prix-là.

Mademoiselle Durand s'empara aussitôt de cette parole, qui m'était échappée par hasard, et se hâta de me dire : — Eh bien! monsieur Léonard, vous pourrez encore plus aisément me faire prêter cent mille francs sur un pareil nantissement? — Mademoiselle Durand, fit le marquis tout stupéfait, venait pour emprunter cent mille francs sur gages !

L'étonnement de M. de Bellestar l'avait empêché de remarquer le sens des paroles que l'ancien complice du père Durand avait, disait-il, si innocemment laissées échapper devant la jeune fille, en offrant de vendre cinquante mille écus ce qui valait presque le double de cette somme.

M. Léonard s'empressa de reprendre : — A votre étonnement vous devez juger du mien. Comment! m'écriai-je, mademoiselle, vous voulez emprunter cent mille francs? — Il me les faut, me répondit-elle résolûment, aujourd'hui, sinon aujourd'hui, dans deux jours au plus tard. Voyez si vous pouvez faire ou me faire faire cet emprunt; si vous ne le pouvez pas, j'irai ailleurs.

Cela devenait grave : elle pouvait aller dans une maison où l'on abusât de sa position. Vous comprenez, monsieur le marquis, il y avait de quoi la faire assassiner en plein jour dans une arrière-boutique; c'était effroyable.

D'un autre côté, je réfléchis qu'elle était mineure, que c'était une chose impossible que de la satisfaire moi-même.

D'un autre côté encore, je ne pouvais lui faire l'insulte de retenir ses bijoux,

Dans cette perplexité, je pris un moyen terme, et je lui dis : — Vous devez savoir qu'une affaire de cette importance ne se conclut pas en une heure. Je n'ai pas les cent mille francs, mais je puis les trouver, et si vous voulez me laisser les bijoux jusqu'à demain, je pourrai vous donner une réponse certaine dans la journée. — Mais, reprit-elle, pensez-vous que cela puisse se faire?

Je voulais la rassurer, sans cependant lui faire de promesses que je ne voulais pas tenir, et je lui dis : — Si l'affaire est possible, vous la ferez avec moi plutôt qu'avec qui que ce soit.

Sur cette assurance, elle partit après m'avoir dit, toutefois : — Ce que je vous demande surtout, c'est le plus profond secret. — Ah! diable, fit le marquis; et c'est aujourd'hui que vous devez lui faire cette réponse?—Oui, fit M. Léonard d'un air mystérieux et ravi; les cent mille francs sont là tout prêts. — Comment, reprit M. de Bellestar, un homme comme vous, un homme grave, vous avez pu prêter les mains à une pareille folie! — Ah! monsieur, fit le bijoutier d'un air important, quelle idée avez-vous de ma *prud'homie?* Non, monsieur, non, je n'ai point prêté les mains à cette folie; quoiqu'à vrai dire je les aie un peu prêtées, puisque je prête les cent mille francs.

C'était trop d'esprit pour le marquis, à ce qu'il paraît, car il riposta assez peu galamment :

— Je ne vous comprends pas du tout... Veuillez vous expliquer plus clairement. — Eh bien! fit M. Léonard en appuyant sur les mots; eh bien! mademoiselle Durand n'était pas à cent pas de la maison, que j'allais chez M. Simon lui dire ce qui venait de se passer. — Ah!... Et M. Simon a permis que vous lui fissiez ce prêt? — Il paraît, reprit M. Léonard, que c'est une histoire... M. Simon ne s'est pas décidé comme ça tout de suite, il a réfléchi; il ne voulait pas, puis il voulait, il avait l'air fort embarrassé; enfin il s'est écrié :

— Faites-le, monsieur Léonard, donnez à Sabine ce qu'elle vous demande. C'est une épreuve que je veux tenter, et peut-être cela finira-t-il une affaire qui m'embarrasse beaucoup.
— C'est extraordinaire, dit le marquis ; M. Simon laisse à sa pupille faire un pareil emprunt, sans même s'étonner de la gravité de la démarche, de la singularité de l'action, indépendamment de l'énormité de la somme ! — Il paraît qu'il y a là-dessous un mystère, fit M. Léonard. — Mais plus j'y pense, plus c'est inconcevable. — Du reste, l'affaire est très-régulière ; j'ai passé un écrit avec M. Simon, pour que la garantie que j'ai fût valable, et pour que les bijoux pussent être retirés sans difficulté.

M. de Bellestar réfléchit longtemps. Ses confidences au bijoutier lui avaient trop rapporté pour qu'il les regrettât, mais il ne jugea pas à propos de lui faire part de ses réflexions.

M. de Bellestar quitta M. Léonard après avoir regardé ses propres bijoux avec distraction, et les avoir acceptés avec assez de facilité pour qu'il dût être extraordinairement préoccupé.

En effet, cette découverte sonnait mal à l'oreille du marquis. Ou la démarche partait de Sabine, et c'était là un fait qui méritait d'être approfondi d'une façon complète pour un futur époux ; ou le fait partait de M. Simon, et peut-être avait-il usé de ce moyen pour trouver de l'argent pour lui-même en un pressant besoin.

Mais, dans ce cas, elle révélait une très-singulière administration des biens de sa pupille ; c'était un acte qui devait faire regarder de près dans la position de M. Simon, c'était enfin un événement qui changeait les dispositions de M. de Bellestar, ou qui du moins refroidissait de beaucoup son ardeur.

Bien que la fortune du marquis fût de beaucoup plus considérable que celle de mademoiselle Durand, il avait cependant compté dans les charmes qui l'avaient séduit, les cent mille livres de rentes qu'elle possédait en bonnes terres, les capitaux placés sur l'État et jusqu'à ces joyaux dont l'existence était connue aussi bien que l'origine. La beauté, la grâce, la supériorité de Sabine avaient eu une assez large part dans l'esprit du marquis, sans qu'il voulût l'accroître, et il pensa que quelle que fût la fortune qu'on lui apportât, et quelle que fût la sienne, elles ne suffiraient pas une femme qui procédait par caprices de cent mille francs.

Le marquis examina le fait qu'il venait d'apprendre sous tous ses aspects, sans pouvoir lui donner une explication plausible, et il arriva chez M. Simon tout cuirassé de mauvaise humeur et de défiance.

VII

Lorsque le marquis entra chez l'avoué, il s'était fait d'avance un plan très-habilement conçu, vu sa grande simplicité.

Ce plan eût pu faire croire que le marquis était un homme d'esprit, car il consistait à garder un silence à peu près complet, et à laisser parler M. Simon.

D'ordinaire, les sots comptent plus sur ce qu'ils diront que sur ce que diront les autres.

Or, comme nous sommes à peu près assurés que le marquis de Bellestar manque de ce qu'on appelle précisément *de l'esprit*, en prenant ce mot dans son sens absolu, il faut reconnaître qu'il avait à un degré supérieur ce qu'on appelle l'esprit des affaires.

Pour atteindre son but, il se composa un visage satisfait,

et fit étalage de son empressement devant les clercs de l'étude, quand il demanda M. Simon.

On introduisit immédiatement le marquis dans le cabinet de l'avoué.

Comme la blonde Vénus qui laissait après elle un parfum enivrant dans l'eau qu'elle avait traversé, ou comme un renard qui a empesté de *ses fauves* exhalaisons le fourré où il a passé, le marquis laissa après lui je ne sais quelle odeur de ridicule qui excita la verve de tous les clercs de l'étude. Ils se mirent à la piste des causes de sa venue.

Etait-ce un procès?

Le marquis en avait avec beaucoup de ses fermiers, avec quelques-uns des locataires de ses maisons, et avec bon nombre des entreprises où il était intéressé. Mais, comme tous ses procès étaient à jour, on commença à supposer qu'il venait pour quelque affaire d'un nouveau genre.

Sylvestre entendait de son cabinet le babillage des clercs, et les laissait volontiers cribler M. de Bellestar de leurs moqueries.

Si généreux qu'on soit, on n'est jamais fâché d'entendre médire de l'homme qu'on déteste.

D'ailleurs, Sylvestre était plus préoccupé que personne de l'arrivée de M. de Bellestar, et il ne songeait guère en ce moment à la bonne tenue de l'étude. Les anecdotes de toute espèce sur l'avarice du marquis couraient d'un pupitre à l'autre, lorsque tout à coup la voix glapissante de Radinot vint interrompre les mille suppositions qui se croisaient dans l'air.

— Vous êtes tous des...

(Cette phrase voulait dire : Vous êtes des imbéciles.)

— Je sais, moi, pourquoi le marquis en question pose dans ce moment-ci chez le patron. — Tu sais cela, toi? Est-ce que le marquis t'a demandé conseil? — Il m'a confié l'affaire. —

A toi? — A moi, et ça pas plus tard qu'il y a deux jours. — Où ça? — Chez le patron, à souper. — Il ne t'a pas parlé! — Possible, dit Radinot, attendu qu'il a eu toujours la bouche pleine; je n'en suis pas moins dans sa confidence. — Est-ce qu'il a envie de t'acheter une étude! lui dit l'un. — Ce n'est pas pour ça, dit un autre; il lui a offert une charge de groom, et il est venu chez le patron prendre des renseignements pour savoir comment Radinot cire les bottes. — Eh! Radinot, cria l'un d'eux, veux-tu que je te donne un certificat sur la manière distinguée dont tu achètes les pommes cuites et le fromage de Brie?

Le jeune clerc laissa pleuvoir sur lui, pendant quelques minutes, un déluge de semblables quolibets, et comme la riposte ne lui manquait pas d'ordinaire, il fallait qu'il fût bien sûr de l'effet foudroyant de sa nouvelle pour se laisser ainsi accabler.

Enfin la curiosité l'emporta, et l'on cessa les plaisanteries pour dire de tous côtés : — Allons, Radinot, voyons, qu'as-tu découvert? — Moi! fit Radinot, rien du tout... rien du tout.

Ce fut une immense acclamation de mépris contre Radinot, acclamation qui fut calmée par un : « Messieurs! messieurs! » sorti du cabinet de Sylvestre.

En ce moment, Radinot glissa sa tête sur son pupitre comme un serpent, et dit à voix basse, mais cependant de manière à être entendu de ses camarades : — En voilà un qui sait aussi bien que moi pourquoi le marquis vient par ici traîner ses bottes vernies, et je parie deux sous contre un milliard que ça ne l'amuse pas autant que moi.—Voyons, finiras-tu? De quoi s'agit-il? — Il s'agit, reprit Radinot en baissant encore la voix, que le client qui est là dedans a envie de marquiser la pupille du patron.

Radinot fut généralement hué.

Le peu de succès qu'il obtint lui fit assez oublier sa prudence pour qu'il élevât la voix plus qu'il ne le devait, et il dit assez haut pour que ses paroles arrivassent à l'oreille de Sylvestre : — Je parie *une* de Bordeaux que, si elle le veut, mademoiselle Durand sera dans un mois marquise de Bellestar. — Si elle le veut est joli, dit quelqu'un.

— Que oui qu'elle le voudrait si on le lui offrait. — C'est ce qui te trompe, reprit Radinot, elle trouve le marquis bête comme un chou. — Elle te l'a conté, sans doute ! dit-on à Radinot. — Pardieu ! je crois bien, reprit un autre, elle est tombée amoureuse de Radinot.

Les plaisanteries allaient continuer sur ce chapitre, lorsque Sylvestre entra dans l'étude.

Tout le monde se tut, et Sylvestre dit d'un ton fort sévère : — Messieurs, je crois devoir vous prévenir que si une plaisanterie pareille à celle que vous venez de faire recommençait dans l'étude, je serais forcé d'en avertir M. Simon, et vous savez tous comment il s'y prendrait pour qu'elle ne se renouvelât plus.

Tout le monde avait baissé la tête sur son papier, excepté Radinot, qui examiné Sylvestre en dessous.

Le jeune drôle avait remarqué l'altération de la voix du maître clerc, et il put voir avec quelle peine de Prosny maîtrisait son émotion.

Aussi murmura-t-il, au moment où Sylvestre retournait à sa place ; — Toi, tu fais ton malin, mais je te connais, va !

Cependant, tandis que ceci se passait à l'étude, voici ce qui se passait dans le cabinet de M. Simon : — Je me rends avec empressement à votre invitation, lui avait dit le marquis, et je suis on ne peut plus désireux d'apprendre en quoi je puis vous être agréable. — M. de Bellestar, lui dit l'avoué, ce n'est pas un service, mais une explication que j'ai à vous demander. — De quoi s'agit-il ? repartit le marquis en prenant la posture d'un homme prêt à écouter ce qu'on a à lui dire. — Eh bien! dit M. Simon, répondez-moi franchement : ai-je bien compris l'intention qui vous a fait désirer d'être invité à mon modeste réveillon, en supposant que vous y veniez pour voir plus particulièrement mademoiselle Durand? — Je ne dis pas non, répondit le marquis. — Eh bien! reprit l'avoué, qu'en pensez-vous? Je pense que mademoiselle Durand est fort belle, fort spirituelle, fort bonne musicienne, et qu'elle danse à ravir.

Cette réponse faite d'un ton dégagé, désorienta M. Simon, qui croyait au marquis une véritable passion pour Sabine.

Et comme il ne voulait point avoir l'air de la jeter à la tête de qui que ce fut, il répondit à M. de Bellestar : — En ce cas, M. le marquis, j'ai mille millions de pardons à vous demander de vous avoir dérangé.

A son tour, M. le marquis fut embarrassé de l'espèce de congé qu'on lui donnait si lestement, et il répliqua : — Mais vous aviez probablement quelque autre chose à me demander que mon opinion sur le compte de mademoiselle Durand? — Pas autre chose, lui dit l'avoué, et je ne vois pas la nécessité de jouer au fin entre nous; j'avais cru remarquer cet été que ma pupille vous plaisait. En insistant pour venir à notre réunion d'avant-hier, vous m'avez fort clairement laissé voir vos intentions. D'après le ton dont vous venez de me parler de Sabine, il me parait que la rencontre de dimanche a modifié ces intentions, il est donc inutile d'en parler plus longtemps. — Diable! fit le marquis, comme vous y allez, monsieur Simon! Le mariage est une affaire trop sérieuse pour la conduire avec cette rapidité, et quoique vous ayez bien jugé de mes sentiments pour mademoiselle Durand, je vous assure que je voudrais être plus instruit que je ne le suis de son caractère, de ses goûts, de ses habitudes, de...

Ici le marquis s'arrêta.

— De quoi donc? fit l'avoué, qui remarquait l'affectation avec laquelle M. de Bellestar avait prononcé ces dernières paroles. — De ses actions, s'il faut vous le dire, repartit le marquis. — Comment, de ses actions? fit l'avoué d'un ton presque fâché. — Je les crois toutes innocentes, reprit le marquis de Bellestar ; mais peut-être ne sont-elles pas toutes accompagnées de cette réserve qui est une des vertus les plus nécessaires dans le monde où elle serait appelée à vivre. — Toutes les actions de ma pupille, monsieur le marquis, dit vivement M. Simon, sont irréprochables. — Toutes? dit finement M. de Bellestar. — Je vous avoue que je ne vous comprends pas, monsieur; le doute que me semblent exprimer vos paroles m'autorise à vous demander une explication formelle à ce sujet. — Je croyais que vous n'en aviez pas besoin, reprit le marquis.

Ceci fut dit d'un ton qui s'adressait plus directement à M. Simon, et semblait l'accuser de ne pas dire tout ce qu'il savait.

Notre avoué ne put penser qu'une démarche faite la veille par sa pupille eût pu déjà venir à la connaissance du marquis; il craignit une imprudence de Sabine, une action échappée à sa surveillance, et, tout alarmé de cette idée, il dit assez vivement au marquis : — Monsieur, je réponds avec franchise à qui m'interroge de même. Après ce que vous venez de dire, vous me devez, pour ma pupille et pour moi, de vous expliquer clairement. Dans les esprits mal faits, les intentions prennent un mauvais sens, comme la matière qu'on verse dans un moule mal tourné.

La vivacité de M. Simon fit croire au marquis que le tuteur avait peur; il ne s'arrêta plus à l'histoire des cent mille francs du bijoutier Léonard; mais il s'imagina que toute la gestion de M. Simon n'avait pas été ce qu'elle devait être.

Etonné de la demande qu'on lui faisait d'une réponse catégorique relativement à Sabine, sa défiance naturelle, jointe à sa fatuité, lui fit croire qu'on avait hâte de profiter de sa passion pour la lui faire épouser, et le marquis se tint encore plus serré qu'il n'avait résolu de l'être. Il répondit donc, après un instant de silence : — Vous comprenez, monsieur Simon, que je n'ai point de question à vous faire. Sur quoi pourrais-je vous interroger?... Sur les qualités de mademoiselle Durand? je la crois douée de toutes les vertus; sur la position de sa fortune? je la crois excellente et régulière, puisque sa fortune a été dans vos mains.

M. Simon ne pouvait plus douter qu'une circonstance qu'il ne pouvait s'expliquer avait complétement changé les sentiments de M. de Bellestar, et il lui dit avec une certaine hauteur : — Monsieur le marquis, je m'attendais à plus de loyauté dans votre réponse. — Monsieur Simon! fit le marquis d'un air indigné. — Monsieur le marquis, reprit l'avoué, il est inutile de pousser plus loin cet entretien. Je vous répéterai encore ce que je vous ai dit : « A une question franchement faite, je réponds franchement... à des paroles dont le sens m'échappe, quoique j'en comprenne la malveillance, je n'ai rien à répondre. » — Comme il vous plaira, monsieur, dit le marquis avec emportement; je souhaite que vous trouviez pour mademoiselle Durand un mari qui soit moins exigeant que moi.

M. Simon pâlit de colère, et reprit aussitôt : — Monsieur de Bellestar, voilà dix ans que j'ai l'honneur d'être chargé de vos affaires, je désire que vous trouviez quelqu'un qui les fasse plus loyalement que moi.

Le marquis sentit qu'il avait été par trop loin, et il voulut ramener un peu M. Simon.

— En vérité, dit-il, je ne sais ce que vous voulez dire.

La figure de M. Simon montrait suffisamment qu'il lui fallait toute la force de sa volonté pour ne pas procéder d'une manière plus directe à sa rupture avec le marquis. A ce moment, et comme s'il eût voulu ajouter, par la présence d'un tiers, au pouvoir de la contrainte qu'il s'imposait, il ouvrit la porte de son cabinet et appela Sylvestre.

Celui-ci entra.

L'accent altéré de la voix de M. Simon, la pâleur de son visage étonnèrent Sylvestre, et, dans le premier moment, il se crut la cause de cette colère, comme si son patron avait deviné la colère qu'il ressentait lui-même de la présence de M. de Bellestar, comme si toutes les agitations que lui donnait la pensée de Sabine avaient été révélées à son tuteur.

Mais Sylvestre ne garda pas longtemps cette appréhension, lorsque M. Simon lui dit avec une vivacité qui n'avait rien de fâcheux pour lui : — M. de Prosny, vous ferez mettre en ordre tous les dossiers concernant les affaires de M. de Bellestar, et vous les tiendrez à la disposition de celui de mes confrères qu'il lui plaira de vous désigner. — Il suffit, monsieur, répondit Sylvestre.

Le marquis comprit alors tout à fait qu'il avait très-follement joué le rôle de finesse qu'il s'était tracé; et, dans l'espoir de réparer sa maladresse, il ne quitta point la place près de la cheminée de M. Simon.

Celui-ci, croyant que le marquis ne comprenait pas suffisamment qu'il n'avait plus qu'à se retirer, dit tout haut à Sylvestre : — Est-ce qu'il n'y a pas là quelqu'un qui m'attend? — Pardon, fit Sylvestre, il y a là M. Léonard, le bijoutier, qui désire vous parler. — Ah! c'est M. Léonard! s'écria le marquis.

M. Simon, à cette exclamation, se tourna vers M. de Bellestar, et son regard lui demanda sans doute en quoi l'arrivée de M. Léonard pouvait le frapper à ce point, car le marquis s'inclina, et se décidant à aborder enfin la question, il dit d'un air mystérieux : — Je sors de chez lui, monsieur Simon.

Cette parole arrêta M. Simon.

Il ne douta plus de l'indiscrétion du bijoutier, et s'expliqua par conséquent les réticences de M. de Bellestar. En effet, la démarche de Sabine était assez extraordinaire pour alarmer un homme moins susceptible que le marquis, et du moment qu'il en était informé, une explication devenait indispensable.

—Priez M. Léonard de m'attendre, dit tristement M. Simon, je suis à lui dans quelques minutes.

Sylvestre se retira, et le tuteur revint près du marquis, qui, cette fois, alla au-devant de la question qui lui allait être faite.

— Oui, monsieur Simon, je sors de chez M. Léonard, et je dois vous dire comment j'ai appris ce que mademoiselle Durand était allée faire chez lui.

Comme on se l'imagine aisément, le marquis se garda bien de dire à M. Simon la mauvaise part qu'il lui avait faite dans son esprit relativement à ce singulier emprunt, et pour excuser ses insinuations, il lui dit qu'il avait d'abord cherché à savoir si véritablement M. Simon en avait été averti, persuadé que M. Léonard l'avait trompé sur ce chapitre.

— Tout ce que vous a dit M. Léonard, répondit M. Simon, est exactement vrai. Il m'a averti de la démarche de Sabine, et j'ai autorisé M. Léonard à faire ce qu'elle lui avait demandé. L'heure est arrivée où elle attend la réponse de M. Léonard. Il faut qu'il la lui apporte ou le but que je me propose sera manqué.

M. Simon appela le bijoutier, qui parut peu surpris de voir M. de Bellestar dans le cabinet de l'avoué.

Allez chez mademoiselle Durand, lui dit M. Simon ; remettez lui la somme qu'elle vous a demandée, et n'oubliez pas que, ni moi ni personne, nous ne devons rien savoir vis-à-vis d'elle de cette affaire.

Le bijoutier sortit, et M. Simon dit au marquis : — Le hasard me force à une explication qui m'est pénible à plus d'un titre et pour plus d'une personne, et j'avoue que j'aurais payé de ces cent mille francs le pouvoir de m'en dispenser. — De quoi s'agit-il? dit le marquis d'un air fort étonné. — Veuillez m'écouter, et vous comprendrez peut-être comment ma générosité est moindre que vous ne le pensez. Du reste, monsieur le marquis, je ne vous presse plus de me répondre relativement à vos intentions vis-à-vis de ma pupille. Quelles qu'elles soient, je tiens à vous donner une explication que vous eussiez dû peut-être me demander plus franchement. Je parle à un homme d'honneur, et j'aime à croire qu'aucune des paroles que je vais dire ne sera répétée par lui.

M. de Bellestar le promit, et M. Simon commença son récit.

VIII

M. Simon raconta d'abord à M. de Bellestar comment M. de Prosny le père avait confié toute sa fortune et celle de sa sœur à M. Durand, et comment celui-ci l'en avait dépouillé.

Ce sujet était assez peu agréable pour les oreilles d'un futur, et le marquis approuva silencieusement la rapidité avec laquelle le tuteur passa à d'autres considérations. Celles-ci eurent rapport à ce que nous avons déjà dit des sentiments élevés de mademoiselle Durand sur les devoirs de la probité.

M. Simon fit à ce sujet un éloge de Sabine, qui toucha le marquis beaucoup moins que le tuteur ne l'eût voulu. Puis enfin il arriva à ce qui avait eu lieu entre Sylvestre et sa pupille, et il déclara à M. de Bellestar qu'il ne faisait aucun doute que la somme empruntée par Sabine ne fût destinée à de Prosny.

Cette déclaration ne dérida point le futur. M. Simon comprenait parfaitement le calcul qui se faisait dans l'esprit du marquis.

— En effet, se disait celui-ci, si cette manie de restitution s'empare de mademoiselle Durand, d'après ce que je sais de l'origine de sa fortune, il se pourrait bien que, tout compte fait, il ne lui en restât que bien peu dans les mains.

M. Simon alla au-devant de cette fâcheuse appréhension, et dit à M. de Bellestar : — Je suppose, monsieur le marquis, qu'au lieu de marier ma pupille aujourd'hui ou dans un mois, je l'eusse mariée il y a deux mois, assurément elle n'eût pas osé faire, sans la volonté de son mari, ce qu'elle a fait aujourd'hui sans la volonté de son tuteur. Elle eût considéré sa fortune comme celle de son époux, et n'en eût point disposé à son insu.

Je sais parfaitement qu'elle a fait aujourd'hui plus qu'elle ne pouvait et qu'elle ne devait, et qu'un mot de moi l'eût complétement arrêtée. Mais voici ce qui m'a poussé à la laisser agir :

Si j'avais empêché Sabine de suivre la généreuse inspiration de son cœur, elle eût obéi sans récriminations, mais elle n'eût pas abandonné son projet; elle eût attendu du temps le moment où elle aurait pu l'accomplir, sans avoir à demander l'autorisation de personne.

Qui sait, à cette époque où elle eût été libre, jusqu'où eût pu aller sa générosité? Qui sait le parti que certaines gens auraient pu vouloir en tirer? En la laissant faire aujourd'hui, je satisfais assez largement à un noble mouvement de son cœur pour qu'elle ne cherche pas à aller plus loin. Je gagne un mois, deux mois peut-être.

D'ici là, je puis la marier, et je la replace sous une tutelle qui ne lui permettra pas d'ajourner l'accomplissement de ses desseins, car elle n'aura pas l'espoir d'en être affranchie dans un délai donné, comme de la mienne.

En présence de nouveaux intérêts, d'affections plus tendres, elle écoutera des raisons qui seront d'autant plus fortes que les obligations qu'elle aura pour ainsi dire prises par son mariage vis-à-vis de celui qu'elle aura épousé lui paraîtront sacrées.

Du moment où M. Simon était entré dans un ordre de considérations propres à éloigner le danger d'une générosité ruineuse, le visage de M. de Bellestar avait peu à peu perdu l'expression soucieuse qui le tenait immobile, un sourire aimable errait sur ses lèvres, et il dit à M. Simon : — Vous avez parfaitement bien fait, et...

M. Simon, voulant profiter de cette bonne disposition, acheva sa victoire, en ajoutant : — Et lorsque je vous disais que j'aurais payé des cent mille francs que Sabine a demandés à M. Léonard le droit de n'avoir à donner cette explication à personne, voici pourquoi j'étais moins généreux que vous ne le pensez. Ma fortune est considérable, je n'ai point d'enfants, et je compte faire à Prosny un sort digne de son mérite. Plus tard, quand il songera à s'établir, je ferai mieux pour lui que Sabine elle-même ne veut faire. Par conséquent, il ne me sera nullement pénible de me charger du sacrifice qu'elle s'est imposé, lorsque j'aurai à rendre compte à son mari de la gestion des biens et des revenus de mademoiselle Durand... — Ce compte est tout fait, dit M. de Bellestar d'un air joyeux et ravi ; il est fait et reçu, si c'est à moi que vous devez le rendre. — Comment, monsieur le marquis? dit l'avoué. Je vous demande formellement la main de votre pupille ; et quant à l'affaire des cent mille francs, je m'en charge... si ma demande est agréée. — Pardon, monsieur le marquis, dit l'avoué ; Sylvestre a le cœur fier, et d'un homme qui lui est étranger... — Mademoiselle Durand gardera le mérite de sa bonne action, de quelque manière qu'elle veuille la faire... et M. de Prosny ignorera parfaitement que j'en aie été jamais informé. — Quel est donc votre dessein? — Si je vous répondais, comme votre pupille, que c'est une surprise que je vous garde pour vos étrennes, vous n'accepteriez peut-être pas ma réponse. Toutefois, je ne vous dirai ce dessein que si je suis assuré que mademoiselle Durand veut bien agréer ma recherche. Ce qui serait, ajouta le marquis d'un visage qui se félicitait lui-même de son heureuse idée, ce qui serait, je le crois, d'assez bon goût de la part d'un futur accepté, deviendrait tout à fait inconvenant de la part d'un étranger... ce serait même impossible. Veuillez donc prendre ma cause en main, et pardonnez-moi d'avoir eu quelque hésitation. Il n'y a que les cœurs bien épris qui s'alarment aisément.

Les bonnes dispositions de M. de Bellestar étaient trop à la convenance de M. Simon pour que celui-ci n'acceptât pas tout ce que le marquis comptait faire de gracieux.

— Nous reparlerons de tout cela, dit M. Simon; c'est après-demain la fête de Sabine; je crois que vous devez l'ignorer; mais vous nous trouverez le soir en famille. Le marquis sortit radieux.

Le marquis de Bellestar venait de découvrir le moyen de faire à la fois une bonne action, une chose élégante, un de ces coups de théâtre qui emportent d'assaut le cœur des jeunes filles, et la nouveauté de son invention le charmait au point qu'il ne touchait pas à la terre.

Il fut cependant immédiatement rappelé à d'autres pensées, lorsqu'en traversant le cabinet de Sylvestre celui-ci l'arrêta pour lui dire : — Monsieur de Bellestar a-t-il fait choix de la personne à qui je dois remettre tous ces papiers ? — Bah! fit le marquis, qui tomba du septième ciel, où il se glorifiait; ah! c'est bien. Gardez tout cela, mon cher monsieur; tout est arrangé. — Ah! dit Sylvestre, à qui cette nouvelle, aussi bien que le ton dont elle lui était dite, parurent déplaire souverainement, vous gardez M. Simon pour avoué?

— Il eût été plus juste de dire, mon cher monsieur, que

M. Simon me garde parmi ses clients. Quoi qu'il en soit, mes affaires sont arrangées ; et qui sait si les vôtres ne s'en trouveront pas bien ? — Que voulez-vous dire ? fit Sylvestre d'un ton sec. — Rien... Adieu, mon cher monsieur, adieu !

M. de Bellestar quitta l'étude, et de Prosny reprit sa place en disant : — Allons ! il est probable que ce mariage se fera !

Puis il se mit à écrire ; et tandis que sa plume écrivait ces phrases toutes faites que sa main savait, pour ainsi dire, par cœur, il murmurait sourdement : O misère ! misère ! être pauvre à ce point !

Et comme il écrivait toujours, sa plume rencontra une larme tombée de ses yeux ; l'encre s'épandit sur le papier, ce qui donna lieu à Radinot, chargé de copier le travail de Sylvestre, de dire comme Bridoison : Tiens ! i-i-il y a-a un pà-à-àté ; o-on ne-e sai-ait pa-as ce-e que c'est.

IX

Huit heures du matin.

Je n'ai encore pu rien savoir de ce qui s'est passé dans la journée d'hier.

Dix heures.

Madame Simon et Sabine sont sorties hier 27, vers midi.

Elles sont allées dans vingt magasins différents ; Sabine paraissait fort gaie et s'occupait beaucoup de ses achats.

Mon espion, voyant que partout c'était à peu près la même chose, a abandonné ces dames au moment où elles entraient à *la Ville de Paris*, vers cinq heures du soir,

Il accourut à l'étude de M. Simon pour savoir ce qu'était devenu Sylvestre,

Il avait quitté son cabinet une demi-heure avant l'arrivée de mon homme ; mais il n'avait point pris le chemin de sa maison.

Je commence à croire que tout nouvel événement est ajourné jusqu'au 1er janvier.

Midi.

Grande victoire ! mon cher Armand, on me remet à l'instant la lettre ci-jointe, qui a été soustraite pour mon compte à mademoiselle Aurélie de S..., à qui elle est adressée. Vous pouvez la publier ; je prends toute la responsabilité de cette violation du secret des correspondances.

LETTRE VOLÉE.

27 décembre 1843, onze heures du soir.

Je t'écris, ma chère Aurélie, pour beaucoup de choses dont je ne veux pas oublier la plus importante ; c'est pour cela que je vais te la dire avant d'entamer le chapitre des frivolités.

Nous nous aimons trop pour ne pas être un peu comme les amoureux qui, *à ce qu'on prétend*, se disent tout, excepté ce qu'ils ont à se dire, si bien qu'il faut qu'ils recommencent le lendemain et tous les jours !...

Sais-tu cela, toi ?

Je le crois : tu deviens trop discrète pour n'avoir pas beaucoup de choses à me confier.

Je vais donc te montrer l'exemple : car, je ne sais, j'ai besoin de parler à quelqu'un qui m'aime, et tu m'aimes, n'est-ce pas? Mon Dieu, si tu ne m'aimais pas, je serais bien seule aujourd'hui.

Il m'est arrivé tant de choses, et j'ai besoin de conseils, de bons conseils.

Comme je te l'ai dit hier, j'avais promis à ma tutrice de passer toute ma journée avec elle à courir les magasins.

J'avais fait demander de l'argent à mon tuteur, car je ne veux pas toucher à mes cent mille francs, il me les faut tout entiers ; et d'ailleurs, si j'avais montré que j'étais riche, on m'aurait demandé d'où me venait ma fortune.

Mon tuteur entra donc chez moi ce matin et posa quatre rouleaux d'or sur ma table en me disant : — Est-ce assez ?

Le ton grave et doux dont il me dit cela me fit peur.

Je me rappelai qu'autrefois il arrivait avec quelques louis et en criant d'un ton grondeur : — Il faut encore de l'argent à cette petite fille... Vous n'avez point d'ordre, mademoiselle ; vous êtes une petite dépensière. C'est la dernière fois que je satisfais vos caprices.

Cela se passait encore de même l'année dernière ; et je me rappelai avec quelles joyeuses colères je lui reprochai son avarice, comment je lui arrachais, louis à louis, dix fois la valeur de ce qu'il m'apportait.

Je le priais, je pleurais, je le menaçais, il riait... je me mettais en fureur... j'allais jusqu'à lui voler sa bourse.

Nous nous battions presque, et cela finissait par nous faire rire tous deux, lui comme un enfant que j'étais, moi, comme il me semble que je ne rirai plus.

Je ne puis t'expliquer, ma chère Aurélie, l'effet que le mot et l'accent de mon tuteur ont produit sur moi. C'est comme s'il avait parlé à une femme maîtresse d'elle-même.

— Est-ce assez ? m'a-t-il dit. Il m'eût donc donné davantage, si je le lui avais demandé ; et puis il ne discutait pas l'emploi que je voulais faire de cet argent, il m'en laissait pour ainsi dire la responsabilité.

Comme nous sommes bizarres, nous autres femmes! J'étais, il faut le dire, fort peu disposée à recourir à toutes mes petites ruses d'autrefois pour obtenir ce que je voulais, j'étais impatiente d'avance du sermon consacré que j'allais recevoir, et voilà cependant que parce que tout est arrivé comme j'aurais désiré que cela arrivât, voilà que j'en ai été étonnée.

C'est un sentiment bien étrange, n'est-ce pas ?

Eh bien ! quand cette bonne gronderie de mon tuteur m'a manqué, il a voulu me faire comprendre que j'étais libre; mais il m'a semblé qu'il me disait :

— Allez, vous êtes seule.

M. Simon s'est aperçu de la tristesse soudaine qui s'est emparée de moi, et m'a alors demandé ce que j'avais; je lui ai répondu que je n'avais rien.

Je ne pouvais pas lui dire tout de suite que j'étais fâchée parce qu'il ne me grondait pas. Il y a un an, il m'eût tourmentée jusqu'à ce que je lui eusse avoué la vérité.

Ce matin, il n'a pas insisté; il m'a laissée avec ma tristesse, sans s'en inquiéter davantage. J'ai trouvé cela bien mal.

N'est-il pas vrai que, s'il avait quelque reproche à me faire, il eût dû me le dire ?

J'étais si chagrine que j'ai été sur le point de lui demander ce que j'avais fait de mal; mais la femme de chambre de madame Simon est venue m'avertir qu'elle était prête, et c'est seulement alors que mon tuteur m'a dit : — Je voulais avoir un entretien sérieux avec toi, mais il est trop tard maintenant...

Je voulais l'entendre tout de suite.

— Enfant curieuse et volontaire... me dit-il doucement. — Oh ! me suis-je écriée les larmes aux yeux, non, ce n'est pas cela, ce n'est pas la curiosité ; mais vous avez l'air fâché, vous m'en voulez peut-être... et je ne veux pas que vous soyez fâché... Je ne veux pas que vous m'en vouliez...

Je n'avais jamais vu mon tuteur si ému, si attendri ; il me prit les deux mains, me regarda un moment avec une sorte de complaisance mélancolique, puis il m'embrassa avec une singulière effusion, en me disant : — Oh ! je voudrais que tu fusses ma fille !

Il sortit aussitôt, sans répondre à sa femme qui entrait, et qui fut toute surprise de notre émotion à tous les deux..

Elle me demanda ce qui s'était passé ; je le lui racontai, et ce qui me parut étrange, elle devint triste à son tour, et lorsque je lui répétai le dernier mot de son mari, je fus bien étonnée de l'entendre dire avec une sorte d'amertume : — Et moi, aussi, je le voudrais pour lui... pour moi... et pour toi aussi, ma pauvre enfant. — Mais que s'est-il donc passé ? m'écriai-je ; qu'y a-t-il ? — Ton tuteur te le dira, Sabine, répondit madame Simon ; il ne veut pas que ce soit moi qui t'en parle, et je veux que tu apprennes, par mon exemple, que la première condition du mariage est de savoir obéir à une volonté juste et convenable... Cependant, reprit madame Simon, il n'y a rien qui doive t'alarmer. Et je puis te dire encore une chose, c'est que si la tristesse de M. Simon vient de toi, ce n'est pas toi, à vrai dire, qui en est la cause.

— Je ne vous comprends pas du tout, dis-je à ma tutrice.

Elle prit vivement son manchon, ses gants, et me dit : — Et si je voulais me faire comprendre, je t'en dirais plus que je ne dois. Allons, dépêchons-nous... laisse là ton argent, nous nous ferons apporter tout ce que nous achèterons, et si tu n'es pas assez riche je te prêterai.

Elle quitta ma chambre sans attendre ma réponse, et m'appela de loin. Quand je la rejoignis, je vis qu'elle venait d'essuyer quelques larmes.

J'étais affreusement inquiète, et si je n'avais été assurée de la discrétion de M. Léonard, j'aurais cru que mon tuteur était instruit de ce que j'avais fait. Mais je le connais, il n'est pas homme à garder sur son cœur le blâme que pourrait lui paraître mériter cette action... Il m'eût déjà grondée et pardonné, s'il la savait.

Il y avait quelque chose de plus, et surtout quelque chose de très-différent.

Je ne dis rien à madame Simon, mais elle lut mon inquiétude dans mes yeux, et elle me dit : Je t'en prie, ne m'interroge pas, je ne pourrais rien te dire et tu me ferais mal.
— Tout ce que vous avez voulu pour moi, lui dis-je, a été si bon, que j'attendrai... Mais soyez sûre que quoi qu'il faille faire pour vous sauver du chagrin... — Voyons, reprit madame Simon, je ne veux pas t'entendre parler comme ça ; allons-nous-en.

Puis elle reprit en descendant l'escalier et en affectant une gaîté hors de sa nature :

— Allons faire des folies, allons ruiner M. Simon... ça le fâchera un peu et ça nous distraira.

J'étais bien triste cependant.

Madame Simon me parla de mille choses, et d'abord de toutes les emplettes que je devais faire pour vous toutes, et pour vous d'abord, la *belle* Aurélie, et ce que je t'ai acheté est presque aussi joli que toi... tu verras... car madame Simon t'aime bien, et elle n'était jamais contente de ce que je te destinais ; je lui en savais bon gré, mais je ne sais pourquoi, en pensant à toi, le mot de mon tuteur me revenait sans cesse au cœur, et je me disais : — Oh ! je voudrais bien qu'elle fût ma sœur !

Ma chère Aurélie, ma sœur, car tu es ma sœur d'âme et de cœur, pourquoi donc éprouvé-je aujourd'hui ce besoin d'aimer à un titre sacré ?

Pourquoi désiré-je qu'il y eût un lien de sang entre nous ? Est-ce que je doute de mon amitié ou de la tienne ? Non certes.

Mais je ne puis te le dire mieux ; il me semblait que j'avais les lèvres pleines des mots de frère, de sœur, de mère, et que j'aurais béni le Ciel qui m'eût montré dans la rue un mendiant à qui j'aurais eu le droit de le dire.

Mais je redeviens triste en t'écrivant comme je l'étais en quittant la maison, et il faut bien te dire que je ne l'étais plus après l'avoir quittée : madame Simon avait été si bonne, elle avait si bien arrangé ma petite soirée...

Eh! mon Dieu! que j'avais raison, nous y voilà ; c'est précisément pour cette soirée que j'avais commencé ma lettre, et comme font les amoureux (à ce qu'on prétend), je t'ai parlé de toute autre chose.

Du reste, tu y verras quelqu'un (je l'espère du moins, car il m'a promis), quelqu'un dont la présence t'étonnera beaucoup après ce que je t'ai raconté hier soir.

Mais c'est si singulièrement arrivé qu'il faut que je te dise comment cela s'est fait ; en vérité, je ne pouvais pas faire autrement, tu en jugeras toi-même ; et cependant... cependant.... cependant.... Ah! mon Dieu! qu'on est embarrassé quand on veut bien faire les bonnes choses!

Madame Simon a eu l'air fâché, puis content, puis refâché, puis *recontent.*

(Il y a trois ans, ce mot m'eût valu, à la classe, soixante rangées de points de tapisserie sur le fond du fauteuil à la Voltaire que mademoiselle Hyacinthe, notre sous-maîtresse, brodait pour je ne sais qui... Nous avons été horriblement méchantes pour cette pauvre fille, j'ai appris que c'était pour son parrain.)

Où en étais-je?... Voici.

Madame Simon, comme je viens de te le dire, avait l'air tantôt ravi, tantôt mécontent de ce que j'avais fait. Sois mon juge, toi la reine des convenances.

Nous avions couru tous les magasins du monde pour me trouver une petite robe en mousseline à petites raies mattes.

Tu sais cette fameuse robe que je portais le jour où, après nous être détestées pendant trois ans, nous nous sommes expliquées, le jour de la distribution des prix, et où nous nous sommes si bien aimées tout à coup ; car il n'y avait entre nous d'autre haine que celle qui venait de ce que nous étions les deux plus jolies, les deux plus riches et, après tout, les deux meilleures du pensionnat.

Cette robe m'avait porté bonheur, car notre explication a commencé par les moqueries que tu en as faites. Eh bien ! j'en voulais une absolument pareille pour ma soirée, et nulle part je ne pouvais en retrouver d'exactement semblable.

Ah ! ma chère Aurélie, que ce serait là une matière à de bien graves réflexions, et que c'est affreux de voir comme tout passe... de mode !

Partout où je demandais cette misérable petite robe, je rencontrais des airs étonnés, quelquefois dédaigneux.

Mais je m'étais obstinée à ce caprice, et par une complaisance qui n'a point d'exemple, madame Simon s'y était obstinée comme moi.

— J'aime, m'avait-elle dit, j'aime qu'on aime les bons souvenirs, j'aime qu'on ait foi en eux, et je serais presque aussi contrariée que toi, si tu ne réussissais pas à trouver cette robe.

Tu comprends que c'était devenu une très-grave affaire, et j'ose dire que madame Simon y mettait autant d'importance que moi. Y avait-elle donc attaché aussi une idée superstitieuse? Je ne sais, mais enfin nous nous fîmes conduire dans les magasins de *la Ville de Paris*.

C'était notre dernière espérance, et pour réussir, si toutefois la réussite était possible, dans ces jours où les acheteurs sont si nombreux que les commis ne savent auquel entendre, je fis un grand coup de politique.

J'allai d'abord au magasin des soieries, et là je fis une dépense... mais une dépense ! Vous y avez toutes gagné, mauvaises langues que vous êtes, et j'espère que cette année on ne fera pas la moue à mes étrennes, comme on a fait l'année dernière.

Donc je choisis quatre ou cinq robes que je déclarai achetées; puis j'en fis mettre autant de côté, en disant que je me déciderais avant de quitter le magasin. Mais avant ce moment il fallait qu'on me trouvât une robe en mousseline comme je la demandais.

Ma tactique avait été merveilleuse : le commis aux soieries me conduisit dans la galerie aux mousselines de bas prix; mais je pus voir, à la façon dont il dit qu'il fallait absolument me trouver ce que je demandais, qu'il m'avait appréciée à une très-haute valeur.

Lorsque j'eus expliqué ce que je demandais au nouveau commis auquel son camarade m'avait adressée, celui-ci parut assez embarrassé, mais il me répondit en véritable héros de comptoir : — On vous trouvera cela, madame, puisqu'il faut qu'on vous le trouve.

Puis il nous demanda quelques minutes pour aller dans un autre magasin, et nous fit poliment asseoir aussi bien qu'il fut possible, au milieu de la foule qui encombrait les galeries.

Nous étions près d'un comptoir où se vendaient des robes à un bon marché inouï, de façon que nous étions entourées, madame Simon et moi, de toutes sortes de gens.

Mais, je l'avoue, je prenais plaisir au spectacle de ce mouvement extraordinaire.

Il y avait de si singulières figures d'acheteurs, des choix si bizarres : de bonnes grosses femmes achetant pour leurs filles; des petits jeunes gens achetant pour *je ne sais qui;* des maris achetant pour leurs femmes; les premières et les derniers faisant tout haut confidence de la destination de leurs achats, les petits jeunes gens se taisant et se laissant toujours prendre à l'éternelle raison du commis.

Monsieur, ceci est parfaitement bien porté.

Nous nous amusions beaucoup de ce petit spectacle, madame Simon et moi, lorsque je vis tout à coup paraître M. Sylvestre.

Nous étions tellement enveloppées d'acheteurs, qu'il ne nous aperçut point; et comme il s'adressa au comptoir qui était en face du nôtre, je pus l'observer tout à mon aise.

Madame Simon me parut plus curieuse encore que moi, de savoir quel achat M. de Prosny venait faire dans ce magasin.

Nous ne pouvions entendre ce qu'il disait, mais je vis qu'on déployait devant lui des mérinos; il rejeta d'abord les couleurs voyantes et jeunes, et s'arrêta à quelques pièces fort sombres.

Il était de côté, de façon que je pouvais voir son visage... Il semblait fort embarrassé de ce qu'il avait à faire, et après avoir bien examiné une étoffe marron, il parla au commis.

Je n'entendis point la question de M. de Prosny, qui parlait fort bas, mais le commis lui répondit de manière à m'apprendre ce qu'avait dit M. de Prosny.

— Ceci, monsieur, est grande largeur..... première qualité..... Nous ne pouvons pas donner cela à moins de seize francs le mètre.

Il y eut une contraction pénible sur le visage de M. de Prosny, et il fit une nouvelle question à laquelle le commis répondit encore : — Il en faut de cinq à six mètres.

M. de Prosny se détourna de cette étoffe, je ne pouvais plus voir son visage, mais je lus la question sur la figure du commis.

Celui-ci prit un petit air dédaigneux et alla chercher un nouveau paquet d'étoffes dans les rayons les plus élevés, là où l'on relègue les coupes médiocres et passées. Puis il les jeta devant M. de Prosny en lui disant :

— Voici, je crois, ce qui pourra vous convenir.

Je te raconte cela, mon Aurélie, je te le raconte vite comme cela se passait sous mes yeux, car j'ai peur de te le raconter comme cela se passait dans mon cœur.

Après ce que j'ai deviné, après ce que tu as eu seule le courage de me dire (et encore sais-je si tu m'as dit toute la vérité?) juge de ce que je devais souffrir de voir ce jeune homme si fier, si honnête, si laborieux, arrêté pour quelques misérables écus dans le seul présent qu'il voulût peut-être faire.

Et moi je venais de faire une dépense folle pour des amies que j'aime sans doute, mais dont aucune n'a besoin du présent que je lui destine.

Cette pensée ne me vint pas tout de suite ; mais j'entendis tout d'un coup la voix émue de madame Simon, qui l'observait avec autant d'attention que moi, murmurer doucement :

— Pauvre Sylvestre !

Ce mot me dit tout.

Je pris la main de ma tutrice ; je la lui serrai avec d'autant plus de force que je me sentis incapable de lui parler.

Je ne sais si elle me comprit, ou plutôt, je le crois, elle obéit à cette bonté d'ange qui lui fait faire si bien tout ce qu'elle fait ; elle se leva, et pendant que je me remettais un peu, elle marcha du côté de Sylvestre.

Alors je pus entendre ce qu'il disait : — Ceci sera-t-il convenable? — Cela dépend, monsieur, de la personne à qui vous le destinez. — C'est pour une personne fort âgée, et qui s'habille très-simplement. — C'est pour une vieille bonne, peut-être? dit alors le commis naïvement.

Sylvestre tressaillit, et je ne sais ce qu'il allait répondre, lorsque madame Simon fit semblant de l'apercevoir tout à coup et lui dit d'un ton tout à fait naturel : — Hé! vous voilà en emplettes, monsieur de Prosny?

Sylvestre se retourna, il était rouge jusqu'au blanc des yeux : il parut moins contrarié que je ne l'aurais cru d'être surpris par madame Simon, et la salua en essayant de sourire. — Oui, vraiment, dit-il, et vous me voyez fort embarrassé... — Je le crois, lui dit-elle. Est-ce que vous y entendez quelque chose?... Voulez-vous me laisser faire votre achat? — Très-volontiers, madame, mais... — Je serai sage, lui dit madame Simon avec un de ces fins sourires pleins de séductions qui lui rendent ses vingt-cinq ans; mais nous autres femmes, nous avons pour acheter une habileté qui vous est défendue. Demandez cela à Sabine.

Il ne m'avait point encore aperçue et force lui fut de venir à moi qui me tenais à l'écart.

J'avais compris l'intention de madame Simon, et je voulus l'aider dans son gracieux et bon mensonge, en empêchant M. de Prosny de voir ce qu'elle allait faire.

— Voici, lui dis-je en le regardant doucement (ah! je l'ai regardé comme si j'eusse voulu lui dire : — Je suis bonne, et je sais ce que vous valez!) voici, lui dis-je, des jours qui donnent beaucoup d'occupation à tout le monde. — A tous ceux du moins, me répondit Sylvestre, qui ont beaucoup d'amis et beaucoup de présents à faire. — C'est si bon de donner! lui dis-je étourdiment.

Je l'avais blessé au moment où j'aurais voulu...

Comment veux-tu que je te dise cela?... Il faut bien te le dire, puisqu'il n'y aura que toi qui liras cette lettre...

Je l'avais blessé au moment où j'aurais voulu caresser d'une bonne parole cette âme endolorie. Il fit un mouvement comme pour retourner à madame Simon. Elle me l'avait envoyé pour que je le gardasse un moment; ce n'est pas ma faute si j'ai fait une imprudence pour venir en aide à ma tutrice.

Le commis qui avait été chercher ma mousseline arriva à ce moment.

Je l'aperçus et je profitai de son retour pour dire à M. de Prosny : — Puisque madame Simon veut bien se charger de vos emplettes, venez voir les miennes, je vous en prie.

Il hésita.

— Venez, lui dis-je, ou je n'oserai jamais approcher toute seule de ce comptoir.

Ce n'est que longtemps après que je me suis aperçue que je m'étais mise ainsi sous la protection de M. de Prosny; mais ce que je vis à l'instant même, c'est le regard troublé, incertain, plein d'anxiété qu'il attacha sur moi. Il semblait qu'il ne pût croire à mes paroles.

Oh! ce regard éperdu m'a fait bien plus de mal que ces regards menaçants qu'il m'a adressés à l'église et au piano quand je chantais.

Te le dirai-je, mon Aurélie? mais il semblait qu'à ce moment il regrettât de sentir la haine s'en aller de son cœur... J'ai... (1).

. . . .

Mais j'avais résolu d'être forte; quand nous fûmes devant le comptoir, je cherchai ma robe, et comme M. de Prosny, qui n'avait pas osé refuser de me suivre, paraissait fort embarrassé de sa contenance : — Vous vous étonnez, lui dis-je, de me voir acheter une pareille robe dans une pareille saison? — C'est probablement pour quelque jeune fille qui s'en parera au printemps?... — C'est pour moi, et c'est pour vendredi.

M. de Prosny ne cessait de me regarder, tout surpris de ma familiarité, et comme je voulais l'occuper, peut-être aussi parce que je voulais lui paraître plus simple et meilleure qu'il ne me croyait, je lui dis : — Cette robe que je cherche, je la portais le jour où j'ai rencontré ma meilleure amie. C'était une réconciliation de deux cœurs qui se détestaient sans se connaître, ou plutôt qui s'aimaient déjà sans s'en douter.

A l'instant même j'aperçus ma robe, je la reconnus; j'étais heureuse.

(1) Il y a ici une ligne effacée que nous n'avons pu lire.
(Note de l'Auteur.)

— Oh! c'est d'un bon augure pour ma fête de vendredi ; car j'ai une fête chez moi, dans mon petit appartement, dis-je à M. de Prosny, en oubliant tout ce qu'il y avait entre nous.

Et comme il m'écoutait du même air étonné, comme je voulais que rien de moi ne vînt le blesser, ni une parole, ni un oubli, je lui dis : — Ce sont mes amis qui viennent, monsieur, c'est ma famille ; si vous voulez en être, je vous en serai fort reconnaissante.

Maintenant que je suis obligée, pour te les écrire, de me rappeler chacune de ces paroles, que je croyais restée dans les bornes d'une simple politesse, je comprends combien elles ont dû l'étonner.

Ne lui ai-je point parlé de deux cœurs qui se détestent sans se connaître, pour s'aimer ensuite! et lorsque je trouvais que cette robe me porterait bonheur, n'ai-je point ajouté que je lui demandais d'être de mes amis, de ma famille!

Qu'avais-je donc dans l'esprit, dans le cœur?

Je ne sais ; mais à ce moment j'étais heureuse de tout ce que je lui disais de bon, de tout ce qui me paraît inconcevable à l'heure où je t'écris.

Je n'attendis pas sa réponse ; et comme madame Simon venait nous rejoindre dans ce moment, je lui dis joyeusement : — Je viens d'inviter M. de Prosny pour vendredi. N'est-ce pas qu'il faut qu'il vienne? — Venez, lui dit madame Simon, sur le visage de laquelle je lus une vive satisfaction ; venez, répéta-t-elle, ce sera bien. — J'irai, madame, répondit M. de Prosny d'une voix extrêmement émue. Je vous remercie, mademoiselle. — J'ai fait votre achat, reprit aussitôt madame Simon, j'ai fait mettre tout cela dans nos paquets, on enverra le tout avec la facture... Et puis, ajouta-t-elle, nous compterons. Je n'ai pas été trop sage, malgré mes promesses, mais on s'était presque moqué de vous.

Je compris toute la bonté qu'il y avait dans cette prétention à une dépense exagérée.

Ce n'était rien que de faire un présent à M. de Prosny, encore fallait-il qu'il ne le devinât point.

Madame Simon prit son bras, et nous achevâmes nos emplettes, puis nous remontâmes en voiture.

C'était mon invitation qui rendait ma tutrice tantôt contente, tantôt fâchée, comme je te l'ai dit; cependant elle n'en parla point à son mari, qui me dit aussitôt que nous fûmes rentrées : — Mon enfant, nous resterons seuls ce soir ; j'ai à te parler très-sérieusement.

Nous dînâmes assez silencieusement, comme on fait dans l'attente d'un grand événement... Puis, le soir venu...

Mais avant d'aborder ce que j'ai à te confier, il faut que je relise toutes les folies que je viens de te raconter...

Comme j'avais raison!... je m'arrête à la première ligne.

Sais-tu par quoi je voulais commencer cette lettre? par te rappeler que tu passes la soirée chez moi vendredi. A quoi pensais-je donc ?

C'est que ce que m'a dit mon tuteur est bien grave, tu vas voir.

X

SUITE DE LA LETTRE VOLÉE.

Lorsque nous fûmes seuls, madame Simon, mon tuteur et moi, nous restâmes encore assez longtemps silencieux.

Enfin madame Simon fit un signe à son mari, et celui-ci, s'étant assis à côté de moi, me dit :

— Maintenant, écoute-moi, mon enfant ; je t'aime, Sabine, nous t'aimons, moi et ma femme, et aujourd'hui cette tendresse est mise à une cruelle épreuve.

On m'avait annoncé un entretien sérieux, et je répondis, sans paraître alarmée de la gravité de ce début :

— Je vous écoute, et je suis prête à entendre tout ce que vous avez à me dire.

S'il faut te l'avouer, je croyais que j'allais être grondée pour ce que j'avais fait chez M. Léonard.

Je ne sais pourquoi, je m'étais imaginé que mon tuteur en était instruit ; mais j'étais tellement sûre qu'il m'approuverait quand il saurait la destination de mon emprunt, que je l'attendais de pied ferme.

Juge donc de ma surprise, lorsqu'il reprit gravement : — Ma chère enfant, je dois donc t'apprendre qu'hier M. de Bellestar m'a formellement demandé ta main. — M. de Bellestar ! répondis-je d'un ton désappointé. Je me doutais que cela finirait par là.

A ce moment, madame Simon fit un signe à son mari ; ce signe voulait dire évidemment : « Tu vois que j'avais deviné de quel air on recevrait sa proposition. » Mon tuteur fit les gros yeux à sa femme, mais j'avais compris que j'avais un auxiliaire dans ma tutrice, et je ne fus pas fâchée de ne pas être seule de mon parti.

— M. le marquis de Bellestar m'a formellement demandé ta main, et j'ai promis de lui répondre avant deux jours.

— Ce monsieur est bien pressé, dis-je à mon tuteur d'un ton moqueur. — C'est moi qui lui ai promis cette réponse, reprit M. Simon assez sévèrement. — Eh bien ! lui dis-je, mon bon ami, vous avez eu raison, et vous auriez pu la lui promettre pour ce soir. Je refuse.

Madame Simon, que je regardais, avait pris une tapisserie et ne la quittait pas des yeux. Elle ne voulait point avoir l'air de me soutenir ; mais je voyais bien qu'elle s'attendait à ma réponse, qu'elle en avait prévenu son mari, et que, s'il elle se taisait, c'était pour ne pas avoir l'air de triompher devant moi de sa perspicacité. Il ne fait pas bon pour les femmes, à ce qu'il paraît, d'avoir raison contre leurs maris, même quand ils sont excellents.

— As-tu bien réfléchi à ton refus ? me dit mon tuteur. — Pas le moins du monde, lui dis-je ; je refuse M. de Bellestar d'inspiration ou d'instinct, comme vous voudrez. Je le refuse parce que M. de Bellestar m'est antipathique. — C'est un homme d'un grand nom. — Je le sais. — En passe d'arriver à tout. — Cela se peut. — Un honnête homme. — Vous ne me l'eussiez pas proposé sans cela. — Un homme qui a même dans le cœur des sentiments de délicatesse plus élevés, plus excellents que tu ne crois peut-être. — Je ne dis pas non. — Eh bien ! c'est en lui reconnaissant de pareilles qualités que tu le refuses ? — Écoutez, mon ami, dis-je à mon tour, je ne sais ce que c'est que de haïr quelqu'un, et assurément ce serait de ma part un sentiment bien déraisonnable que de la haine pour M. de Bellestar ; mais je puis vous dire une chose, c'est que l'idée d'être sa femme m'est abominablement odieuse, c'est que je préférerais je ne sais quel parti à celui-là.... — Raisonnons un peu, me dit M. Simon en me prenant la main (c'est un geste qui lui est familier lorsqu'il veut me convaincre que je ne sais ce que je dis, et je me tins sur mes gardes), raisonnons. Voilà cinq à six mois que tu vois M. de Bellestar, rarement, il est vrai, mais assez souvent pour que tu aies pu te former une opinion sur son compte. — Eh bien ! dis-je à mon tuteur, cette opinion est toute formée. — Tu m'interromps comme quelqu'un qui a peur d'être persuadé, me dit M. Simon ; écoute-moi et ne fais que me répondre. — Soit. — Ce n'est pas la première fois que l'idée de ce mariage se présente à toi ?

J'hésitai et je dis : — C'est du moins la première fois qu'il m'en est parlé d'une manière formelle. — C'est vrai, reprit M. Simon ; mais il y a un mois, il y a quinze jours, il y a moins que cela peut-être, lorsque la supposition de ce mariage te venait à toi-même, ou bien lorsque madame Simon ou moi nous y faisions allusion par une plaisanterie, cette supposition te faisait-elle peur, te révoltait-elle comme aujourd'hui ?

M. Simon avait touché juste à un sentiment dont jusqu'à présent je ne m'étais point rendu compte : il venait de m'éclairer sur une différence essentielle entre mes pensées d'il y a quelques jours et celles d'aujourd'hui.

Je rougis d'avoir été si bien devinée, et je répondis, incertaine moi-même de ce qui s'était passé dans mon cœur : — Oui, c'est vrai, ce mariage ne m'eût pas épouvantée il y a un mois, et, je dois vous le dire, aujourd'hui il me paraîtrait odieux.

Mais, comme il ne m'est arrivé aucune raison de ne pas considérer aujourd'hui M. de Bellestar comme je le considérais il y a un mois, ce que vous avez appelé un changement dans mes sentiments à son égard ne vient sans doute que de la différence de la position que me fait sa demande.

Vous m'avez quelquefois reproché d'être coquette ; peut-être étais-je flattée de l'hommage d'un homme aussi riche, aussi à la mode, aussi distingué que M. de Bellestar ; mais aujourd'hui qu'il s'agit de décider du bonheur et de l'avenir de ma vie, peut-être trouverai-je que ce qui suffisait à la vanité de ma coquetterie ne satisferait pas à mes exigences de cœur.

D'ailleurs, pouvez-vous m'en demander plus que je n'en sais moi-même ? Vous m'avez fait une question toute simple, et j'y réponds avec toute la franchise que vous y avez mise.

Vous m'avez demandé si je voulais accepter la main de M. de Bellestar ; à cela je vous réponds : — Jamais et à aucun prix. — Cependant, reprit mon tuteur, il faudrait... — Mon ami, dit madame Simon en l'interrompant d'un air suppliant, pourquoi pousser plus loin cet entretien?

Sabine t'a répondu ce qu'elle devait te répondre, et aussi bien qu'elle devait te répondre. La presser à ce sujet, ce serait lui faire du chagrin sans raison.

Madame Simon fit un signe de l'œil à son mari, et ajouta d'une voix timide : — Ce serait maladroit.

M. Simon parut se rendre à l'observation de sa femme, et abandonna, du moins en ce qu'il avait de personnel à M. de Bellestar, le sujet de ce solennel entretien, car il reprit presque aussitôt : — Cependant il est temps de songer à ton mariage, Sabine; il est temps qu'à défaut d'un choix que j'avais fait, tu arrêtes tes vues sur quelqu'un. — Mais je n'ai aucune envie de me marier, dis-je aussitôt; je suis heureuse comme je suis; et... — Bah! fit mon tuteur, toutes les petites filles disent cela...

Le mot et le ton me blessèrent également, et je repris assez vivement : — Oui, monsieur... je suis ou plutôt j'étais heureuse, et à moins que ma présence dans votre maison ne vous soit une charge... — Ah! fit M. Simon tout fâché, je te croyais au-dessus de ces petites récriminations vulgaires.... Quand donc t'a-t-on montré que ta présence fût de trop dans notre maison?

Madame Simon quitta sa place, vint à moi, qui commençais à pleurer, et dit avec impatience : — Allons, voilà que tout cela va mal tourner.

Elle me prit la tête dans ses mains, et reprit : — Voyons, tu ne veux pas épouser M. de Bellestar, n'est-ce pas? — Non, lui dis-je. — Bien décidément non? — Non, mille fois non! — Mais pourquoi? dit M. Simon avec impatience. — Eh! mon Dieu, dit madame Simon en haussant les épaules, parce qu'elle ne l'aime pas, parce qu'il lui déplaît... Elle ne veut pas l'épouser, enfin, parce qu'elle ne veut pas l'épouser.

XI

SUITE DE LA LETTRE VOLÉE.

M. Simon marchait à grands pas dans le salon : j'avoue que je ne comprenais rien à son humeur.

Tout à coup le souvenir de ce qui s'était passé le matin entre lui et moi, me vint au cœur.

Je me dégageai des caresses de madame Simon qui essuyait mes larmes, car je pleurais tout à fait, et j'allai vers mon tuteur qui s'arrêta devant moi : — Que vouliez-vous donc dire ce matin, monsieur? — Quoi donc? me fit-il. — Oui, que signifiaient ces paroles que j'avais trouvées si bonnes et si douces : Je voudrais que tu fusses ma fille? — Ah! oui, je le voudrais, me dit M. Simon en levant les yeux au ciel comme pour le prendre à témoin de la sincérité de ce vœu. — C'est donc parce que vous pourriez me forcer à ce mariage, que vous voudriez être mon père? — Oh! non, non, s'écria vivement mon tuteur, ce n'est pas ainsi que je l'entends.

Je courus à lui, je l'embrassai. — D'où vient donc, lui dis-je doucement, d'où vient donc que vous paraissez y tenir à ce point parce que je ne suis que votre pupille? — C'est que, si tu étais ma fille, entends-tu, me dit M. Simon, si ému que sa voix tremblait, si tu étais ma fille, tu n'aurais rien à craindre du monde, ni de ses propos, ni de ses suppositions; c'est que si tu étais ma fille, je serais plus fort pour te rendre heureuse que je ne puis l'être.

M. Simon se détourna d'un air triste.

Madame Simon avait l'air mécontente de son mari, mais

elle n'osait se mêler à cette discussion plus qu'il ne lui avait sans doute été permis de le faire.

Je devinai bien qu'il y avait quelque chose qu'on ne voulait pas me dire. La crainte qu'ils avaient tous deux de me parler me gagna à mon tour.

Cependant je pris mon courage à deux mains, et je dis à mon tuteur : — Écoutez-moi, monsieur Simon : j'ai répondu à votre demande sans hésiter et selon ma pensée. Je vous prie, à votre tour, de me dire ce que je dois faire, de me dire enfin ce que vous exigeriez de votre fille. — C'est toujours la même chose, mon enfant, me dit M. Simon. Si tu étais ma fille, je te dirais : Attends que tu aies trouvé un homme auquel tu aies foi, et fût-il pauvre, quels que fussent les obstacles qui pourraient te séparer de lui, j'en ferais ton mari du moment que je verrais ton bonheur dans cette union. — Et ce que vous feriez si vous étiez mon père, lui dis-je, vous ne le feriez point parce que vous êtes mon tuteur?

M. Simon secoua la tête, et reprit : — Nous ne pourrons pas nous entendre si nous raisonnons toujours sur des hypothèses ; il faut prendre les choses comme elles sont et tout à fait comme elles sont. Tu es orpheline, je suis ton tuteur, et je dois agir selon mon titre et te donner des conseils en conséquence.

Je dois te l'avouer, ma chère Aurélie, je ne comprenais rien à cette distinction que M. Simon faisait entre l'autorité d'un père et celle d'un tuteur, et je lui dis : — Eh bien donc! parlez. — Eh bien! me dit M. Simon, il est temps que tu te maries. — Pourquoi? — Dans trois mois tu auras dix-huit ans. La loi t'émancipe à cet âge, et je te rendrai compte de ta fortune. Que feras-tu? — Mais je resterai ici avec vous. — Pour qu'on dise que j'use de mon ascendant sur toi afin de garder le maniement d'une fortune dont je n'aurai plus à soumettre la gestion à un conseil de famille et à un subrogé tuteur!

Madame Simon ne put retenir un murmure d'impatience, et je baissai les yeux pour cacher les larmes qui me gagnaient.

M. Simon parut embarrassé de mon silence et reprit : — Eh bien! qu'en penses-tu?

Cette froide dureté que tu m'as souvent reprochée quand j'étais offensée m'inspira sans doute, car je répondis à mon tuteur : — Je quitterai votre maison pour ne pas vous exposer à une calomnie. J'irai vivre seule quelque part. — Toi, une jeune fille de dix-huit ans, belle, riche, libre !... Tu n'y penses pas. — Cela sera pourtant, puisque vous me retirez l'asile que vous m'aviez donné jusqu'à ce jour.

Mon tuteur frappa du pied avec une véritable colère, et madame Simon, rompant encore une fois le silence qu'elle gardait à grand'peine, dit vivement : — Elle a raison ; que veux-tu qu'elle fasse ? — Oh! s'écria M. Simon avec une impatience que je ne lui avais jamais vue... oh! les femmes! les femmes! les femmes! les meilleures, et tu es de ce nombre, gâtent toujours les affaires.

Tant d'hésitations, tant de réticences me semblaient si extraordinaires, que je voulus en finir et que je dis à mon tuteur : — Vous n'agissez point loyalement avec moi, monsieur Simon ; il est impossible que vous me parliez ainsi que vous le faites si vous n'avez pas quelque chose contre moi, dans le cœur. Pourquoi ne me le dites-vous pas? Pensez-vous donc que je ne puisse pas me justifier ? — Eh bien! soit, dit M. Simon : tu es une honnête femme, Sabine, une femme de cœur ; je te dirai tout, il vaut mieux te porter un coup cruel que de te laisser dans cette incertitude.

Tu me demandes pourquoi je te disais ce matin, les larmes aux yeux : « Je voudrais que tu fusses ma fille. »

Oui, je le voudrais, d'abord parce que je t'aime, d'abord parce que je serais fier de toi, parce que je te montrerais au monde comme mon orgueil et ma joie ; oui, je le voudrais pour moi, pour moi et pour Hortense, qui me blâme de ce que je vais te dire, et qui voudrait être ta mère.

— Eh bien! pourquoi refusez-vous de me garder cette affection?... — Ne m'interromps pas, reprit M. Simon, ne m'interromps pas. Je n'aurais pas le courage de te dire ce que je dois.

Si tu étais ma fille, reprit-il avec un accent qui enfin m'éclaira, si tu étais ma fille, tu t'appellerais mademoiselle Simon, et alors...

— Oh! m'écriai-je en me cachant la tête, je ne m'appellerais pas mademoiselle Durand, n'est-ce pas?...

Je tombai dans un fauteuil, madame Simon me tenait dans ses bras et murmurait contre son mari.

— C'est affreux, sans doute, continua M. Simon; mais écoute, Sabine, et maintenant que tu es en face de ta position, dis-moi, crois-tu que la calomnie épargnera mademoiselle Durand, libre, maîtresse d'elle-même?

Je me relevai.

— Je la ferai taire, monsieur. — Mais elle a déjà parlé, dit M. Simon qui se hâtait de tout me dire, car il sentait que le courage lui manquerait s'il attendait plus longtemps. — Et que peut-on me reprocher? — Vois cette lettre.

Je la regardai.

— Elle est écrite à M. de Bellestar; donnez-la-moi. — Il est inutile que tu la lises.

Je la pris des mains de mon tuteur, et je la lus.

O mon enfant, mon enfant! à chaque page, à chaque ligne, on écrivait à M. de Bellestar pour lui faire honte d'épouser la fille du voleur, l'héritière du brigand...

Mais ce n'était rien : on lui disait que j'étais une...

Je ne t'écris pas cela, j'ai dû le lire, mon tuteur a dû me le faire lire; mais de pareils mots ne sont pas faits pour que tu les connaisses, toi la fille d'honnêtes gens, qui marcheras à l'autel entourée d'estime et de bénédictions.

Je ne t'écrirai rien du tout de ce qui m'a été dit par mon tuteur, il a été si bon, si noble, si suppliant !

Je voulais mourir, je voulais abandonner cette fortune qui est mon grand crime, mais il m'a persuadée, et quelque chose aussi m'a persuadée, c'est la lettre par laquelle M. de Bellestar a envoyé à mon tuteur cette infâme dénonciation.

Cette lettre est pleine de noblesse, cette lettre déclare qu'il n'est rien qui l'empêche de donner son nom à celle qui le mérite par ses vertus.

Il dit, et il le dit comme un homme qui se sent la force de le faire, il dit qu'il me placera si haut dans le respect du monde, que jamais rien de ces indignes souvenirs ne pourra m'atteindre. Il dit, et c'est ce qui m'a décidée, qu'après une pareille infamie, la seule réponse qu'il voudrait faire aux méchants qui m'ont insultée à ses yeux, ce serait d'annoncer publiquement et tout haut son mariage avec moi.

Ma chère Aurélie, permets-moi de ne pas te répéter tout ce que m'a dit M. Simon.

— Si tu épouses un homme pauvre, me disait-il, on dira, et tu en souffriras jusqu'à en mourir, qu'il a fallu ta fortune pour le décider à te donner un nom....

Mais non, je ne veux pas te répéter tout cela, car il n'est aucune des raisons qu'il a fait valoir, qui, à l'heure où je t'écris, et lorsque je me les rappelle une à une, ne me semble vide de sens.

Je ne veux pas me dépersuader de ce qu'il m'a si bien fait comprendre un moment, que j'ai cédé... et que je l'ai autorisé à écrire sur-le-champ à M. de Bellestar que j'acceptais sa main.

Au moment où j'ai dit ce mot qui décide de ma vie, j'étais sous l'empire d'une pensée, d'une colère, d'un délire qui durait encore quand j'ai commencé ma lettre, et qui s'est éteint si complètement, qu'à présent, dans la solitude de ma nuit, je cherche en vain à le ranimer...

— Oui, me dis-je, je serai marquise de Bellestar, je serai riche, j'aurai les plus beaux salons de Paris ; j'y amènerai tout ce qu'il y a de noble, de puissant, de célèbre ; je me ferai une clientèle de tout ce qui fait les renommées des femmes qui gouvernent le monde.

Je serai sans pitié, insolente et orgueilleuse, et je dédaignerai même de faire du mal à ceux qui veulent me perdre.

Ah! je n'ai pas compris la douleur de ma bonne tutrice, qui me disait tout bas :

— Ne parle pas ainsi; attends, attends...

Elle prévoyait que cette violence une fois passée, je me repentirais de la parole que je venais de donner.

A-t-elle eu raison? Je n'ose pas le croire.

Mais j'en suis horriblement triste, et je puis te le dire, à toi, ce n'est pas tant des saletés qu'on a osé dire de moi que du parti que j'ai soudainement pris.

O mon bel avenir, où je mettais tant de riants tableaux, tant de douces espérances, mon avenir si vaste que j'avais peuplé de tant de bonheur, où je voyais me suivre tout ce que j'ai connu, tout ce que j'aime ; il me semble que je viens de le borner tout à coup à une lutte fatigante, à un triomphe de vanité...

Je ne t'y trouve plus, ni toi, ni vous toutes, mes amies, ni mon tuteur lui-même, ni personne de ceux qui me semblaient devoir l'habiter ; il s'est dépeuplé tout à coup de tout ce qui a été ma vie passée, il me semble qu'il n'y a même plus de place pour mon cœur.

Suis-je folle?... est-ce un de ces caprices d'enfant gâté qui m'ont fait quelquefois dédaigner ce que j'avais, pour désirer ce qui était loin de moi?

Cela doit être, car la raison me revient, et je me demande

si un mari comme M. de Bellestar, avec tous ses avantages personnels, avec tous ceux de sa fortune et de son nom, n'est pas le type du mari tel que nous le rêvions, nous autres, les ambitieuses du pensionnat.

Que me manque-t-il donc? que puis-je vouloir de plus? Je cherche en vain.

Le mal que j'éprouve vient-il de la fatigue et des émotions de cette journée? Je l'espère, car je me sens lasse et agitée; tout me déplaît, tout me paraît un malheur.

Ah! non... non... ce n'est pas cela, mon Aurélie; malgré moi je viens de porter un regard autour de moi, et j'aime tout ce qui s'y trouve.

Je ne sais ce que je donnerais pour être libre de rester dans ma petite chambre si calme, si secrète, où je m'endormais hier encore sans avoir peur du lendemain, où maintenant j'ai peur de m'endormir, car j'ai peur de la première pensée qui me viendra à mon réveil.

Aurélie! Aurélie! si tu étais là, près de moi, il me semble que tu me dirais ce que j'éprouve; il me semble même que je te le dirais... que j'oserais te le dire, à toi... mais te l'écrire... oh! jamais! jamais!...

M'as-tu comprise, me devines-tu?...

Viens, viens demain... j'ai besoin de toi, j'ai besoin de te parler... Non, ne viens pas...

Je crois que le sommeil qui me gagne me donne le vertige... Je ne sais plus ce que je dis... Aurélie.

Je le crois...

A quoi bon te dire cela? N'ai-je pas fait promettre ma main à M. de Bellestar?

Aime-moi bien.

SABINE.

XII

Mon cher Armand, la lettre que vous venez de lire peut complétement se passer de commentaires, mais il faut une explication à certaines circonstances.

D'abord il faut vous dire que, le lendemain de l'affreuse querelle que je vous ai racontée, c'est-à-dire le 26, Prosny avait cru devoir couper court aux hargneuses acrimonies de sa tante sur ses prétendues intelligences avec mademoiselle Durand, en lui apprenant que Sabine allait très-probablement épouser M. le marquis de Bellestar.

Il l'avait deviné à la sortie triomphante que le marquis avait exécutée dans son cabinet, en quittant celui de M. Simon.

Prosny ne s'attendait pas à voir accueillir la nouvelle de ce mariage avec satisfaction ou même avec indifférence; mais il lui suffisait qu'elle lui servît de justification, et qu'elle ramenât la bonne intelligence entre lui et sa tante, et il réussit.

Il faut être bien triste de cœur, pour mettre au rang d'un bonheur le calme dans la souffrance.

Cependant Sylvestre paya encore ce bonheur bien cher; en effet, mademoiselle de Prosny prit M. de Bellestar à partie, et l'accabla des noms les plus outrageants.

J'ai dit, je crois, qu'on est toujours un peu, et même très-heureux d'entendre dire du mal des gens qu'on déteste; mais les injures de mademoiselle de Prosny étaient dites dans un sens qui les rendait plus cruelles à Sylvestre que les plus grands éloges qu'elle eût pu faire du marquis.

— Comment! disait-elle, un homme de son nom, de son rang, de sa fortune, épouser une demoiselle Durand! Mais c'est donc un goujat, un cuistre? Il n'a donc ni cœur ni honneur?... C'est un misérable, un imbécile, un sot, etc., etc.

Si Sylvestre avait eu à exprimer son opinion sur ce mariage, il est probable que les mêmes termes se seraient rencontrés dans ses phrases; mais voici comment elles eussent été construites : — Comment! ce sot, cet imbécile, ce cuistre, parce qu'il a un nom et un rang, épousera mademoiselle Durand, etc., etc.?

Ce qui est bien différent, quoiqu'au fond M. de Bellestar ne fût un cuistre et un imbécile aux yeux de la tante et du neveu que parce qu'il épousait mademoiselle Durand.

Une fois cette première bordée lâchée, Sylvestre demanda à mademoiselle de Prosny de ne plus parler d'une chose qui avait manqué les fâcher sérieusement.

La vieille y consentit avec une facilité qui charma Sylvestre.

Le pauvre garçon ne vit pas ou ne comprit pas le sourire cruel et triomphant que laissa échapper mademoiselle de Prosny, et qui signifiait sans doute qu'elle avait quelque chose de mieux à faire, de la nouvelle qu'elle venait d'apprendre, que d'en tourmenter son neveu.

Je n'ai envie de faire aucune finesse avec vous ni avec mes lecteurs, et je dois vous dire que j'ai mille raisons de croire que la lettre anonyme arrivée, le 27 au matin, à M. de Bellestar avait été mise, le 26 au soir, à la petite poste qui se trouve chez l'épicier du coin de la rue Montholon et du faubourg Poissonnière.

Or, c'est le bureau le plus rapproché du logement de mademoiselle de Prosny.

Il en faut moins pour faire soupçonner un simple ennemi, ce devrait être assez pour faire pendre une vieille femme méchante. Malheureusement on ne pend plus.

Je ne sais si je pourrai découvrir quelque chose sur ce qui se passera aujourd'hui 28, mais j'ai tellement intrigué, que je suis de la soirée de demain 29. Je pense donc qu'il faut remettre l'espoir d'avoir des nouvelles nouvelles au 30.

J'oubliais de vous dire que la fameuse robe de mérinos avait été achetée par Prosny pour sceller, par un présent splendide, la réconciliation intervenue entre lui et sa tante.

Ceci rentre dans mon système sur la manière dont se font les histoires.

Otez à celle-ci la rencontre à l'église, partant point de querelle entre Prosny et sa tante, point de réconciliation, point de robe, point de nouvelle rencontre, et point d'invitation à la soirée de Sabine.

Mais, que dis-je? ôtez ou ajoutez une minute à chacune des circonstances de cette histoire, mettez ou ôtez un fétu de paille sur le chemin qu'elle parcourt, et rien de ce qui est arrivé, rien de ce qui arrivera n'eût existé.

Oh! que l'homme qui a le bonheur d'être dans un bagne quelconque est heureux !

Je veux dire que l'homme qui a au pied la chaîne d'une profession, qui force sa fortune à marcher dans un chemin tracé d'avance et dont il ne peut pas s'écarter; je veux dire que l'homme qui a aux deux jambes et aux deux mains la chaîne du mariage qui le maintient dans l'enclos matrimonial dont il ne doit pas sortir, je veux dire que celui-là est heureux.

Mais celui dont l'existence est libre, celui qui est le maître de se faire une route, ou plutôt qui est à la merci de la route qui s'ouvre la première devant lui, celui-là est un garçon bien à plaindre.

Tout le monde décide de lui, et le puissant qui le flatte, et le misérable qui l'insulte, et surtout votre beau regard noir, madame, qui brille sous vos longs cils comme les feux du diamant qui rattache votre guimpe scintillent sous la mantille de dentelle noire dont vous vous enveloppez.

Ah! pauvres nous! comme on dit en Languedoc.

A demain, si j'ai quelque chose de nouveau.

La journée d'hier n'a point été si nulle que je le prévoyais, et même, à mon point de vue, ce que j'ai à vous raconter a une portée immense.

Vers midi on a annoncé mademoiselle Aurélie de S... chez madame Simon : Sabine était avec sa tutrice; les deux amies ont été très-froides en apparence devant madame Simon.

Mais, à l'empressement que mademoiselle de S... a mis à suivre Sabine chez elle, lorsque celle-ci lui a proposé de lui montrer les ravissantes emplettes qu'elle avait faites la veille, il a été évident pour madame Simon que ces deux jeunes cœurs avaient quelque chose à se dire.

La bonne madame Simon a été un moment jalouse du bonheur d'Aurélie. Oui, le mot bonheur est le vrai mot.

Quand le cœur, soit parce qu'il a beaucoup souffert, soit parce qu'il n'a rien à reprocher à la vie, a gardé de l'indulgence après l'amour, de la pitié après la joie ou le malheur, de la jeunesse après la jeunesse, le cœur se plaît à ces confidences ignorantes d'un cœur qui commence; il a des paroles charmantes pour ces inquiétudes folles qui jettent la première tourmente dans le calme candide d'une âme pure.

C'est une si rare vertu, quand on n'est plus jeune, d'aimer les jeunes gens, de regarder comme les bien venus ceux qui vont vous prendre votre place, votre empire, vos triomphes, si petits qu'ils soient, ceux dont la seule présence vous dit : — Allons, il est temps que vous commenciez à espérer moins et à vous souvenir un peu.

Eh bien donc, salut, jeunesse brillante et dorée, cheveux blonds, frêles tailles, gracieuses étourderies, chaudes aspirations, rêves immenses, félicités inaperçues, votre tour est venu !...

Vivez, vivez, et ne vous moquez point des cheveux gris

qui vous sermonnent et des cœurs qui voudraient bien vous dire : — J'ai passé par là.

C'est ainsi que pensait madame Simon... Mais elle ne demanda rien à qui semblait se défier d'elle, et passa chez son mari.

Mon farfadet, mon lutin, mon esprit, peut bien découvrir et dire ce qui se passa alors entre le mari et la femme ; mais ce qui s'était dit à une heure où il n'est permis à personne d'écouter aux portes, je n'ai pu le savoir.

Il faut donc que vous et mes lecteurs vous preniez l'entretien au point où il commença à la clarté du soleil.

— Eh bien! mon ami, dit madame Simon à son mari, as-tu fait ce qui est convenu? — J'ai écrit à M. de Bellestar, qui m'a répondu en deux mots, que voici :

» A ce soir, pour la fête de mademoiselle Durand, et j'espère que vous serez content de moi. »

Madame Simon fit une petite moue féminine qui exprima supérieurement ce qu'elle pensait du contentement que M. de Bellestar éprouvait de lui-même.

M. Simon répondit par un petit mouvement qui avait aussi sa signification très-claire ; car madame Simon reprit aussitôt :

— C'est de la prévention, je le veux bien... D'ailleurs, nous verrons. Mais ce n'est pas cela que je te demandais... As-tu dit à M. de Prosny ce que tu attendais de lui? — Ma chère amie, répondit M. Simon, j'ai beaucoup réfléchi à tout cela depuis ce matin. Ce n'est ni convenable, ni... humain.

— Voilà que tu recommences.

— C'est que je ne vous comprends pas, vous autres femmes. On vous donne, en général, un tact parfait; on vous reconnaît des délicatesses de cœur dont nous autres hommes nous ne nous doutons pas, et lorsqu'il vous passe une idée dans la tête, lorsque votre curiosité a été excitée le plus souvent par vos propres suppositions; pour avoir raison de cette idée, pour satisfaire cette curiosité, vous faites des choses inouïes, barbares, atroces...

Madame Simon rit au nez de son mari, qui lui répondit moitié gaîment, moitié sérieusement : — Je te dis que vous planteriez un couteau dans le cœur d'un homme pour en faire sortir ce qu'il y a. — Bah ! dit en riant madame Simon, si cela fait sortir ce qui l'étouffe, c'est un bon remède, c'est une opération chirurgicale très-rationnelle. — Ma chère amie, dit M. Simon avec une expression sérieuse, quand on frappe au cœur, on tue. — Allons... allons, ne vas-tu pas te servir de grands mots romanesques, toi qui les détestes ? — C'est que je ne te comprends pas, ou plutôt j'ai peur de te comprendre, et ce serait une faute... — Ta, ta, ta, ta, fit madame Simon en couvrant la voix de son mari. Il ne s'agit pas de cela, il s'agit de ta promesse... — Mais... — Me l'as-tu promis, oui ou non?... — Assurément, mais... — Il n'y a pas de mais... Je veux, j'exige que vous teniez votre promesse..... entendez-vous?..... — Soit, tyranne, dit M. Simon en embrassant sa femme qui passa les bras autour du cou de son mari, et qui lui dit avec la mine la plus charmante : — D'ailleurs, tu en as presque autant envie que moi...

Avant que M. Simon eût pu répondre, madame Simon était partie, et l'avoué, l'œil fixé sur la porte par où elle venait de sortir, dit doucement :

— Elle a raison... nous nous aimions, et nous sommes encore heureux... Allons, voyons...

XIII

M. Simon quitta son appartement et descendit à son étude.

En passant dans le cabinet de Sylvestre, il le pria de le suivre.

Lorsqu'ils furent dans le cabinet de l'avoué, celui-ci prit un carton rempli de papiers, et dit à Sylvestre d'un ton tout à fait ordinaire : — Mon ami, j'ai un service à vous demander.

Sylvestre jeta un regard sur trois ou quatre liasses de papiers que M. Simon tira du carton, et répondit : — Tous mes moments ne vous appartiennent-ils pas ? — Il ne s'agit pas d'un travail qui concerne l'étude, mais d'une chose qui m'est personnelle et qui demande à être faite d'ici à peu de temps, et vous savez que les affaires du Palais vont, durant quelques jours, me retenir plus que de coutume ; je n'aurai guère le temps d'établir un compte aussi considérable que celui de ma gestion des biens de Sabine.

M. Simon n'eut pas le courage de regarder Sylvestre après ces paroles.

Il défit une liasse de papiers sans trop savoir ce qu'il faisait, et il ajouta : — Vous trouverez là toutes les pièces relatives à cette gestion : les titres de propriété, les inventaires, les quittances, les inscriptions, les baux, les... délibérations de famille... les...

M. Simon eût volontiers énuméré toutes les espèces de papier timbré qui composent une liasse de mineur, car il n'osait regarder de Prosny, dont il attendait un mot ; mais son silence lui fit peur, et il se décida à lever les yeux sur lui.

Sylvestre avait le visage douloureusement contracté et respirait péniblement, comme quelqu'un qui a reçu un grand coup dans le cœur et qui se remet lentement.

— Qu'avez-vous donc? lui dit M. Simon.

Sylvestre fit un geste qui voulait dire : — Rien. — Vous souffrez? — Un peu ; depuis quelque temps j'ai des suffocations qui heureusement se passent vite, répondit Sylvestre d'une voix sourde. — Ce travail vous sera peut-être trop pénible? — En aucune façon, monsieur. — C'est que je désirerais que vous pussiez le faire ici, dans mon cabinet; je ne me soucie pas qu'on voie cela à l'étude. — Je m'installerai ici..... Et pour quel jour voulez-vous que cela soit terminé? — Mais... le plus tôt possible.

M. Simon tint un moment sa phrase en suspens. Après avoir reculé devant l'épreuve que sa femme lui avait demandée, il obéissait à un désir instinctif de la pousser jusqu'au bout, du moment qu'il l'avait commencée. Il s'arrêta donc un moment et reprit : — Et le plus tôt possible, c'est d'ici à deux ou trois jours. Je crois que je vais marier Sabine à M. de Bellestar. Et, avant de parler publiquement de ce mariage, je voudrais pouvoir mettre sous les yeux du marquis l'état exact de la fortune de sa future. Si une difficulté devait s'élever à ce sujet, il vaut mieux que ce soit maintenant que plus tard. — Vous avez parfaitement raison, dit froidement Sylvestre. Et quand vous convient-il que je commence?

Le corps était immobile, le visage impassible, la voix précise et ferme, mais la souffrance était partout.

Le nez était pincé comme à l'heure où la mort va venir, l'œil avait un regard auquel il n'y avait pas de but, on entendait battre le cœur à coups pressés et sourds.

M. Simon eut honte de la faiblesse qui l'avait fait céder à

madame Simon, et de la cruauté qu'il venait de montrer lui-même ; il répondit à Sylvestre en se levant : — Vous commencerez... plus tard... je vous le dirai...

Et il quitta son cabinet en en poussant la porte avec une violence qui l'empêcha de se fermer.

Il était temps, une minute de plus à la tension excessive de cette douleur qui ne voulait pas éclater, et la vie se fût peut-être rompue ; le cœur eût étouffé dans la poitrine s'il n'avait pu s'épandre au dehors.

M. Simon s'était arrêté dans le cabinet de Sylvestre, aussi malade que lui du mal qu'il venait de lui faire.

Tout à coup il entendit un grand bruit et un grand cri. Il retourna à son cabinet, et vit Sylvestre qui était tombé assis dans un fauteuil placé devant le bureau où il devait travailler. Il avait frappé la table du front ; ses deux poings fermés étaient croisés au-dessus de sa tête, comme s'il eût voulu l'attacher à cette place ; il s'échappait de sa poitrine un gémisssement sourd et encore étouffé...

M. Simon n'osa avancer ; il eut peur, après avoir fait le mal, de l'aggraver encore par sa présence... Il était dans une horrible attente.

Tout à coup cependant cette souffrance extrême se fit jour.

Sylvestre se releva et laissa échapper un cri désespéré, puis il se rejeta avec fureur sur cette table, il la frappait de sa tête et de ses poings, il s'y roulait avec frénésie. C'était effrayant ; mais il parlait, il sanglotait, il pleurait ; le danger était passé.

Cependant ce paroxysme nerveux se calmait quelquefois ; mais il reprenait presque aussitôt avec une nouvelle violence.

M. Simon s'approcha, et prenant Sylvestre dans ses bras, il le força à se redresser en lui disant : —Allons, Sylvestre, du courage.

L'amitié et la douleur ont des instincts, ou, si vous voulez que je me serve du mot grammatical, elles ont des ellipses sublimes.

Il suffisait que M. Simon parlât en ce moment à Sylvestre, pour qu'en lui recommandant d'avoir du courage, il lui eût dit tout ce qu'il avait compris ou deviné ; et Sylvestre comprit aussi et devina ce que voulait dire M. Simon, car il se détourna violemment de lui en lui disant : — Non, monsieur, non, voyez-vous ; c'est infâme ! — Sylvestre... — Ah ! monsieur ! c'est très-mal... c'est mal... ce n'est pas bien.

Il est difficile de dire ce qu'il y avait de désespoir croissant dans ce reproche dont les expressions allaient en s'affaiblissant.

M. Simon était horriblement embarrassé ; il avait trop montré qu'il comprenait la douleur de Sylvestre pour pouvoir paraître en ignorer le motif ; d'un autre côté, avait-il le droit de forcer ce malheureux à lui dire le dernier mot de cette douleur?

Sylvestre était anéanti, abattu.

M. Simon lui tendit la main et lui dit : — Pardonnez-moi, Sylvestre, et laissons là tous ces papiers. — Oh non ! s'écria Sylvestre en se levant résolûment ; non, monsieur, non, ce travail... il faut que je le fasse.— A votre tour, Sylvestre, ce n'est pas bien ; j'ai eu tort, et ce tort, vous voulez que je l'aie jusqu'au bout, en vous condamnant à faire ce travail. — Oh ! non, monsieur, non, ce n'est pas contre vous que je prends cette résolution, c'est contre moi-même, il faut que je le fasse, croyez-moi, il le faut.

Il y avait une mélancolique exaltation dans le visage de Sylvestre pendant qu'il parlait ainsi.

M. Simon en fut plus ému encore que de sa douleur ; il admirait Sylvestre, et, il faut le dire, l'admiration dans un pareil cas est la tendresse de l'âme exaltée à son plus haut degré.

— Pourquoi vous imposer cette peine ? lui dit M. Simon.

—Ah! fit Sylvestre avec un sourire amer, j'ai été durement élevé dans ma vie matérielle, il faut que je fasse de même l'éducation de mon cœur. Quand je suis resté seul à douze ans avec ma pauvre tante, à qui il restait juste de quoi me faire vivre jusqu'au jour où je pourrais travailler, j'avais encore des délicatesses d'enfant gâté, j'avais des dégoûts que mon père ne contrariait pas... mon père était si bon!

Deux larmes tombèrent des yeux de Sylvestre à ce souvenir. Il se remit, et, souriant encore dans sa souffrance, il reprit : — Mais ma tante n'avait point de faiblesse pour ces caprices d'enfant : elle disait que ce qui était bon pour l'un devait être bon pour tous ; elle disait, et elle avait raison, que quand on est pauvre, il ne faut rien dédaigner, rien détester. Ainsi elle choisissait, à l'encontre de mes goûts, les pauvres mets de notre misérable nourriture... J'ai souffert bien des fois pour vaincre des répugnances que je croyais invincibles, et je suis parvenu à les dominer...

M. Simon écoutait Sylvestre d'un air si triste, que celui-ci reprit en souriant : — Ah! vous ne saviez pas ces misères de la misère!... Il y en a bien d'autres, allez!

Sylvestre s'arrêta et rejeta les souvenirs qui se présentaient à lui, et, toujours souriant, il continua : — Eh bien! monsieur Simon, ce que ma tante a fait pour ma nature physique, je veux et je dois le faire pour ma nature morale. Il y a en moi peut-être des sentiments... des haines injustes, des idées qu'il faut que je brise... Laissez-moi faire ce travail, monsieur Simon, je le... Oui, reprit-il avec un accent d'amère pitié sur lui-même, oui, je le *mâcherai* jusqu'à ce que j'y sois insensible, comme j'ai fait autrefois pour les mets favoris de ma tante. — Quand on est pauvre, disait-elle, il ne faut rien haïr.

Il se frappa le front et ajouta en se détournant : — Il ne faut rien aimer. — Vous le voulez? lui dit M. Simon avec une satisfaction qu'il ne put déguiser ; eh bien! tant mieux...

tant mieux, Sylvestre, lui dit-il ; ce qui est bien ne nous est pas seulement compté devant Dieu. Mon ami, lui dit-il en lui tendant la main, je n'en veux plus à ma femme de l'épreuve qu'elle m'a forcé à vous faire subir... — Et pourquoi ?... — Sylvestre, embrassez-moi, et souvenez-vous de ce que je vous dis : je viens d'apprendre seulement à présent ce que vous valez ; mais les femmes s'y connaissent mieux que nous. — Que voulez-vous dire ?... — Vous venez demain à la soirée de Sabine, lui dit M. Simon.

Sylvestre devint rouge, et puis pâle, et puis rouge.

M. Simon eut peur de voir recommencer la douleur qu'il avait causée, et, se laissant aller à la pensée qui le dominait en ce moment, il eut l'imprudence de dire à Sylvestre : — Laissez là ce compte ; il n'est plus peut-être aussi pressé que je le pensais.

Heureusement que Sylvestre ne comprit rien à cet ordre ; car s'il avait eu la moindre idée de la pensée de M. Simon, il en serait tombé par terre.

M. Simon n'avait pas achevé sa phrase qu'il s'en était déjà repenti ; il profita de ce que Sylvestre n'y avait rien vu, et reprit rapidement : — Venez toujours demain soir... J'aurai peut-être besoin de vous.

Voilà donc ce qui se passait hier.

Il est près de neuf heures, et je suis obligé de laisser en arrière quelques petits incidents de la journée : car il faut que je parte pour la fameuse soirée.

Dans ma prochaine lettre, je reviendrai sur ce que j'ai oublié, et je vous donnerai des nouvelles de ce soir, si cependant il se passe quelque chose d'important dans cette soirée où je vais.

XIV

La réunion de Sabine était ravissante.

Que la jeunesse est belle! que toutes ces blanches robes, si simples, parées seulement d'un frais ruban ; que ces têtes gracieuses, seulement couronnées de leur abondante chevelure ; que ces douces timidités, tout à coup interrompues par un rire trop bruyant ; que cet amour naïf de la danse ; que ces regards furtifs et malicieux, pleins d'observations et de confidences ; que ces légères nonchalances, soudainement réprimées par un coup d'œil maternel ; que toute cette vie qui commence à se dépouiller des étroites enveloppes de l'enfance, la fleur qui s'épanouira bientôt dans toute sa splendeur, que tout cela est un spectacle charmant, et qu'il fait bon, quand on a le cœur triste sans envie, d'aller s'asseoir parmi ces belles filles, de respirer cet air chargé d'espérance joyeuse qu'exhale la jeunesse, de reposer ses yeux qu'ont aigris les larmes sur ces douces couleurs, d'entendre, après les cris sauvages des partis, après le creux tintement des avocats de l'humanité, après les âcres discussions des affaires de chacun, qu'il est bon d'écouter le vif et brillant babillage de ces frêles oiseaux qui s'essaient à voler hors du nid maternel : et que de charmants fantômes viennent alors se mêler à ces êtres charmants!

Oui vraiment, la réunion de Sabine avait un aspect délicieux.

Elle était déjà au complet de ses plus jeunes invitées, que ni M. de Bellestar ni Sylvestre n'avaient encore paru.

Le petit salon et la chambre de Sabine étaient parés de

délicieux bouquets; mais il en était un remarquable par son énormité, plus remarquable encore par ce qui l'ornait.

Le pied de ce bouquet était attaché par un magnifique collier de perles, auquel pendaient deux boutons d'oreilles du plus grand prix. Au centre du bouquet, et du milieu d'un dahlia, sortait un brillant d'une valeur extraordinaire.

Ce bouquet, vous l'avez deviné, était celui de M. de Bellestar; ces bijoux ceux de Sabine, que le marquis avait retirés de chez le joaillier.

Voici le billet qu'avait accompagné ce bouquet :

« Mademoiselle, en acceptant mon nom et ma main, vous m'avez donné le droit d'espérer que tout était désormais de moitié entre nous.

» Voulez-vous me permettre d'être pour ma part dans la noble action que vous voulez faire? Ce sera m'assurer tout à fait de mon bonheur. »

Ma foi... ma foi !... Vous savez, il y a de ces mots, il y a de ces choses qui vous frappent tout à coup, et qui cependant vous laissent dans l'incertitude sur leur valeur réelle.

Ce n'est pas ordinaire, et cependant on se demande : Est-ce bien, est-ce mal? est-ce une grosse sottise ou une heureuse hardiesse? est-ce un mot fin ou une niaiserie prétentieuse?

Qu'en pensez-vous?

Il y a un proverbe qui dit : « Tant vaut l'homme, tant vaut la *chose*. »

D'un autre que M. de Bellestar, d'un esprit véritablement distingué, fier, généreux, d'un bel élégant, le bouquet et la lettre eussent été parfaits ; mais de ce marquis herculéen, calculateur et progressif, cela me semble bien différent.

Cependant il y a un autre proverbe qui dit : « Tout est bien qui finit bien. »

Et il faut le dire, à l'arrivée du bouquet et de la lettre, madame Simon, la femme excellente et pleine de délicatesse, baissa la tête et passa la lettre à Sabine en disant d'un air triste : — C'est bien. — Et c'est bien fait, dit M. Simon.

Mais il murmura tout bas : — Cependant, nous verrons.

En lisant le billet de M. de Bellestar, le rouge monta au visage de Sabine.

Il fallut lui expliquer comment le marquis avait appris ce qu'elle avait été faire chez M. Léonard.

M. Simon habilla d'un enthousiasme prétendu l'impression que cette découverte avait faite sur le marquis lorsqu'il avait appris l'usage que Sabine voulait faire de cet emprunt. Il fallut lui dire qu'on approuvait ce qu'elle avait fait ; puis on trouva l'action du marquis charmante, de bon goût... On parla... parla...

Sabine se taisait.

Elle était si révoltée de cette impertinente assurance d'un homme qu'elle connaissait à peine, qu'elle n'osait montrer l'excès de son indignation, tant elle était en désaccord avec des cœurs dont elle respectait les sentiments, avec des esprits dont elle savait la juste délicatesse, avec une femme qu'elle savait admirablement entendue aux choses de l'âme et aux convenances du monde.

A ce moment, Sabine fit une de ces actions si communes aux caractères élevés : elle repoussa comme injustes ses propres sentiments. Elle accusa de prévention le mouvement involontaire qui lui avait fait considérer comme une lourde insulte l'envoi de ces bijoux.

Elle ne voulut y voir que ce qu'y voyaient les autres, et, plaidant enfin contre elle-même, elle se persuada qu'il était impossible d'être à la fois plus généreux et de meilleur goût.

Dès qu'elle considérait ainsi ce qu'avait fait l'homme dont elle avait accepté la main, et à qui elle avait par conséquent donné le droit de pénétrer dans les secrets de sa vie, elle voulut accepter le don comme il paraissait avoir été fait.

Elle prit le bouquet et le plaça de manière à ce qu'il frappât les yeux de tout le monde.

Ce fut un événement plein de mystères pour les jeunes filles qui virent ces bijoux au milieu de ces fleurs ; car elles connaissaient ces bijoux ; elles savaient qu'ils appartenaient à Sabine, et elles se demandaient pourquoi elle en faisait ainsi étalage.

L'une des plus malicieuses, et qui ne s'était pas trompée sur le motif de la présence de M. de Bellestar au réveillon de M. Simon, dit à ses jeunes amies : — C'est l'influence du marquis de Bric-à-brac qui commence.

Bientôt l'arrivée de M. de Bellestar donna un nouvel essor à toutes les petites suppositions.

Du premier coup d'œil il aperçut son bouquet posé en montre, et son œil rayonna d'un énorme triomphe.

Heureusement pour lui Sabine était dans sa chambre quand il entra dans le salon, elle ne vit pas ce gros regard, cette grosse jubilation, ce ravissement à cent mille francs ; et, lorsque M. de Bellestard vint la saluer, et lui dit tout bas, en s'inclinant devant elle : — Vous êtes un ange.

Elle lui répondit : — Vous êtes toujours bon.

Le marquis alla causer avec madame Simon, et Sabine aperçut alors Sylvestre qui s'était arrêté près de la porte d'entrée.

Sylvestre semblait un être complétement changé ; il y avait sur son visage un calme, une sérénité, une résolution qui étonna Sabine, et qui lui imposa étrangement. Le salut qu'il lui adressa de loin n'avait plus cet embarras qu'elle avait remarqué.

Au milieu de tous ses efforts pour être joyeuse, Sabine était triste : ses sourires couraient sur des larmes.

Lorsqu'elle avait aperçu Sylvestre, Sabine, par un de ces

sentiments secrets du cœur, avait été heureuse de le voir.

— C'est un cœur triste aussi, s'était-elle dit.

Et quoique cette fraternité de mélancolie dût rester muette entre eux, elle avait compté sur la tristesse de Sylvestre comme sur une compagne de la sienne.

Il y eut alors dans l'âme de Sabine un triste retour, une cruelle déception. Elle en voulut à Silvestre d'être calme, d'être fort.

Comme elle s'était sentie abandonnée quand son tuteur lui avait remis, sans ses remontrances accoutumées, l'or qu'elle lui avait demandé, il lui sembla qu'elle demeurait seule cette fois encore.

Ce qu'elle garda de cette impression, je ne puis vous le dire, car elle reprit immédiatement son aisance, sa bonne grâce, la liberté de sa parole vive et enjouée, si bien que personne n'y vit rien ; et Sylvestre aussi fut ce soir-là ce qu'on appelle tout à fait un homme du monde, causant sans embarras, ne se mêlant au mouvement qu'avec la retenue que donne le savoir-vivre, sans cependant s'en écarter comme un homme morose.

Mon Dieu ! mon Dieu ! mon roman serait-il fini ?

J'ai beau regarder, j'ai beau examiner, je ne vois rien, je ne devine rien.

Voilà la soirée finie.

Mademoiselle Aurélie de S... n'est pas venue : pas un mot, pas un regard échangés et qu'on vole au passage.

Hélas! on se lève, on se salue, on part; le rire est sur toutes les lèvres...

O misérable histoire commencée au hasard! n'auras-tu pas de dénoûment?...

Qui frappe ?

— Monsieur, c'est un paquet. — Voyons...

Je brise l'enveloppe...

C'est de lui, c'est de mon lutin, c'est de mon espion : O

mon sauveur, mon ange gardien, mon mouchard, sois béni de toutes les bénédictions qu'un romancier peut appeler sur la tête d'un homme qui lui donne une idée !

— Votre mouchard vous donne donc des idées ? — Non, mon cher ami, il m'envoie une lettre... deux lettres...

Une de Sylvestre et une de Sabine.

Par laquelle commencerai-je ?

Ma foi, par la première, c'est assez original.

DEUXIÈME LETTRE VOLÉE.

De Sylvestre à Jules P...

J'ai suivi votre conseil, Jules, et maintenant je suis calme, je suis fort, je suis content de moi, je ne veux plus rien savoir de ce que je poursuivais encore hier avec tant d'anxiété.

Ces paroles de M. Simon, que je n'avais pas encore entendues, et qui, deux heures après, me donnaient le vertige de la joie, tout haletant que j'étais encore du vertige de la douleur, ces paroles, je les ai réduites à leur juste valeur.

Mon patron m'a estimé, parce que j'ai eu le courage de n'en pas vouloir à une femme des bassesses de son père.

M. Simon est un homme de bien, et au lieu de quinze cents francs que je gagne, il m'en donnera peut-être dix-huit cents, peut-être deux mille ; je serai bien payé.

Je vous ai dit que je devais aller à la soirée de mademoiselle Durand, et je vous ai promis de vous rendre compte de ce qui s'y passerait.

Je n'ai rien senti, je n'ai rien éprouvé, j'ai pris du thé, j'ai mangé des petits gâteaux, j'ai fait comme tout le monde.

Vous avez raison, Jules, toutes les espérances, toutes les

ambitions, tous les rêves, toutes les douleurs même aboutissent au néant ; je crois que je deviens un homme comme les autres, il me semble que je n'ai pas souffert.

J'ai mis le pied sur mes ressentiments et sur mes souvenirs, j'ai jeté ma dignité à terre comme un lâche jette ses armes, je me suis dit :

— Il faut faire ma vie comme chacun fait la sienne à présent, il faut tout oublier quand on est pauvre, et marcher à la fortune d'un pas égoïste, sans regarder derrière soi, sans se souvenir d'un père mort sur un grabat, d'une mère morte sans couverture. Il faut penser à soi d'abord, et souhaiter que la mort nous délivre bientôt du dernier fardeau que nous a légué la famille.

Mademoiselle Durand est toute-puissante sur l'esprit de mon patron : je saluerai avec tout le respect possible la fille du spoliateur de mon père. Elle s'est plainte à son tuteur de ce qu'un jour mon regard avait osé braver le sien ; désormais je baisserai les yeux devant elle.

M. Simon a voulu me châtier de cette impertinence ; j'ai accepté le châtiment, et il me paiera de ma lâcheté.

N'ai-je pas appelé cela tout à l'heure du courage ? Oui, vraiment ; et maintenant dites-moi, Jules, est-ce du courage, est-ce de la lâcheté ?

Où donc est le vrai mot des choses d'ici-bas ?

Eh ! qu'importe de quel nom il faut les appeler, pourvu qu'elles nous servent à parvenir !

Oh ! je parviendrai, Jules, je parviendrai.

Il arrivera un jour où je serai son égal, un jour où je pourrai peut-être l'atteindre dans le monde orgueilleux et opulent où elle va cacher son nom déshonoré sous un noble nom, où elle va confondre sa fortune volée dans le loyal héritage d'une illustre et honnête famille.

Puisque c'est l'argent qui est la vertu, j'aurai de l'argent.

Or, comme j'étais allé chez mademoiselle Durand avec ces sentiments dans le cœur, comme je ne l'enviais plus, comme je ne la plaignais plus d'être ce qu'elle est, j'ai été parfaitement à l'aise dans ce salon dont hier j'avais peur de franchir le seuil.

Vos prétextes sont bons, mon ami; ils m'ont tellement changé, qu'ils ont, pour ainsi dire, refait mon être tout entier.

Je l'ai regardée, et je l'ai trouvée moins belle; je l'ai écoutée, et j'ai trouvé sa voix moins douce; mais je ne suis pas allé jusqu'à la trouver laide; je ne suis pas allé jusqu'à trouver sa voix aigre et criarde; je ne suis pas allé jusqu'à l'injustice et à la haine, je me suis arrêté à l'indifférence.

Je vous l'ai déjà dit, je suis calme, je suis fort, je suis content de moi.

Jules, Jules... je mens, je mens, je mens!

J'ai la tête qui brûle, j'ai le cœur qui pleure; je l'aime, j'en perds la raison, je voudrais en mourir.

Oh! que j'ai souffert!... j'ai bien souffert! Mais elle n'a rien vu, je vous le jure, elle n'a rien vu.

Quand je suis arrivé, elle saluait M. de Bellestar; quand elle m'a aperçu, elle a eu l'air surpris. A-t-elle été étonnée de ce que j'osais venir, moi qu'elle avait si légèrement invité?

Quel que soit le sentiment qu'elle a éprouvé, j'ai été fort contre son émotion, et je ne lui ai rien montré du transport de rage qui me dévorait en la voyant parler à cet homme que je hais.

Cependant, je dois vous le dire, ç'a été là l'effort le plus cruel que j'aie eu à faire sur moi-même.

Une fois cette première douleur domptée, j'ai senti toutes les autres, mais pour ainsi dire sans qu'elles m'aient ému.

Figurez-vous un homme si bien enchaîné de tous ses membres, si bien lié au poteau qui le tient, la tête serrée au gibet, la bouche bâillonnée, l'œil fermé, tellement privé

8

de tout mouvement qu'on ne puisse savoir si c'est un homme ou un cadavre : que le bourreau vienne et le flagelle d'un fouet ardent, rien ne bondit, rien ne se défend, le torturé est immobile et muet; qui peut dire qu'il souffre? Son visage, peut-être, son visage, qui pâlit, et dont les traits se crispent dans la douleur.

Ma volonté a été plus puissante que les liens de cordes et de fer qui maintiennent le patient. Mon visage n'a point pâli, et tout est resté immobile en moi.

Mais quand on détache le condamné du gibet, alors éclate la douleur : moi aussi, j'ai repris la liberté de mes pleurs et de mes cris, et je pleure et je vous dis :

Je l'aime; je l'aime encore plus à cette heure que je ne l'aimais hier... je l'aime!...

Oh! tenez, c'est une horrible torture!

Si vous aviez vu comme elle était charmante et belle!

Quelle grâce, quel éclat, quel charme indicible, quel enivrant parfum d'amour! quel empire!... Oh! que cette femme serait bien la reine du monde!

Et puis, voyez-vous, Jules, elle est bonne, je sens qu'elle est bonne, elle l'est pour tous, elle le serait pour moi si elle savait ce que je suis; car elle ne le sait pas, j'en suis sûr, et ma froideur a dû l'offenser.

Elle ne me devait rien, et elle m'a appelé gracieusement à sa fête, à ce qu'elle a appelé la fête de ses amis, la fête de sa famille.

Faites, mon Dieu, qu'elle ne sache jamais les ressentiments que je devrais avoir contre elle; faites que devant tant de beauté et de vertus toutes les haines se changent en pardon.

A qui donnerez-vous donc le bonheur, mon Dieu, si ce n'est à l'innocence et à la faiblesse?

Car nous sommes des lâches, nous autres hommes, lorsque nous parlons de malheurs. Est-ce que dans notre époque la vie n'est pas aussi aisée à celui qui la commence avec rien qu'à celui qui la commence avec la fortune?

Comptons les hommes qui tiennent aujourd'hui la société dans leurs mains, nous en trouverons plus, parmi les arrivés, de ceux qui ne sont partis qu'avec leur force et leur volonté, que de ceux à qui les avantages de la richesse et de la naissance semblaient avoir rendu la route facile.

C'est ma faute d'être si peu que je suis.

J'ai marché dans ma vie en enfant craintif et sous la férule d'une vieille femme, de peur de quelques cris, de quelques reproches; je me suis vendu au salaire que j'avais promis de rapporter chaque jour; je n'ai été jusqu'à présent que l'ouvrier qui a gagné le pain qu'il doit à un autre.

N'ai-je donc pas autre chose dans la tête et dans le cœur, ne fût-ce que pour remplir plus dignement ces devoirs auxquels j'ai tout sacrifié?

C'est que la misère dégrade, Jules; c'est que la voix qui vous répète sans cesse : Il me faut le pain d'aujourd'hui et le pain de demain, pose entre vous et l'avenir une barrière au delà de laquelle on n'ose pas regarder; ou plutôt, Jules, je le sens maintenant, lorsqu'il y a quelques jours je ne sentais pas ma misère, c'est qu'il y a quelques jours je ne l'aimais pas.

Mais... elle va se marier, et tout ce que je pourrai tenter pour conquérir le droit de lui dire que je l'aime, tout cela ne me servira de rien.

Pourquoi donc me plaindre?

Ai-je besoin de plus que je n'ai? Je suis bien à ma place, puisque ma place ne peut être près de Sabine.

Sabine!... je l'ai enfin osé écrire, ce nom que toutes ces jeunes bouches lui jetaient avec des accents amis, durant cette longue soirée.

Il me semble que si j'osais le dire, moi, que si j'osais appeler Sabine, et qu'à ce nom elle se tournât vers moi, ce serait un bonheur après lequel je voudrais mourir.

Adieu, Jules, adieu; j'ai tenu ma promesse, je vous ai raconté tout ce qui s'est passé dans cette soirée, qui n'est pas encore finie pour moi, car je vois encore tourbillonner tous ces essaims de blanches jeunes filles, j'entends le murmure joyeux de leurs voix fraîches et sonores; et plus grande, plus belle, plus fière que toutes ses compagnes, je vois Sabine qui me sourit doucement.

Oh! misère et exécration! ce sourire est pour M. de Bellestar!

Tenez!... je tuerais cet homme!... je ne veux plus vous écrire, je deviens fou...

Oh! je comprends maintenant les gens qui s'enivrent pour oublier; si j'avais là... je ne sais quoi, j'en boirais jusqu'à tomber mort... Mais il faut que je travaille demain, moi...

Adieu, Jules, adieu; ne me plaignez pas de l'aimer, j'aime mon amour. Il me brise le cœur, et je l'aime...

J'aime mieux la douleur qui me vient d'elle, que le bonheur que Dieu m'enverrait sans elle! Adieu.

SYLVESTRE.

TROISIÈME LETTRE VOLÉE.

De Sabine à mademoiselle Aurélie de S...

Aurélie, as-tu brûlé la lettre que je t'ai écrite? non pas la première, non pas celle où je t'ai raconté mes courses avec ma tutrice, ma rencontre avec M. de Prosny dans les magasins de *la Ville de Paris*, et mon entretien avec mon tuteur; non, c'est celle d'hier, celle que je t'ai montrée lorsque tu es venue; celle où, folle que j'ai été, j'ai mis ce mot honteux que je n'avais pas osé mettre dans ma première lettre.

Je n'avais pas osé te l'envoyer; pourquoi as-tu voulu l'emporter? pour avoir, as-tu dit, tout le roman de ma passion...

Oh! brûle-la, anéantis à tout jamais cette misérable confidence d'un moment de folie.

Cet homme n'a rien dans le cœur! Il est venu à cette soirée où tu n'as pas pu venir.

C'est un homme charmant, de manières excellentes; il a de l'esprit, du savoir, de l'éducation; il a de tout, mais il n'a pas de cœur... Je l'ai senti, je l'ai à la fin senti!

Il a été là devant moi cet homme qui doit me haïr; il a été comme le premier venu, rien ne l'a gêné, ni ses ressentiments, ni mon bon accueil : il a parlé à M. de Bellestar!...

En vérité, c'est un bonheur pour moi.

Je te l'avoue, j'avais je ne sais quel remords d'envoyer à M. de Prosny ces cent mille francs dont je t'ai parlé. Quoiqu'il ne dût pas connaître la main qui lui faisait cette aumône, j'avais peur de blesser la fierté délicate de son âme.

Va, va, maintenant je suis sûre qu'il prendra l'aumône, dût-il savoir que c'est moi qui la lui jette.

Oh! je le hais et je le méprise, cet homme! ne m'a-t-il pas fait faire un rêve si insensé, que je pleure en pensant que j'ai pu te l'écrire!

Oh! brûle ma lettre, Aurélie; brûle ma lettre ou plutôt renvoie-la-moi. Ce n'est que lorsque je l'aurai moi-même anéantie que je serai tranquille.

J'aurais voulu que tu fusses là, Aurélie, toi qui sais ce que je pensais de lui ou plutôt ce que je croyais de lui. Tu aurais ri de ma folie, et peut-être, en lisant ma lettre, te demandes-tu ce que je veux dire, cherches-tu ce qui m'irrite, t'imagines-tu qu'il s'est passé quelque chose d'extraordinaire.

Il ne s'est rien passé, si ce n'est que nous avons été

trois heures entières dans le même salon, à côté l'un de l'autre, et que ça a été pour lui comme si je n'y avais pas été.

Qu'avais-je donc vu, ou plutôt qu'avais-je cru voir?

J'avais rêvé une haine et j'avais trouvé doux de l'apaiser; puis la dernière fois que je lui ai parlé et qu'il m'a jeté ce regard... tu sais... tu sais, ce regard où il y avait tant d'étonnement et de bonheur, j'ai rêvé...

Mais enfin, que veux-tu? la faute de mon cœur restera entre toi et moi, et quand la petite colère que j'éprouve contre moi-même sera passée, nous en rirons probablement toutes les deux ensemble.

En commençant cette lettre, il me semblait que j'avais mille choses à te dire; mais, en vérité, excepté de te recommander encore de brûler ma lettre, je ne vois pas pourquoi je t'écrirais plus longtemps. Je cherche, il me semble que j'ai la tête vide.

Non, je n'ai plus rien à te dire.

Toi qui n'es qu'indisposée, tâche de venir me voir; je suis horriblement malade... c'est comme si j'avais le cœur vide aussi. Adieu.

SABINE.

Voilà donc ces deux lettres.

Pour ma part, je n'ai rien à dire à leur sujet, si ce n'est que je suis parfaitement mécontent de mon espion, car il y a eu une lettre écrite à mademoiselle Aurélie de S... que celle-ci a emportée, et le drôle n'a point su voler cette lettre qui pouvait être fort importante.

Peut-être la retrouverons-nous, et si cela arrive, je vous l'enverrai immédiatement, à moins que celles que vous venez de lire ne soient le dénoûment que je demandais.

Mon espion vient de m'apprendre que la fameuse lettre

que je lui reprochais d'avoir négligée a été volée à mademoiselle Aurélie de S.... par un autre que lui.

Il est impossible que cela n'amène pas quelque nouvel incident.

XV

31 décembre 1843.

Ainsi s'était passé ce jour de fête qui semblait avoir été si vide d'événements, et qui avait, à vrai dire, enfanté deux révolutions.

La veille de ce jour, tout était bienveillance, douce prévention, tendre curiosité, amour enfin dans le cœur de Sabine pour le pauvre Sylvestre, et le lendemain tous ces sentiments s'étaient changés en mépris, en haine, en dépit.

La veille de ce jour, les ressentiments du passé, les préventions injustes, les accusations amères remplissaient encore l'âme de Sylvestre contre Sabine, et le lendemain il l'aimait sans retenue, il l'aimait avec cet excès qui fait que la vie semble s'être concentrée à un point du cœur où elle allume un foyer où tout vient se faire dévorer, et le passé et l'avenir, et toutes les autres affections, et le respect de soi-même, et ses espérances, aliments insuffisants de ce feu insatiable.

Et cependant, à bien prendre la chose, il me semble, à moi, que c'est l'amour de Sabine qui a le plus gagné dans cette journée.

Pour éprouver une déception pareille à celle qui se devine dans le style étrange de sa dernière lettre, il fallait qu'elle se fût bien avancée vis-à-vis d'elle-même, dans sa passion pour Sylvestre. Mais lorsqu'une déception ne tue pas complétement le sentiment dans le cœur qu'elle vient de frapper, il arrive souvent qu'elle lui donne une nouvelle force.

Cependant la colère de Sabine ne s'était pas tellement exaltée dans la lettre qu'elle avait écrite à mademoiselle Aurélie de S... qu'il ne lui en restât assez pour prendre une résolution à l'égard de celui qui avait trompé ses rêves, et elle voulut en finir avec cet homme.

Sabine ne voulut pas être forcée à s'en occuper encore pendant quarante-huit heures, et elle avança d'un jour l'exécution du projet qu'elle avait conçu avec tant de plaisir, et dont elle s'était préoccupée avec tant de bonheur.

Un hasard tout particulier lui permit de présenter, sous une forme autre que celle qu'elle avait d'abord adoptée, le splendide présent qu'elle destinait à Sylvestre, et ce qui avait dû s'appeler étrenne s'appela bouquet.

Dans ma lettre d'hier (à la date du 30 à minuit), je vous dis que je viens d'apprendre qu'une des lettres écrites par Sabine à mademoiselle Aurélie de S... avait été soustraite à celle-ci : précisément à cette heure, voici ce qui se passait chez de Prosny.

Reportons donc notre vue de ce côté.

Sabine n'était pas sortie de la journée ; elle avait prétexté la fatigue de la soirée de la veille, pour rester enfermée chez elle.

Soit embarras, soit calcul, madame Simon l'avait laissée à sa solitude, de façon que, lorsque la nuit arriva, Sabine put s'échapper avec sa gouvernante, gagner une voiture de place, aller jusqu'à la porte de Sylvestre et revenir sans qu'on se fût aperçu de son absence.

Quant à Prosny, pour la première fois de sa vie, il n'était point rentré à l'heure du dîner, dans ce jour qui avait pour lui sa solennité. Il avait fait dire à sa tante qu'un travail extraordinaire le retenait chez M. Simon.

Ce prétexte, qui a tant de fois servi aux jeunes gens pour cacher une partie de plaisir, Sylvestre s'en était servi pour s'épargner une douleur.

En effet, ce jour-là n'était-il pas la veille de sa fête? Ce jour-là sa tante n'avait-elle pas l'habitude de lui donner ce qu'elle appelait un bouquet? N'avait-il pas aussi ce jour-là sa fête de famille?

Eh bien! ce qu'il avait considéré jusque là comme une bonne attention de mademoiselle de Prosny, l'accueil plus gracieux qu'on lui réservait et qui était assurément la plus belle fleur du bouquet de sa tante, tout ce qui enfin lui avait fait de ce jour un jour consacré, l'avait précisément, cette année, éloigné de sa maison.

C'est que la veille il avait assisté à la joyeuse réunion de Sabine, et que, tout plein encore de ce souvenir et du parfum de ce monde jeune et charmant, les yeux tout éblouis de ce luxe élégant qui l'avait entouré, il lui faisait horreur de rentrer dans sa solitude glacée, dans sa chambre nue, pour voir sa vieille tante lui grimacer un sourire de bienvenue, et lui faire une hideuse caricature de ce qui s'appelle une fête.

Il avait eu peur de retrouver dans ce contraste les mouvements de colère qui l'avaient d'abord agité contre mademoiselle Durand; il ne voulait pas que rien vînt lui rappeler trop cruellement des griefs dont il avait répudié l'héritage. Il n'avait pas osé enfin emporter l'image de Sabine avec lui dans cette misérable fête où elle lui eût apparu comme un remords ou comme un désespoir.

Par toutes ces raisons et par beaucoup d'autres peut-être, Sylvestre n'était pas rentré, et une fois qu'il eut dépassé l'heure où sa tante pouvait l'attendre encore, il recula son retour le plus tard possible; car, par un secret pressentiment, il lui semblait qu'un malheur l'attendait chez lui.

8.

Donc il était minuit lorsque Sylvestre frappa à sa porte, et sa surprise fut grande lorsque son portier, dont l'aristocratie ne se commettait pas d'ordinaire à parler avec un aussi mince locataire, l'appela au moment où il allait gravir son escalier, et lui dit, avec cette mauvaise humeur constante qui est un des caractères distinctifs de la race portière :

— Monsieur de Prosny, je dois vous prévenir qu'il s'est passé ici aujourd'hui quelque chose de bien extraordinaire et qui ne me convient pas!

— Qu'est-ce donc? fit M. de Prosny, qui commença à craindre de voir se réaliser les tristes pressentiments qui l'avaient tenu éloigné toute la journée de sa maison.

— Voici ce que c'est, reprit le portier : vers les six heures, il devait être à peu près six heures, car nous allions nous mettre à table, ma femme et moi, une vieille dame ou une vieille femme, je ne sais trop *lequel*, car elle avait un bonnet et descendait d'un fiacre, une vieille femme enfin est entrée dans ma loge et m'a remis un paquet, en me disant :

— Voici pour M. de Prosny.

C'était comme un portefeuille ou un livre enveloppé de papier et cacheté sur toutes les coutures.

— C'est bon, lui dis-je, mettez cela là.

— C'est une chose fort importante, reprit la vieille, qu'il ne faut pas laisser traîner, et que, surtout, il ne faut remettre qu'à M. de Prosny en personne.

— C'est bon, c'est bon, lui dis-je; ça ne traînera pas longtemps. Voici l'heure où M. de Prosny a l'habitude de rentrer, et je m'étonne même qu'il ne soit pas déjà ici.

Je n'avais pas lâché cette parole, que j'entends une voix flûtée dire derrière mon carreau :

— Viens, viens, allons-nous-en. Que ferions-nous, mon Dieu! s'il venait à nous surprendre?

Et tout aussitôt, la vieille de s'en aller, en rejoignant une... plus jeune, c'est certain, quoique je ne l'aie pas vue.

Toutes les deux regrimpent en fiacre, et fouette, cocher! ni vu ni connu, si ce n'est le paquet qui était resté sur la table.

— Eh bien! dit de Prosny, que cette histoire commençait à intriguer, où est-il, ce paquet?

Au lieu de répondre, le portier continua son récit comme il avait décidé de le faire, et repartit :

— Vous voyez que jusque là il n'y a pas de ma faute. J'allais serrer le paquet dans l'armoire, lorsque j'entends frapper; je n'avais pas tiré le cordon, que je vois une tête entrer par mon vasistas, et qu'une voix de vinaigre me crie :

— Un billet pour mademoiselle de Prosny.

— Mettez-le là, lui dis-je en montrant le paquet à ce gamin, qui se trouvait avoir juste le nez dessus, et qui, à ce qu'il paraît, en avait déjà déchiffré l'adresse.

— C'est pressé, me répondit-il; il faut que mademoiselle de Prosny ait cela tout de suite.

— Eh bien! montez-le vous-même, que je dis au petit bonhomme.

C'était mon droit et c'était mon devoir, car enfin je ne suis point obligé de monter les lettres à tous les locataires, et avec cela j'étais seul dans ma loge.

— On y va, me dit le jeune homme, et si vous voulez, je montera aussi le paquet que voilà à la même adresse.

Ce disant, le particulier mit la main dessus.

— Un moment, lui dis-je en lui arrachant la chose, ceci est pour le neveu, et non pas pour la tante; ceci est recommandé particulièrement; c'est inviolable, c'est sacré! Je reprends le paquet, je le serre dans l'armoire.

Est-ce que je pouvais faire mieux que cela?

— Eh! bien ce paquet, où est-il enfin? dit de Prosny, qui, ayant écrit à sa tante par Radinot, ne s'étonnait point de ce dernier petit incident.

— Attendez donc, reprit le portier, ce n'est pas arrivé

comme cela tout d'un coup. Or, au bout d'un gros quart d'heure, le jeune homme redescend, toque à ma vitre, et quand j'ai tiré le cordon, il file après m'avoir crié :

— Serre tes paquets, vieux clampin !

Je suis au-dessus de pareilles injures, et je n'y pensais déjà plus lorsque je vois arriver mademoiselle votre tante d'un air si doucereux, que je vis à l'instant qu'elle voulait me faire une méchanceté.

— Est-ce qu'il n'y a rien pour nous? dit-elle.

— Rien de rien, lui ai-je répondu.

— C'est étonnant, a-t-elle repris aussitôt, voilà mon neveu qui m'écrit qu'on doit lui envoyer ici un paquet à son adresse, et il me charge de le prendre pour le porter à son étude. Ce sont des papiers dont il a besoin pour une affaire qui se plaide demain.

— Voyons, monsieur de Prosny, dit le portier en se posant carrément devant lui, vous êtes un honnête homme et moi aussi, qu'auriez-vous dit à cela ?

Sylvestre, fort surpris de ce qu'il apprenait, ne répondit pas, et le portier continua :

— Malgré mon idée, je ne pus pas m'empêcher de dire que ça pouvait être vrai : d'ailleurs, c'était si simple et si naturel !

Je pris le paquet, je le tâtai dessus, dessous : c'étaient bien des papiers. Alors je le remis à votre tante en lui disant :

— Voilà la chose, portez-la à votre neveu.

Elle ne l'eut pas plutôt dans la main qu'elle me dit :

— C'est bon, c'est bon, je sais ce que j'ai à faire.

— Vous prétendiez que c'était si pressé ?

Et comme je me repentais déjà de le lui avoir lâché, j'ajoutai en manière d'offre de service :

— Si vous voulez, je vais aller le lui porter moi-même ?

— Ah! je sais que vous êtes toujours prêt à faire les

commissions dont on ne veut pas vous charger, dit mademoiselle de Prosny. N'ayez pas peur, le paquet ira à son adresse, mais vous ne voulez probablement pas que j'aille le porter en savates?

C'était trop juste, et voilà que je laisse remonter votre tante.

Ce n'est pas une bonne femme, votre tante, mais enfin je la respecte parce que c'est votre tante. Je ne pouvais pas lui arracher ce paquet, quoique, sans savoir pourquoi, je fusse bien fâché de le lui avoir remis.

— Eh bien! elle l'a, ce paquet? dit de Prosny impatienté. Je vais le trouver chez moi.

— Un moment donc, un moment, ça n'a pas été fini comme cela.

J'avais encore mon idée, et je m'étais dit : Je verrai bien si elle va porter le paquet, oui ou non; je verrai bien si elle m'a dit vrai, ou si elle s'est moquée de moi. Je laisse passer un quart d'heure, c'est bon ; une demi-heure, c'est encore bon; mais au bout d'une heure, je me dis : Je suis mis dedans. Je prends mon parti, je grimpe l'escalier quatre à quatre et je vas sonner à votre porte. Une fois, deux fois, trois fois ; rien.

Est-ce que mademoiselle de Prosny serait sortie sans que je m'en sois aperçu? me dis-je à moi-même.

Je tambourine ; rien, du moins du côté de votre chez-vous ; mais les voisins du même palier sortent de leur chambre et me demandent ce qui arrive.

— Rien, leur dis-je, si ce n'est que j'ai besoin de savoir si mademoiselle de Prosny est chez elle.

Un voisin, dont les croisées sont en face des siennes, répond :

— Il n'y a pas besoin de faire tant de vacarme pour cela; on voit sa lumière de ma chambre, et elle n'est pas femme à laisser brûler une chandelle pour éclairer les murs.

— Alors donc, lui dis-je ; il faut qu'il lui soit arrivé quelque chose, puisqu'elle y est et qu'elle ne répond pas.

Je comprenais bien que c'était une méchanceté qu'elle me faisait, mais je voulais en être sûr avant de continuer mon carillon ; et pour pouvoir le faire en toute sûreté de conscience pour les autres locataires, je leur dis :

— Il y a un petit jeune homme qui est monté tout à l'heure chez elle, qui en est redescendu, et, je ne sais pas pourquoi l'histoire de ce qui se passe tous les jours m'est revenue en tête ; je savais que mademoiselle de Prosny devait sortir ce soir, voilà l'heure qui se passe, j'ai véritablement peur d'un malheur.

Chacun est de mon avis, et voilà que je me mets à carillonner, un autre à tambouriner ; le voisin d'en face ouvre sa fenêtre et appelle mademoiselle de Prosny, et ma foi, ça faisait un concert assez soigné, lorsque nous entendons tout à coup mademoiselle votre tante qui se met à crier derrière la porte :

— Qu'est-ce que c'est que ça ? *A l'assassin ! au voleur !* Qu'est-ce qui vient m'attaquer dans ma maison ?

— Ah ! vous n'êtes donc pas morte ! que je lui crie à travers la serrure ; et le paquet que vous deviez aller porter à votre neveu et que vous m'avez subtilisé, qu'en avez-vous fait ?

— Le paquet est où il doit être, dit mademoiselle de Prosny ; laissez-moi tranquille, ou j'appelle la garde ou le commissaire.

J'étais furieux d'avoir été ainsi dupé, et j'aurais volontiers enfoncé la porte ; mais ce n'est pas à moi à donner le mauvais exemple dans la maison, et je me contentai de lui dire :

— C'est bon, c'est bon ! seulement vous pouvez être sûre d'une chose, c'est que la première parole que j'adresserai ce soir à votre neveu, ce sera pour lui raconter le tour que vous m'avez fait.

Je ne pouvais pas aller plus loin, n'est-ce pas, monsieur de Prosny? reprit le portier. J'avais fait tout ce qu'il est humainement possible de faire, et vous voyez que je vous tiens la parole que j'ai donnée à votre tante.

— Il suffit, dit de Prosny, qui ne voyait dans tout cela qu'un de ces accès de curiosité et de mauvaise humeur dont mademoiselle de Prosny était coutumière, je verrai ce que c'est que ce paquet.

— Mais ce n'est pas fini, reprit encore une fois le portier; voici le plus extraordinaire : une demi-heure après que je fus resdescendu (je ne pensais déjà plus à la chose, et j'en avais pris mon parti), je vois entrer furtivement mademoiselle de Prosny dans ma loge.

Elle avait le même air mielleux et charmant de la première fois. Bon! voilà encore une infamie qu'elle me prépare!

— Mon bon ami, me dit-elle (que les femmes sont fausses!), ce n'est pas bien, le scandale que vous avez fait à ma porte.

— Pourquoi que vous m'avez subtilisé le paquet adressé à votre neveu? lui ai-je répondu.

— Ah! mon Dieu! a-t-elle fait en levant les yeux au ciel, si le pauvre garçon avait vu cela, il en serait mort de désespoir.

— Qu'est-ce que c'est donc? lui dis-je.

— Un tas d'infamies, des masses de lettres anonymes, enfin de quoi lui en faire perdre la tête, à ce pauvre garçon, s'il l'avait mise dans toutes ces horreurs-là; aussi je viens vous demander un service : je vous en prie, mon bon ami, je vous en supplie, ne parlez pas à mon neveu de l'arrivée de ce paquet.

Et là-dessus votre tante, vous m'entendez bien, monsieur de Prosny, votre tante me met dix francs dans la main! dix francs à moi qui n'ai jamais vu la couleur de ses pièces de dix sous; je les ai acceptés pour avoir un témoignage de ce que je voulais vous dire, je les garde en preuve de ce que j'avance. Si ça devait jamais aller plus loin, j'espère que monsieur n'oubliera pas que j'ai fait mon devoir vis-à-vis de lui, comme j'ai l'habitude de le faire vis-à-vis de tous mes locataires!

Cette dernière phrase du portier aurait dû finir par ces mots :

— Surtout à l'approche du jour de l'an!

— Il suffit, lui répondit de Prosny; je ne vous oublierai pas...

Puis il s'éloigna.

Sylvestre monta lentement ses cinq étages, se demandant quel pouvait être ce paquet mystérieux apporté par deux femmes qui avaient craint de le rencontrer, et si singulièrement supprimé par sa tante.

D'où pouvait-il venir?

A quoi pouvait-il avoir rapport?

Quel intérêt sa tante avait-elle à s'en emparer?

Voilà des questions que Sylvestre n'avait pas encore résolues lorsqu'il arriva chez lui.

XVI

Sylvestre, comme tous ceux qui n'ont point de domestiques pour les attendre, portait sur lui la clef de son appartement.

Fort intrigué de ce qui lui avait été révélé par le portier, ne sachant ce que pouvait contenir ce paquet mystérieusement déposé à son adresse, ignorant si sa tante s'en était emparée par un simple mouvement de curiosité, ou bien si elle comptait le lui soustraire tout à fait, il se résolut à entrer le plus doucement possible, de manière à la surprendre. Il introduisit légèrement la clef dans la serrure ; mais la surprise fut grande lorsqu'il sentit une résistance invincible, le verrou intérieur avait été poussé.

Cette précaution était étrange.

De Prosny connaissait assez le caractère de sa tante pour savoir qu'elle était femme à le laisser à la porte dans un moment d'humeur, par cela seulement qu'il rentrait à une heure peu convenable.

Mais après ce qu'avait dit le portier, cette défense intérieure prit un tout autre caractère aux yeux de Sylvestre; il sonna avec violence. Rien ne répondit.

Sylvestre n'était pas d'humeur à recommencer un siége comme celui qu'avait déjà fait le portier; mais il n'avait aucune envie de coucher dans la rue. Il demeura donc fort embarrassé de ce silence.

Il colla l'oreille à la porte et crut entendre qu'on s'en approchait à pas furtifs.

Il appela sa tante. On garda encore le silence.

Il sonna de nouveau ; mais rien ne répondit ; seulement un léger grincement de fer se fit entendre, et il reconnut qu'on venait de tirer le verrou. Il essaya d'ouvrir, et la porte céda.

La veilleuse qui l'attendait d'ordinaire n'était pas allumée, et une forte odeur de chandelle éteinte lui apprit que sa tante avait veillé jusqu'à ce moment.

Le plus profond silence régnait dans le logement, et Sylvestre s'avança dans l'obscurité. Il chercha les moyens de se procurer de la lumière, mais on avait caché ou déplacé tout ce qu'il fallait pour s'en procurer.

Il y avait un parti pris de tout tenter pour éviter une explication immédiate. Tant de précautions étonnèrent Sylvestre, et lui donnèrent un plus violent désir de savoir ce que pouvait être ce paquet.

Il pénétra dans la chambre de sa tante, afin d'y trouver les restes soigneusement enterrés de son feu.

Quelques charbons épars brillaient encore dans l'âtre, ce qui montrait que mademoiselle de Prosny n'avait pas pris le soin accoutumé. Cette négligence attestait un grand trouble.

Cependant, pour parvenir à allumer sa chandelle, de Prosny fut obligé de prendre un charbon avec des pincettes, de souffler longtemps.

Tout cela fit un bruit qui, en toute autre circonstance, eût éveillé sa tante. Mais elle resta immobile.

Enfin de Prosny put se procurer de la lumière.

Son premier soin fut de regarder autour de lui. Sa tante dormait ou plutôt faisait semblant de dormir, car Sylvestre était assuré qu'elle s'était levée pour venir lui ouvrir la porte, et, au second coup d'œil, il reconnut qu'elle s'était couchée tout habillée.

Ceci révélait un événement.

Cependant de Prosny ne savait comment commencer une explication, quoiqu'il le désirât ardemment. Il se résolut à faire un tel bruit que sa tante fût obligée de s'en apercevoir, il jeta donc à terre la pincette qu'il tenait à la main.

La tante tressaillit, mais elle ne prononça point une parole.

Sylvestre s'arrêta devant un parti si résolûment pris et se retira dans sa chambre. Il examina de tous côtés pour voir si sa tante n'avait pas posé chez lui ce paquet, peut-être fort indifférent; mais il ne découvrit rien.

Les papiers qui étaient sur la table qui lui servait de bureau avaient cependant été dérangés de l'ordre dans lequel il les avait laissés, quoiqu'ils eussent été soigneusement remis à leur place.

Il y avait dans cette chambre quelques placards assez peu encombrés pour qu'un objet de plus y fût à l'instant découvert.

Sylvestre les ouvrit l'un après l'autre, et s'aperçut que l'un d'eux, qui renfermait le linge et les vêtements de sa tante, était complétement vide.

Cette découverte rendit à Sylvestre la curiosité et l'inquiétude qu'il avait un moment mises de côté. Il chercha avec plus de soin, et entra dans la chambre de sa tante.

Là, dans un coin, et caché sous une table, il aperçut un gros paquet enveloppé de serviettes. C'étaient les vêtements et le linge de mademoiselle de Prosny.

Ceci lui révélait une résolution de quitter la maison.

Un parti si violent ne pouvait avoir été inspiré à mademoiselle de Prosny que par quelque événement bien grave.

Sylvestre se rappela alors la colère de sa tante lorsqu'elle avait appris que la jeune fille à laquelle il avait cédé sa place à l'église était mademoiselle Durand; il se rappela cette circonstance (qu'il n'avait point vérifiée, parce qu'il la supposait inventée), et qui lui montrait Sabine comme étant venue s'informer de lui dans sa propre maison.

Cette circonstance s'accordait trop bien avec ce que lui avait dit le portier de la remise du message mystérieux par deux femmes, dont une vieille et l'autre jeune, pour ne pas frapper Sylvestre; et, du moment qu'il pensa que Sabine pouvait être pour quelque chose dans cet envoi, ce ne fut plus une inquiétude et une curiosité qu'il pouvait encore dominer qui s'emparèrent de lui, ce fut un désir ardent, impétueux, un besoin de savoir qui éclata tout à coup; car il s'écria avec violence, comme s'il venait seulement d'apprendre l'envoi de ce message :

— Ma tante!... ma tante!...

Il n'y avait pas moyen de feindre plus longtemps, et la tante répondit d'une voix endormie :

— Qu'est-ce que c'est?

— Ma tante, dit Sylvestre, je vous demande pardon de vous éveiller, mais on a apporté ce soir un paquet pour moi.

— On n'a rien apporté, répondit mademoiselle de Prosny en se levant sur son séant.

Elle était véritablement tout habillée.

— On a apporté un paquet à mon adresse, je le sais..... veuillez me le remettre.

Mademoiselle de Prosny se rejeta dans son lit, ramena la couverture sur elle et répondit sans montrer d'humeur :

— Je ne sais pas de quoi vous voulez me parler.

— Pardon, fit Sylvestre : mais vous ne savez pas de quelle importance est pour moi cet envoi.

La tante ne répondit pas.

— Mais répondez donc, lui dit Sylvestre que la colère gagnait.

Mademoiselle de Prosny lui tourna le dos.

— Ecoutez, ma tante, reprit de Prosny; ceci est une affaire sérieuse; je suis un homme, et je ne souffrirai pas que vous vous empariez de ce qui m'est adressé, de ce qui m'appartient.

Mademoiselle de Prosny se releva encore une fois, et, montrant du doigt le paquet que de Prosny avait tiré au milieu de la chambre, elle lui dit :

— Vous voyez que vous n'avez pas longtemps à attendre pour être débarrassé de moi. J'aurais dû partir ce soir... je ne l'ai pas fait... Dieu m'en punit en m'exposant à vos violences.

— Mais pourquoi voulez-vous partir?

— Parce que j'ai assez de la vie que je mène ici ; parce que je ne veux pas être à la merci d'un libertin, d'un paresseux.

— Eh! ma tante... fit Silvestre avec colère.

— Croyez-vous que je ne sache pas que vous n'êtes pas

resté ce soir à votre étude? Croyez-vous que Radinot ne m'ait pas conté que c'était pour aller battre le pavé de Paris, que vous n'êtes pas rentré chez vous? En voici assez, vous dis-je, n'en parlons plus ; chacun pour soi. Vivez à votre guise, je vivrai à la mienne.

— Mais avec quoi vivrez-vous?

— Ne vous embarrassez pas de moi, je ne vous demanderai plus rien.

L'assurance de sa tante étonna Sylvestre.

Cependant nulle idée ne lui vint qu'elle eût trouvé des ressources inconues. Il connaissait mademoiselle de Prosny, il savait qu'il était en présence d'un caractère indomptable, dont il ne pourrait rien obtenir par la prière ou par la menace.

Le seul moyen qui eût pu lui rester pour forcer sa tante à lui répondre, c'était de vouloir paraître quitter la maison, et ce moyen lui était enlevé, puisque la vieille ne semblait pas mieux demander que de se retirer. L'impuissance d'un homme en pareille circonstance est peut-être ce qu'il y a de plus irritant au monde.

De Prosny, qui, jusqu'à ce jour, avait gardé vis-à-vis de la vieille femme une retenue qui l'avait toujours empêché d'admettre comme possible une pareille séparation, de Prosny, dis-je, emporté par sa colère, répondit brusquement :

— Eh! mon Dieu! allez-vous-en.

— Tout de suite, si tu veux, reprit la tante d'un air résigné.

Cette douceur inaccoutumée augmenta la curiosité et l'inquiétude de de Prosny, et il reprit avec une sévérité menaçante :

— Mais je vous préviens que vous ne sortirez pas d'ici avant de m'avoir remis le paquet que vous avez soustrait chez le portier de la maison.

— Je te dis qu'il n'y a pas de paquet.

— Oh! reprit de Prosny avec colère, je le trouverai; il faut que je le trouve!

Et il s'avança vers le lit pour voir s'il n'avait pas été placé sous le traversin ou sous l'oreiller.

A ce moment, mademoiselle de Prosny se redressa, et s'échappant du lit, elle repoussa violemment son neveu en lui disant :

— Est-ce que tu oserais porter la main sur moi, malheureux!

— Il me faut ce paquet, je le veux, reprit de Prosny exaspéré.

La tante oublia le rôle qu'elle avait voulu jouer, et l'œil sanglant comme une louve qui défend ses petits, la voix altérée et furieuse, elle répondit :

— Tu ne l'auras pas, tu me tueras plutôt que de l'avoir.

En prononçant ces paroles, elle serrait ses jupons autour d'elle, de façon que Sylvestre comprit qu'elle avait caché le contenu de ce paquet dans les vastes poches antiques qu'elle portait sous sa robe.

Il s'arrêta et se tut, frémissant de colère; car plus sa tante voulait lui cacher ce que renfermait cet étrange message, plus il comprenait qu'il lui était nécessaire de le savoir.

— Ma tante, reprit-il après un moment de silence et en essayant de se calmer, je vous le jure sur l'honneur de mon père, vous ne sortirez pas d'ici que je ne sache ce qu'il y avait dans ce paquet.

— Mais tu veux donc m'assassiner, misérable! dit mademoiselle de Prosny en se reculant dans un coin de la chambre.

Le regard de la vieille femme était hagard, ses lèvres tremblaient convulsivement; de Prosny fut épouvanté.

— Voyons, ma tante, lui dit-il doucement, revenez à

vous, écoutez la raison ; n'oubliez pas que ce paquet était à mon adresse, qu'il était pour moi, pour moi seul.

— Non, non, dit mademoiselle de Prosny d'une voix brève et saccadée : c'est mon bien, elle me l'a rendu, je le garderai.

Ces paroles, échappées à la terreur de mademoiselle de Prosny, frappèrent Sylvestre d'un nouvel étonnement.

Sans l'éclairer complétement sur le mystère qu'il cherchait à pénétrer, elles dirigèrent ses idées du côté de la vérité, et il s'écria en avançant vers sa tante qui se rencogna tout à fait dans l'angle du mur, prête à se défendre, comme une bête fauve forcée dans sa tanière :

— C'est mademoiselle Durand qui a apporté ce paquet ?

— Je ne sais pas, fit mademoiselle de Prosny d'un ton égaré.

— Et dans ce paquet, reprit Sylvestre en faisant encore un pas en avant, il y avait de l'argent peut-être ?..

— Ah ! s'écria mademoiselle de Prosny en portant ses ongles au visage de Sylvestre, tu veux me voler. Tu ne l'auras pas, tu ne l'auras pas ; il y a assez longtemps que je meurs de faim. Ne m'approche pas, ne m'approche pas !

Il n'y avait plus de doute pour de Prosny, c'était de l'argent qu'on lui avait envoyé, et cet argent, c'était mademoiselle Durand qui le lui avait fait remettre.

Il oublia un moment la résistance de sa tante, la position étrange où il se trouvait vis-à-vis d'elle, pour ne sentir que le coup violent et douloureux qui venait de le frapper au cœur.

— Oh ! de l'argent ! de l'argent à moi ! s'écriait-il avec des larmes de rage et de désespoir.

Puis, ne trouvant pas sans doute de paroles pour dire la colère et la souffrance de son âme, il se mit à parcourir la chambre à grands pas, frappant sa tête de ses poings fermés, exhalant avec fureur de sourds gémissements, et criant de temps à autre :

— De l'argent! de l'argent!

Pendant qu'il allait ainsi, sa tante le suivait de l'œil avec une sauvage anxiété; mais rien de cette colère, rien de cette douleur ne la touchait; elle ne pensait qu'à une chose, elle ne pensait qu'à la défense de ce trésor dont elle s'était emparée.

Tout à coup, cependant, Sylvestre s'arrêta soudainement devant sa tante et lui dit d'une voix impérative et résolue :

— Cet argent, vous allez me le rendre à l'instant même.

La tante ne répondit pas, mais elle laissa échapper un ricanement âcre et insolent.

— Cet argent, vous dis-je! reprit Sylvestre tout à fait poussé hors des bornes.

Jamais passions irritées à un plus haut degré ne furent en présence.

Tout l'orgueil de Sylvestre se soulevait à la pensée de garder une obole de cette aumône qui lui avait été faite à son insu.

Toute l'avarice de la vieillesse nécessiteuse et qui se voit enfin à l'abri du besoin était éveillée dans le cœur de mademoiselle de Prosny.

Cette fois encore elle ne répondit pas à son neveu; ce silence ne fit qu'accroître la fureur de de Prosny, et, oubliant le respect dont il avait jusque là entouré sa vieille tante au milieu même de ses plus violentes injustices, il s'empara de ses deux mains, et, les comprimant avec violence dans les siennes, il lui dit encore une fois :

— Cet argent, voulez-vous me le rendre?

La vieille ne se débattait point, mais, suffoquant de rage et de colère, elle se prit à lui dire :

— Assassin ! assassin !

Ce mot rappela Sylvestre à lui-même ; il lâcha les bras de sa tante, et, tombant assis sur le lit, il s'écria avec des larmes et des sanglots :

— Oh ! misérable que je suis ! Pourquoi suis-je né ?

La tante se taisait en l'examinant sans cesse...

Sylvestre se leva tout à coup, et d'une voix dont la sincérité et la douleur eussent touché une âme moins cuirassée de méchanceté que celle de mademoiselle de Prosny, il lui dit :

— Mais vous comprenez bien que, si je ne peux pas rendre cet argent il faut que je me tue, car je serai un homme déshonoré, à tout jamais déshonoré.

— Ah bah ! reprit la vieille tante en haussant les épaules, ce sont des phrases.

— Non, je vous le jure, reprit Sylvestre, non ; si demain cet argent n'est pas retourné entre les mains de celle qui a osé me le donner, je me fais sauter le crâne, je vous le jure encore, sur l'honneur de mon père.

— A ton aise, mon garçon, reprit la vieille ; il vaut autant mourir de cela que de faim, et si tu le veux absolument, chacun est libre de disposer de soi.

Rien ne manquait à la cruauté de cette réponse, ni l'indifférence de l'accent, ni la triviale expression du geste, ni le profond dédain de la physionomie. C'était le dégagement complet de toute tendresse, de tous souvenirs, de toute crainte.

La réponse de mademoiselle de Prosny anéantit Sylvestre, non point parce qu'elle lui laissait le passage libre pour aller à la mort, mais parce qu'elle dénouait la seule affection sur laquelle il avait compté en ce monde, celle à laquelle il avait tout sacrifié, celle pour laquelle il s'était pour ainsi dire condamné à la misère, qui faisait maintenant son impuissance.

Sylvestre se prit à regarder sa tante comme pour lui

demander s'il avait mal entendu; mais mademoiselle de Prosny, profitant de l'abattement où son neveu semblait être tombé tout à coup, lui répéta encore d'un ton plus dégagé :

— A ton aise, mon garçon, à ton aise; tu ne seras pas le premier qui se sera tué parce qu'il n'a ni courage, ni volonté. Au fait, quand on n'est bon à rien, je ne vois pas trop ce qu'on a à faire en ce monde.

Il y avait dans ces paroles un accent joyeux et féroce qu'il nous est impossible de peindre à nos lecteurs; certes, nous avons bien souvent essayé de pénétrer dans les minutieux mystères qui font agir et parler le cœur des femmes, et souvent nous avons été forcé de reconnaître notre impuissance à guider nos lecteurs dans ce dédale toujours nouveau et presque toujours inextricable.

Mais la dureté glacée d'un cœur de vieille fille est cent fois plus incompréhensible que les agitations les plus folles d'une âme vivement impressionnable.

Par une incantation incompréhensible, ce qui vivait en mademoiselle de Prosny s'était pour ainsi dire mêlé tout à coup au trésor qu'elle avait entre ses mains.

L'avenir de sa vie, ses désirs besoigneux et jamais satisfaits, ses rêves de bien-être, restreints sans doute, mais jusque là considérés comme impossibles, les mille petites privations de la misère disparues tout à coup; toutes choses qui sembleraient ridicules s'il fallait les dire ici, et qu'il faut pourtant que je dise pour montrer jusqu'à quel point la pauvreté avait ravalé cette âme : un peu de crème dans son café, un peu de sucre dans sa crème, du bouillon tous les jours, un jupon ouaté, un châle pour n'avoir point si froid, un lit moins dur, quelquefois du vin potable, du feu assez pour se chauffer, la liberté de ne pas peser à un sou près le pain, la viande, la chandelle; tout cela elle le portait sur elle avec ce trésor qu'elle avait pris à son neveu, tout cela elle s'en était enivrée par espérance, et c'est à tout cela qu'il lui fallait renoncer !

Elle avait raison de le dire : Lui arracher tout cela, c'était la voler, c'était l'assassiner, car elle n'avait vécu jusqu'à ce moment que soutenue chaque jour par l'espoir d'une vie meilleure, et si, lorsqu'elle se présentait à elle, il lui fallait y renoncer, autant valait mourir.

Quel hasard, quel événement, quelle révolution pouvait lui rendre ce que de Prosny voulait lui arracher par un caprice, par une fausse délicatesse... par un vol ? car du côté de la moralité de son action, mademoiselle de Prosny était parfaitement tranquille. En ce moment, elle ne prenait rien à son neveu. Le père de Sylvestre lui avait fait perdre près de cent mille écus, et à supposer que ces cent mille francs appartinssent à son héritier, elle ne faisait, selon sa conscience, que reprendre son bien. Au milieu de cette passion aveugle qui l'emportait, mademoiselle de Prosny n'eût pas gardé un liard à son neveu, si elle ne se fût pas cru le droit de s'emparer de tout ce qu'il possédait. Elle était aussi sincère dans sa passion que Sylvestre dans son sentiment de dignité ; elle était convaincue de son droit, et avait pris la résolution de le défendre implacablement.

De Prosny ne fit pas toutes ces réflexions, il sentit que sa tête se perdait dans le conflit d'idées et de douleurs qui s'agitait en lui, et il dit à sa tante :

— Demain, nous reprendrons cet entretien : demain, j'aurai décidé ce que je dois et ce que je veux faire : jusque là, je ne vous demande qu'une grâce, c'est de ne pas quitter cette maison sans m'avoir parlé.

La tante se détourna avec dédain de son neveu, une fois encore vaincu dans la lutte qu'il avait engagée avec elle, et Sylvestre retourna dans sa chambre, la tête et le cœur perdus, et avec cette pensée qu'il était enfin arrivé à ce dernier terme du malheur qui n'a d'autre asile que la mort.

Il y a dans les hommes profondément convaincus une assurance qui fait souvent leur force et quelquefois leur faiblesse.

Lorsqu'ils sont persuadés de la justice, de la dignité, de la nécessité de certaines actions, ils établissent en eux-mêmes des raisonnements qui leur paraissent irrésistibles ; ils se les disent, ils se les répètent, ils s'applaudissent si bien qu'ils ne doutent pas un moment de leur éloquence.

Il arrive même que, lorsqu'ils ont rencontré une première résistance, comme venait de le faire Sylvestre, ils imaginent que c'est parce qu'ils n'ont pas fait valoir toutes les bonnes raisons dont ils sont pleins, qu'ils n'ont point réussi.

Ainsi, lorsqu'après quelques réflexions Sylvestre se demanda la conduite qu'il devait tenir, il ne considéra point comme un obstacle sérieux le refus de sa tante de lui rendre l'argent dont elle s'était emparée.

D'ailleurs, et il faut le reconnaître, lorsqu'un homme éprouve par la pensée le besoin impérieux de se mettre en face d'une position où il va jouer sa vie, il a envers lui-même des condescendances inexplicables pour se persuader qu'il atteindra aisément à la position où il veut arriver.

Expliquons cette réflexion par un exemple.

Sylvestre voulait à tout prix rendre à mademoiselle Durand l'argent qu'il savait tenir d'elle. Mais cette restitution, il voulait la faire éclatante et vengeresse.

Blessé dans son orgueil, blessé dans ce sentiment profond et irrésistible qui l'avait entraîné vers Sabine, il espérait bien lui renvoyer l'injure par la fierté, la pitié insultante qu'elle avait eue de lui par le dédain avec lequel il la repoussait. Tout entier à cette idée, Sylvestre oubliait qu'il fallait, pour la mettre à exécution, commencer par vaincre la résistance de sa tante.

— Cette résistance, s'était-il dit, je la briserai.

Comment? Il n'y avait pas pensé.

Mais dans les arrangements qu'il prenait avec lui-même, il la comptait comme vaincue.

Il en était, à ce moment, de Sylvestre comme de certains mécaniciens qui rêvent un résultat immense, qui le prévoient, qui se complaisent à l'admirer par avance et qui, ravis de leur génie, négligent un méchant petit rouage qui ne s'ajuste pas à leur invention, mais dont ils dédaignent de tenir compte.

— Ceci, disent-ils, est l'affaire des manœuvres de la science.

Puis il arrive qu'à l'heure de la réalisation de ces magnifiques projets, tout manque à cause de ce petit obstacle si dédaigné, si facile à vaincre.

Ceci n'est-il pas aussi l'histoire de beaucoup de nos grands hommes politiques qui ont des idées merveilleuses en faveur de l'humanité; des grands hommes qui, si on les laissait faire, disent-ils, rendraient en un coup de baguette les peuples libres et dociles, moraux et énergiques, laborieux, économes, tout ce que vous voudrez?

Mettez-leur en main le mécanisme gouvernemental, et toutes ces sublimes théories humanitaires tombent devant la plus petite mauvaise passion qui se met en travers de leur action.

Mais que nous importent à nous les grands fous d'un monde dont il ne nous convient point de parler? Retournons à notre personnage, à notre maître-clerc, faisant aussi de la théorie passionnée, se posant en héros, s'élevant au sublime de la résignation et du désintéressement, et prévoyant qu'il laisserait au cœur de Sabine un remords, une honte et peut-être un regret.

Si l'on me demandait pourquoi je semble rire de Sylvestre, si désolé, je dirais que si je ne le prenais pas ainsi à l'heure où je le vois seul dans sa chambre nue et glacée, se débattant dans l'affreuse torture qu'il éprouve, il faudrait pleurer et crier avec lui, et que les larmes et les cris d'un amour désespéré ne plaisent pas toujours à ceux à qui on les fait entendre.

Combien êtes-vous, de ceux qui me lisent, qui avez une sincère pitié de ces douleurs, qui ne touchent à la vie qu'à l'endroit du cœur?

Certes, celui dont on raconte la ruine, dont on dit la misère, l'exil, soit de la famille, soit de la patrie, celui qui est frappé par la mort de ceux qu'il aime, celui enfin qu'atteignent ces malheurs qui ont, pour ainsi dire, un corps saisissable, celui-là on le plaint, on aurait honte de ne pas le plaindre. Mais celui qui ne souffre que de sa pensée, celui qui s'est fait une douleur que personne ne lui a apportée, celui qui s'est donné les espérances qu'il perd, celui qui crie à la trahison quand on ne lui a pas fait de serment, celui qui acceptait facilement hier la position qu'il trouve exécrable aujourd'hui sans que rien semble y être changé, celui-là on le trouve insensé, quelquefois ridicule, presque toujours impertinent, et je ne voudrais pas qu'on trouvât tous ces défauts à mon Sylvestre, que j'aime parce qu'il aime, et qu'il aime sans raison, sans droit, sans espérance, comme on aime quand on est jeune, quand le cœur est si bien placé qu'il se sait l'égal de tous les cœurs.

Plaignez donc Sylvestre et ne riez point de lui, parce qu'il se promène toute cette nuit, l'œil en larmes, parlant tout haut, faisant des discours à Sabine, à M. Simon, à sa tante; puis s'arrêtant tout à coup et restant immobile, comme cloué à la place où il s'est arrêté.

Alors viennent les retours sur lui-même, alors il fait aussi le roman de son avenir. Si, au lieu d'être le misérable clerc de M. Simon, il était ce qu'il eût dû être... voyez tous les jours sereins qui se déroulent devant lui, voyez ces douces amours où le bonheur seul a sa place, et cet aveu que lui fait Sabine, et l'ivresse qu'il en ressent!

Quelle charmante union va les suivre, comme elle est

belle sous sa parure de fiancée, comme il est fier lorsque avec lui elle pénètre dans cette église où tant de regards lui envient sa divine conquête !

Puis tout à coup quelque chose d'affreux, quelque chose de glacé et de brûlant traverse ce rêve et l'abat, et le tue, et l'anéantit, et l'affreuse réalité se lève à sa place, comme ces squelettes hideux qui se dépouillent tout à coup de leur visage de cire, de leurs voiles blancs, de leur vie d'emprunt, de leur voix enchanteresse.

Alors l'infortuné qui les aperçoit pousse un cri terrible et tombe en se débattant devant le spectre affreux qui le saisit de sa main froide et insensible.

Ainsi fait Sylvestre ; il quitte tout à coup son immobilité pour crier, pour blasphémer, pour se débattre.

C'est que le squelette vient de se montrer, c'est que la misère, c'est que le dédain de Sabine, et sa pitié plus insultante encore que son dédain, c'est que son amour pour un autre, c'est que M. de Bellestar, viennent tout à coup de se dresser devant ses yeux.

Oh! le malheureux... le malheureux... qu'il doit souffrir !

— Mais pourquoi pense-t-il à tout cela? diront certaines personnes.

Vous qui parlez ainsi, aimez-vous ou bien avez-vous aimé?

— Non.

— Non? en ce cas, je ne vous connais pas.

DEUXIÈME PARTIE

I

Cependant la nuit se passait, et l'heure venait où allait recommencer l'explication entre Sylvestre et mademoiselle de Prosny.

Celle-ci ne dormait pas non plus, elle entendait et les gémissements, et les cris, et les paroles de Sylvestre.

Plusieurs fois elle avait furtivement quitté son lit pour l'examiner, et à travers la porte vitrée qui les séparait, elle avait vu qu'il avait laissé ouverte la porte de sa chambre par laquelle il pouvait surveiller la porte d'entrée de tout l'appartement.

Cette précaution avait averti la vieille tante que Sylvestre avait pris une résolution de ne pas la laisser sortir sans lui avoir arraché ce qu'elle considérait comme sa propriété.

En présence de cette résolution, mademoiselle de Prosny avait réfléchi à son tour.

Elle avait considéré que le paquet avait été vu par le portier, par Radinot, qui l'avait avertie qu'il était dans la loge.

Elle s'était rappelé que la suscription de ce paquet portait :

A M. Sylvestre de Prosny,
— *à lui seul.* —

Et que Sylvestre, décidé à faire la restitution de ce qui lui avait été envoyé, pouvait invoquer ces témoignages contre elle.

Comme elle se sentait capable de tout faire pour garder cet argent, elle supposait son neveu capable de tout tenter pour le lui enlever.

Dans cette occurrence, mademoiselle de Prosny, qui n'avait qu'une idée, qu'un espoir, c'était de s'échapper de la maison de son neveu pour aller se cacher dans quelque quartier ignoré, et sous un faux nom, s'il le fallait, pour jouir en paix de sa nouvelle fortune, mademoiselle de Prosny se décida à un sacrifice, et il serait difficile de dire toute la peine qu'il causa à mademoiselle de Prosny. Elle en calcula la quotité bien longtemps et avec de terribles angoisses.

Le premier mouvement fut de se dire :

— Eh bien! je lui rendrai un tiers de cette somme pour sauver le reste...

Mais lorsqu'il fallut séparer cette portion de la masse des billets de banque qui composaient les cent mille francs, ce fut pour ainsi dire un effort impossible.

Puis arrivèrent ces calculs inouïs que la rapacité entend si bien. Et d'abord il était parfaitement maladroit de diviser cette somme exactement.

Qu'est-ce que trente-trois mille francs? on n'envoie pas trente-trois mille francs, on en envoie trente. C'est ce qui s'appelle une somme ronde.

L'autre somme n'était pas probable. Ce fut là le motif de la première déduction que mademoiselle de Prosny fit à son profit.

En second lieu, elle se dit que, puisque ce qu'elle devait rendre à son neveu ne devait pas lui profiter ; c'était la dernière niaiserie de les restituer à la fille du voleur Durand.

En effet, que voulait mademoiselle de Prosny? Persuader à Sylvestre qu'elle lui avait rendu toute la somme envoyée, et, dès qu'il serait sorti pour en faire tel usage qu'il lui conviendrait, quitter furtivement la maison et ne plus reparaître.

En cette circonstance, on pouvait lui avoir aussi bien envoyé dix mille, cinq mille, trois mille francs que cent mille ; un don, une aumône de cette somme sont déjà des choses fort rares, et Sylvestre devait trouver que c'était beaucoup que trois mille francs dans sa misérable position.

Deux années de ses appointements, c'était presque une fortune !

Oui, il y eut un moment où mademoiselle de Prosny détacha trois mille francs du paquet énorme qu'elle avait enfoui dans ses vastes poches, pour les remettre à de Prosny.

Puis, quand elle eut fait ce sacrifice, elle pensa que de Prosny ne pourrait pas croire à une si misérable restitution, et elle ajouta un nouveau billet, puis deux.

C'eût été une chose curieuse que de la voir, dans la nuit, assise sur son lit, passant et repassant chacune de ces légères feuilles de papier entre ses doigts, pour s'assurer qu'elle n'en mettait pas deux au lieu d'une.

Longtemps elle s'arrêta à la somme de cinq mille francs comme suffisante, comme probable ; mais, à mesure que le moment d'accomplir le sacrifice approchait, elle tremblait que Sylvestre ne crût pas à ce qu'elle allait lui dire. Certes, ce ne pouvait être pour une si petite somme qu'elle avait fait la résistance qui l'avait exaspéré.

Alors et dans ces moments où il lui semblait que tout allait lui échapper, elle reprenait tout à coup trois paquets de dix mille francs, remettait tout le reste dans sa poche, et s'évertuait à se persuader qu'elle ne pouvait pas faire autrement.

Mais l'instant qui suivait cette résolution ramenait la lutte entre la crainte de ne pas assez rendre et le désespoir de rendre quoi que ce soit.

Alors elle commençait de nouvelles combinaisons : elle remplaçait le paquet de dix mille par le premier petit paquet de cinq mille, et cela ne faisait plus que vingt-cinq mille francs. Puis elle supprimait encore un paquet, et réduisait sa restitution à quinze mille.

Chacune de ces décisions était prise après de longues réflexions, exécutée par mouvements rapides et nerveux. Chacune de ces décisions était irrévocable, et elle se disait :

— Voilà qui est bien ; c'est fini, n'y pensons plus !

Et elle remettait la tête sur son oreiller pour tâcher de rêver à autre chose ; mais la pensée qui la tenait ainsi au cœur continuait de la ronger, et toute cette nuit se passa pour elle dans des convulsions douloureuses, ajoutant, retranchant, calculant, toujours mécontente, toujours tremblante ; mais sans qu'un seul moment la dignité, l'honneur, le bonheur de Sylvestre entrassent pour rien dans ses inquiétudes.

Restituer assez pour pouvoir garder le reste, et surtout ne pas restituer trop, voilà ce qui occupa la longue nuit de mademoiselle de Prosny.

Il ne faut pas oublier ce que nous avons déjà dit : c'est qu'il ne s'était pas élevé un doute dans l'esprit de mademoiselle de Prosny sur le droit qu'elle avait de s'emparer de cet argent.

En ces sortes de choses, les femmes, les jeunes comme les vieilles, ont des idées tranchées qu'il ne faut pas considérer comme manquant de probité naturelle, mais qui sont tout à fait condamnées par la loi sociale qu'elles ignorent le plus souvent, ou dont leur nature irréfléchie ne veut pas tenir compte.

Ainsi la plus honnête femme vous dira :

— Monsieur m'a volé, je trouve une somme qui lui appartient, je la garde, c'est justice.

Elle vous dira cela sans avoir un moment la pensée qu'elle ne fait pas un acte juste, loyal, irréprochable.

Si je dis tout cela, ce n'est pas que je veuille excuser l'action de mademoiselle de Prosny, je veux seulement expliquer comment il se faisait qu'une femme qui, malgré les vices de caractère que la nature lui avait donnés et que la misère avait sans doute accrus, n'avait jamais abandonné les principes de la plus exacte probité; je veux, dis-je, expliquer comment il se faisait que cette femme pût être poussée à commettre une action qui pouvait presque passer pour un vol.

Enfin le jour arriva, et ce fut le bruit que fit Sylvestre en approchant de la chambre de sa tante qui arrêta le chiffre de la somme qui allait lui être restituée.

Son entrée fixa pour ainsi dire cette fluctuation incessante, comme un froid excessif qui saisirait tout à coup une onde sans cesse agitée et la tiendrait immobile dans la forme qu'elle eût perdue une seconde plus tard.

Lorsque Sylvestre entra dans sa chambre, mademoiselle de Prosny le laissa s'approcher et resta couchée dans son lit, sans se tourner vers lui.

— Ma tante, lui dit Sylvestre d'une voix douce et pleine d'émotion, avez-vous bien réfléchi à ce que je vous ai demandé, avez-vous bien pensé qu'il était indigne de vous plus encore que de moi d'accepter les bienfaits de la fille d'un homme qui nous a dépouillés? Quelle que soit la somme qui nous a été remise, elle ne peut, elle ne doit point égaler ce que nous aurions le droit de réclamer justement.

Donc, si nous l'acceptions, ce serait nous tenir pour satisfaits, ce serait nous considérer comme suffisamment indemnisés, ce serait abdiquer le droit que nous avons de dire que l'insolente fortune de mademoiselle Durand est le fruit de notre spoliation. Vous avez réfléchi à tout cela, n'est-ce pas, ma tante ? La seule richesse qui nous reste, c'est notre dignité dans notre misère. Songez-y ; mademoiselle Durand serait trop heureuse de nous arracher ce dernier avantage qui fait que c'est à elle de rougir devant nous. N'est-ce pas, ma tante, que vous ne voudriez pas nous faire subir l'humiliation d'avoir à rougir devant elle ? Croyez-moi, je ne vous en veux pas de ce que vous avez fait hier. Dans la pauvreté où nous sommes plongés, je comprends que l'espoir d'un meilleur avenir vous eût fait oublier toutes les raisons qui nous forcent à refuser cette insolente aumône. Mais maintenant que vous avez réfléchi, maintenant que, plus calme, vous avez pu considérer ce que nous perdrions d'honneur pour quelques misérables billets de mille francs, vous ne refuserez plus de satisfaire à ma demande ; vous me rendrez cet argent, et je le rendrai à celle qui vous a fait, ainsi qu'à moi, cette suprême insulte.

Mademoiselle de Prosny semblait ne pas avoir entendu ce que lui disait son neveu. Seulement elle tira lentement un bras de son lit, et tendant un paquet de billets de banque à Sylvestre, elle lui dit :

— Faites ce que vous voulez ; c'est à vous que l'on a fait l'injure, allez le rendre comme vous l'entendez ; allez, monsieur, allez, et laissez-moi sur ce lit d'où je sens que je ne me relèverai plus.

— Oh ! ma tante, s'écria Sylvestre en prenant les billets, merci, mille fois merci ; et maintenant, demandez-moi ce que vous voudrez. Pour vous payer le sacrifice que vous venez de me faire, je travaillerai la nuit, je travaillerai le jour, je remplacerai par toutes les privations qu'il vous plaira de m'imposer la privation que vous vous imposez vous-même.

Il prit la main décharnée de sa tante, et la baisa avec reconnaissance.

Mademoiselle de Prosny fut un moment émue, un véritable remords se glissa dans son cœur, et elle repoussa doucement Sylvestre en lui disant :

— Assez, assez; allez rendre cet argent à qui vous l'a donné. N'ajoutez pas un mot de plus : vous devez comprendre combien, après ce qui s'est passé entre nous, une plus longue explication me serait pénible. Partez, Sylvestre, partez, puisque c'est votre dessein de rendre cet argent; plus tôt vous le ferez, mieux cela vaudra.

— Oh! ma tante, dit Sylvestre, ce n'est pas comme vous vous l'imaginez que je lui rendrai cet argent : ce ne sera pas à elle seule, de façon à ce qu'elle n'ait à rougir devant personne de ce que j'ai à lui dire, de façon à ce qu'elle puisse nier que c'est elle qui l'ait envoyé. Non, non, ce sera une œuvre de justice et de vengeance que j'accomplirai à la fois. Soyez-en sûre, ma tante, elle aura aussi sa part des douleurs qu'elle nous fait éprouver.

Mademoiselle de Prosny ne répondait plus, Sylvestre s'approcha d'elle et lui prit encore la main.

— Et maintenant, lui dit-il, pardonnez-moi... pardonnez-moi la violence que j'ai montrée hier. C'est le transport de la haine que j'éprouve pour cette...

Il ne prononça pas le mot, car sa bouche se refusa à dire ce qui mentait complétement à sa pensée, malgré la comédie qu'il jouait, et il acheva en disant :

— Pour cette... mademoiselle Durand.

Ce ne fut qu'à ce moment que mademoiselle de Prosny tourna les yeux vers son neveu. Il y avait dans ce regard un ricanement méprisant.

La vieille fille ne se trompa point sur la prétendue haine

que Sylvestre disait ressentir pour Sabine. A la haine véritable qu'elle-même éprouvait pour cette jeune fille, elle avait reconnu son amour dans sa colère.

Cette pensée fut sur le point de rompre le calme apparent qu'elle s'était imposé; mille injures pour Sabine et pour son neveu bouillonnèrent en elle et montèrent pour ainsi dire de son cœur à ses lèvres; mais elle se contint encore et parvint à dire d'une voix assez calme :

— Vous avez ce que vous vouliez, je ne vous demande plus maintenant que le repos. Emportez cet argent, il me fait mal à voir.

Pour la première fois, Sylvestre regarda le paquet qui lui avait été remis; d'un coup d'œil il apprécia la somme : il devait y avoir et il y avait en effet vingt mille francs.

Mademoiselle de Prosny l'examinait d'un œil assez ardent et assez inquiet pour que Sylvestre eût deviné qu'il était trompé, s'il avait pu surprendre ce regard fixé sur lui; mais lorsqu'il releva les yeux sur sa tante, elle était rentrée dans son apparente immobilité, et, en présence du sacrifice qu'elle venait d'accomplir, il eut honte d'exprimer le doute qui s'élevait en lui, et cette parole qu'il allait lui adresser

— Est-ce là tout?

Cette parole expira sur ses lèvres, et il quitta la chambre en disant à mademoiselle de Prosny :

— Je vous remercie, ma tante; car maintenant que c'est fait, je peux vous le dire : si je n'avais pas pu rendre cette somme aujourd'hui même, je vous le jure, je me serais fait sauter la cervelle !

Puis il rentra dans sa chambre, triste de la tristesse qui était le fond de sa vie, mais satisfait de la victoire qu'il venait de remporter.

Quant à mademoiselle de Prosny, elle eut bien quelque émotion des dernières paroles de son neveu; mais la joie qu'elle éprouvait du succès de sa ruse lui eut bientôt fait oublier le petit incident fâcheux qui pouvait troubler sa bonne fortune, et elle attendit avec une nouvelle anxiété le moment où Sylvestre quitterait la maison, pour pouvoir s'en échapper après lui.

II

1ᵉʳ janvier 1844.

Hier, c'était dimanche.

Sans cela Sylvestre eût sans doute quitté sa maison de bonne heure pour se rendre à son étude, et Dieu sait si, le cœur rempli comme il l'avait, de ressentiment contre Sabine, de désespoir sur lui-même, Dieu sait, dis-je, si, s'étant trouvé en présence de M. Simon, ce ressentiment et ce désespoir n'eussent pas éclaté avant l'heure qu'il avait fixée.

Au grand étonnement de mademoiselle de Prosny, son neveu passa toute la journée chez lui, sans paraître pressé de faire cette restitution qui, avait-il dit, était si nécessaire à son honneur et à sa vie. Mademoiselle de Prosny était demeurée dans son lit, toujours muette, comme si elle avait craint qu'une parole ne trahît le secret de sa supercherie; mais plus patiente qu'elle ne l'avait jamais été, parce qu'elle avait pris une résolution inébranlable, elle ne hâta en aucune façon la sortie de Sylvestre, qu'elle attendait avec une cruelle anxiété.

Cependant, l'heure du dîner étant arrivée, et mademoiselle de Prosny ayant manqué aux soins accoutumés du ménage, elle engagea Sylvestre à aller se pourvoir ailleurs, en lui disant d'une voix doucereuse :

— C'est bien assez que je sois malade, que deviendrions-nous, mon Dieu, si tu l'étais aussi?

— Je me passerai fort bien de dîner, lui avait dit son neveu.

— C'est ce que je ne veux pas, reprit mademoiselle de Prosny.

Et faisant un effort qui semblait au-dessus de ses forces, elle ajouta lentement :

— Je vais me lever, je vais sortir pour t'apporter ce qu'il te faut.

Sylvestre l'obligea à demeurer dans son lit, et comme elle insistait vivement, sous prétexte de sa santé, il se décida à quitter sa maison vers cinq heures du soir, autant pour satisfaire à l'intérêt apparent de sa santé que pour s'arracher lui-même à la torpeur douloureuse où il était tombé.

C'est que cette journée avait été pour lui un bien horrible supplice ; c'est que son âme s'était fatiguée à souffrir toutes les douleurs qu'enfantaient pour lui sa misère d'une part et son amour perdu de l'autre.

Mais il est inutile de raconter tous ces tourments d'un cœur désespéré ; il faudrait des volumes entiers pour faire comprendre au lecteur cet incessant mouvement du malheur sur lui-même, cette tempête toujours pareille et toujours diverse, où, comme les flots enfermés dans un lac étroit, les mêmes passions s'agitent sans cesse sans retrouver jamais la même forme.

Laissons Sylvestre en proie à sa douleur, méditant les résolutions qu'il avait prises, et entrons dans le salon de M. Simon.

Il est neuf heures à la pendule ; il n'y a que quatre personnes dans ce salon : M. Simon, sa femme, Sabine et M. de Bellestar. C'est une cruelle comédie que celle qu'il faut souvent jouer en face du monde, mais c'est une comédie bien plus cruelle encore, celle qu'il faut jouer dans l'intimité. Ainsi donc les voilà en présence les uns des autres. D'abord M. Simon, qui avait désiré pour sa pupille un mariage qui lui donnât un grand nom, une grande position, une grande fortune ; un mariage qui le dégageât, lui, de la protection qu'il devait à Sabine et qu'il sentait impuissante pour la défendre contre les récriminations qui la poursuivraient.

Ce mariage, il l'avait obtenu ; et cependant, malgré tous ses efforts, notre avoué était triste, préoccupé ; de temps en temps son regard cherchait le regard de sa pupille, il semblait vouloir épier dans ses yeux une trace de ce mécontentement, de cette tristesse qui remplissait son propre cœur ; c'est que M. Simon sentait qu'il avait satisfait, pour mademoiselle Durand, à tout ce qui est raisonnable, prudent et convenable selon le monde, mais qu'il avait oublié ce qui est bien fait selon le cœur.

Dans les jours où il se laissait aller à plaisanter avec les termes de sa profession, si on lui eût demandé ce qu'il pensait de l'union de Sabine et de M. le marquis de Bellestar, il eût répondu :

— Tout cela est fort beau, mais le bonheur ne signera pas au contrat.

D'un autre côté, c'est madame Simon, une âme charmante, un cœur intelligent, qui comprend que le malheur est autour d'elle sans se sentir la force de le combattre.

Elle avait exigé de son mari la terrible épreuve où Sylvestre avait failli succomber, car elle avait deviné l'amour de Sylvestre et l'amour de Sabine.

Elle avait espéré que de cette épreuve s'échapperait un cri, une parole qui dirait à M. Simon qu'il tuait ce jeune homme si noble et qu'il aimait tant ; elle avait espéré que ce cri irait jusqu'à sa pupille, et y ferait parler la voix à laquelle elle imposait silence ; elle espérait enfin que, cette double barrière une fois rompue, tous les obstacles seraient bientôt brisés par ces deux amours libres alors d'aller l'un vers l'autre.

L'épreuve avait eu lieu, le désespoir s'était montré, mais il n'avait pas dit le mot attendu ; il n'y avait eu qu'un homme qui s'était tordu dans la douleur, sans dire où il avait souffert.

Madame Simon n'avait réussi à rien qu'à faire du mal à un cœur qu'elle eût voulut consoler et guérir. Elle aussi était triste et préoccupée, elle aussi sentait les larmes lui venir aux yeux à chaque instant ; alors elle se reprochait sa faiblesse et son manque de courage.

Malgré toute la tendresse que madame Simon avait pour sa pupille, elle comprenait la pauvreté de son affection pour Sabine.

Un amour qui n'avait jamais pu parler en elle parce qu'il avait été sans objet, un amour qu'elle avait souvent pleuré de ne pas pouvoir ressentir, l'amour maternel tressaillait, pour ainsi dire, comme un remords jusqu'au fond de ses entrailles, et il y avait des moments où elle se disait à elle-même :

— Mais si c'était ma fille, je ne la laisserais pas ainsi marcher à son malheur.

Elle se disait cela, elle s'accusait de ne pas faire pour sa pupille ce qu'elle eût fait pour sa fille ; mais les forces vives de ce saint amour, de cette sublime passion de la femme, manquaient à celle qui n'était pas mère.

Elle voyait Sabine souffrir, et elle souffrait de sa douleur ; mais il y avait un monde, du regret que madame Simon éprouvait, au désespoir et à la colère d'une mère qui voit souffrir son enfant ; madame Simon était malheureuse, mais elle se taisait.

Et Sabine, âme forte et résolue, elle, avait accompli tout le sacrifice, elle avait accepté la main de M. de Bellestar ; et, deux jours après ce consentement donné, elle savait, sans en pouvoir douter et après s'être sincèrement interrogée, qu'elle avait accepté la mort de sa vie.

Oui, c'était bien ce qu'on peut appeler la mort de la vie ; car c'était un avenir où rien ne devait vivre de ce qui fait les joies célestes du cœur.

En effet, ôtez l'amour à ce cœur, et dites-moi ce qui lui restera quand la femme est orpheline, quand la mémoire de sa famille est une honte, et quand elle se croit le droit de penser qu'elle est délaissée par ceux qui devaient lui remplacer cette famille.

Dès ce moment, Sabine commençait pour ainsi dire la vie à laquelle elle s'était condamnée. Elle se posait dans l'orgueil de cette noble alliance, elle écoutait avec une sorte d'avidité curieuse le dénombrement de cette immense fortune qui allait être la sienne, elle se mettait déjà dans le rôle de la femme qui devait être la plus éclatante, la plus célèbre, la plus enviée de Paris ; et quelque chose ajoutait tout bas : et la plus malheureuse.

Quant à la pensée de Sylvestre, elle l'avait honteusement chassée de son cœur.

Comme le père désolé qui met hors de sa maison l'enfant qui a manqué à ses devoirs, et qui défend à tous ceux qui l'entourent de prononcer le nom du maudit, Sabine s'était dit à elle-même qu'elle ne voulait plus penser à Sylvestre.

Mais le père qui impose silence aux siens dit que c'est pour ne pas s'irriter davantage qu'il refuse d'entendre dans leur bouche le nom de son fils proscrit. Il ment et ne trompe personne : c'est pour ne pas pleurer devant ceux qui prononceraient ce nom.

Ainsi Sabine se disait dans sa fierté qu'elle ne voulait plus penser à cet homme qui avait trompé ses rêves, parce qu'il était indigne qu'elle pensât à lui ; elle mentait aussi, elle ne voulait plus penser à Sylvestre pour ne pas sentir qu'elle l'aimait.

Les voilà donc tous trois, gens de bien et gens de cœur, l'honnête homme intelligent et bon, la femme charmante, douce et affectueuse, la jeune fille noble, forte et résignée, les voilà tous les trois, mécontents chacun de soi et des autres, séparés par une douleur sincère et que nul n'a le courage de dire tout haut, pleins de regrets et presque de remords, les voilà tous les trois tristes et malheureux.

Et voici enfin M. de Bellestar, tout gonflé de sa joie, de son triomphe, de sa grosse fortune, de son gros amour, de son énorme fatuité, de sa colossale impertinence. Il est à l'aise, il trône, il parle, il fait de l'avenir à sa guise, de l'avenir qui tombe sur le pauvre cœur de Sabine comme un coup de poing.

Il plane sur ces trois êtres dont chacun vaut mieux que lui dans la plus petite parcelle de son esprit et de son âme; il les domine, il leur commande, il est leur maître, il dispose d'eux, il leur fait faire ce qu'ils ont honte et douleur de faire.

Oh! c'est une exécrable puissance que celle de la sottise qui marche à son but. Elle va devant elle, écrasant tout ce qui se trouve sur son passage, insensible à toute douleur délicate, cuirassée qu'elle est de vanité et de ravissement de soi-même

S'il fallait peindre par une comparaison l'allure de M. de Bellestar dans cette occasion, il faudrait nous rappeler ces récits des voyageurs qui nous montrent ces lourds et grossiers éléphants qu'un appétit quelconque appelle dans le sombre réduit d'une jungle mystérieuse.

L'énorme bête ne s'inquiète pas s'il y a un chemin tracé pour arriver au but où elle doit aller; si elle peut y arriver par des détours prudemment et lentement suivis; elle va devant elle, brisant indifféremment les arbrisseaux avec leurs fruits mûrs, les belles fleurs à peine échappées de leur bouton, renversant quelquefois les arbres qui semblent pouvoir lui résister.

Oui, c'est ainsi que passait M. de Bellestar à travers ces sentiments exquis et délicats qui étaient autour de lui; heurtant, brisant, foulant aux pieds et l'honnêteté fière et calme de M. Simon, qui avait si bien compris comment on fait le bonheur d'une femme, et les doux souvenirs de cette femme qui avait si bien compris la reconnaissance qu'on doit à un pareil homme, et les espérances à peine nées de cette jeune fille qui avait cru entrevoir le ciel où était son bonheur.

Certes, si l'on eût dit à ce marquis le mal qu'il faisait à ceux qui l'écoutaient parler, on l'eût fort étonné. Ne promettait-il pas à celle qu'il aimait tout ce qu'il considérait comme la suprême félicité de ce monde ?

A vrai dire, ces gens-là ne sont pas méchants, ils sont aveugles ; mais, pour ma part, je ne sais si je ne préférerais pas la cruauté qui calcule ses coups, à la brutalité qui frappe devant elle, l'oreille et les yeux fermés.

Cependant M. de Bellestar avait épuisé les fleurs de sa rhétorique dorée ; il avait ce qu'on appelle vidé son sac, ou plutôt vidé le sac de ses écus ; car un commissaire-priseur eût pu côter à une somme exacte le bonheur qu'il prédisait à Sabine, en évaluant les voitures, les diamants, les châles, les dentelles, les meubles, les maisons de campagne, les dîners, les fêtes, les bals qui devaient parer cette existence princière.

Un silence glacé et gênant régnait dans le salon. En effet, M. de Bellestar ayant cessé de parler, il se trouva que personne n'avait rien à lui répondre.

M. Simon regrettait d'avoir fait fermer sa porte à tout le monde, pour ménager à M. de Bellestar et à Sabine un entretien où ils pourraient se mieux comprendre, se mieux connaître et se mieux apprécier. M. Simon s'était singulièrement trompé.

Dans un monde plus nombreux, les défauts du marquis s'effaçaient quelque peu. Ainsi, le bruit d'une voix désagréable disparait sous le murmure de cent voix qui parlent autour d'elle. Jamais Sabine n'avait aussi complétement compris qu'elle venait de le faire le vide et l'inanité du cœur et de la tête de cet homme.

Chacun était embarrassé, et aucun ne se sentait la force et le courage de sortir de cet embarras. M. Simon tisonnait, madame Simon cachait son impatience en se penchant sur son métier à tapisserie, et Sabine feuilletait d'un doigt distrait un album qu'elle regardait, mais qu'elle ne voyait pas. M. de Bellestar seul, le dos appuyé à la cheminée, se chauffant les mollets, et redressant le contour empesé de sa cravate, avait l'air ravi de lui-même, lorsqu'un domestique, entrant timidement, annonça à M. Simon qu'il y avait quelqu'un qui insistait pour être admis.

— Quel est cet importun ? dit M. de Bellestar, en s'emparant toujours avec la même sottise du droit du maître de la maison.

Le domestique n'avait pas vainement été averti qu'il ne devait laisser entrer personne à l'exception du marquis, et il avait parfaitement deviné le sens de cette faveur spéciale. Aussi s'empressa-t-il de répondre à celui à qui il supposait le droit de parler dans la maison de son maître (le valet et grand seigneur étaient faits de la même pâte); aussi répondit-il :

— C'est M. Sylvestre de Prosny.

Ce nom agita pour ainsi dire d'un mouvement convulsif ceux qui l'entendirent prononcer.

M. Simon releva la tête en regardant son domestique d'un air stupéfait, comme s'il était venu lui annoncer un malheur.

Madame Simon laissa tomber son aiguille, et fixa les yeux sur Sabine, comme prête à se lever et à lui prêter secours.

Quant à celle-ci, elle tressaillit sur sa chaise, et si elle n'eût été retenue par cette force de l'éducation qui domine les sentiments les plus violents, elle eût quitté le salon, elle se fût enfuie comme à l'aspect de quelque redoutable ennemi.

Au milieu de ce trouble général, M. de Bellestar seul garda sa présence d'esprit, et avec la même impertinence qu'il avait mise dans la question, il fit au domestique la réponse suivante :

— Eh bien! dites à ce monsieur qu'il repasse une autre fois; que M. Simon ne peut pas le recevoir.

Mais ce petit incident avait pour ainsi dire détruit le charme sous lequel était notre avoué. Depuis une heure, il éprouvait un invincible besoin de se débarrasser du pouvoir assommant que M. de Bellestar exerçait sur ses sentiments et sa volonté.

L'arrivée de Sylvestre, sans qu'il en sût le motif, sans qu'il en pût prévoir le résultat, pouvait amener un changement quelconque à la situation où ils étaient tous placés, et ne dût-elle que rompre l'embarras du moment, M. Simon l'accueillit avec joie, et il dit rapidement au domestique :

— Non! non! faites entrer M. de Prosny.

Puis, se tournant vers le marquis, il ajouta, comme pour excuser l'ordre qu'il venait de donner :

— Il s'agit peut-être d'affaires très-importantes.

— Oui, oui, dit madame Simon d'une voix empressée et émue, faites entrer M. de Prosny.

L'accent de cette voix était plein de mille espérances confuses, c'est comme si elle eût dit :

— Voici quelqu'un qui va nous sauver, voici quelqu'un qui va nous tirer de la mauvaise action que nous allions faire.

Quant à Sabine, elle était demeurée immobile, pâle, troublée, la respiration haletante, le cœur serré et la tête perdue.

M. de Bellestar s'en aperçut, et avec cette infatigable persévérance de la sottise qui ne manque jamais une occasion d'être sotte, il lui dit d'un air supérieurement protecteur.

— Pourquoi vous troubler ainsi? ce monsieur vient sans

doute faire part à M. Simon de sa bonne fortune ; vous avez bien le droit de vous amuser de toutes les suppositions qu'il va faire et de toutes les sottises qu'il va dire.

A ce moment, on annonça Sylvestre ; il entra pâle, défait, l'œil sombre et éteint ; il avait l'air d'un spectre.

III

L'annonce de la venue de Sylvestre avait vivement frappé M. Simon, sa femme et Sabine ; mais elle les avait frappés chacun d'un sentiment différent ; son apparition les glaça tous du meme effroi.

M. de Bellestar lui-même resta stupéfait à l'aspect de Prosny, dont la pâleur était effrayante, dont l'œil fixe et atone semblait ne plus voir, dont la lèvre frémissait d'un tremblement convulsif.

Il serait difficile de comprendre qu'un homme du caractère de Sylvestre n'eût pas trouvé en lui plus de force pour accomplir une résolution longtemps méditée et arrêtée irrévocablement, si nous ne disions ce qui avait donné à de Prosny cette émotion inouïe peinte sur tous ses traits.

Lorsque Sylvestre était venu chez M. Simon, le rôle qu'il devait y jouer était tracé d'avance par lui ; ce qu'il devait y dire était formellement arrêté dans son esprit.

Comme cela était arrivé les années précédentes, il avait compté trouver beaucoup de monde dans le salon de M. Simon.

En conséquence de cette supposition, il avait arrangé un récit tout à fait moqueur et dédaigneux, tout plein de ces épigrammes préparées de longue main, et qui ne trouvent jamais leur place à l'heure où il faudrait les dire ; il avait enfin fait sa scène d'avance.

Lorsqu'il arriva et qu'il voulut entrer chez M. Simon, comme il en avait l'habitude, le domestique qui veillait à l'antichambre l'arrêta en lui disant que M. Simon ne pouvait le recevoir.

Dans la fâcheuse disposition d'esprit où se trouvait Sylvestre, ce premier obstacle l'irrita d'abord, parce qu'il empêchait l'exécution de son projet, et après ce premier mouvement, il s'en irrita encore plus, parce qu'il imagina que l'interdiction que lui opposait le domestique était toute personnelle.

— Êtes-vous bien sûr, lui dit-il, la colère dans la voix et dans le cœur, êtes-vous bien sûr que M. Simon vous ait dit de ne pas me laisser entrer, moi ?

— Il ne m'a pas plus parlé de vous que d'un autre. M. Simon n'y est pour personne, et il n'y a d'excepté que M. de Bellestar.

Pourquoi le domestique avait-il ajouté ces derniers mots? Probablement il n'en savait pas toute la portée; mais, à tout prendre, c'était une petite impertinence pour le maître-clerc de son maître.

En tous cas, c'était une indiscrétion contre M. Simon, et, en fin de compte, si ça ne faisait pas de mal, ça ne pouvait pas faire de bien.

— Ainsi donc, reprit Sylvestre, M. de Bellestar est ici?

— Oui, monsieur.

— Seul avec M. Simon? dit Sylvestre.

— Avec monsieur, madame et mademoiselle.

Le transport de rage qui s'empara de de Prosny à cette réponse fut si violent, qu'il pâlit et chancela.

— Monsieur se trouve mal? lui dit le domestique avec cet empressement railleur qui se réjouit de la souffrance qu'on a l'air de plaindre.

Sylvestre s'était appuyé sur une table ; il n'entendit pas le domestique, et demeura un instant plongé dans ses réflexions.

A ce moment il voyait tout son plan renversé, toutes ses prévisions détruites, toutes ses combinaisons avortées. Mais presque en même temps le besoin d'en finir à quelque prix que ce fût domina sur ce cruel désappointement, et il dit au domestique avec un accent qui surprit étrangement celui-ci :

— Allez dire à M. Simon que c'est moi ; qu'il faut que je le voie... qu'il le faut... qu'il le faut absolument.

Le domestique sortit, et Sylvestre se dit à lui-même, en attendant la réponse de son patron :

— Oui, oui, je veux en finir ; ils sont seuls, tant mieux ; cet homme qu'elle aime est là, tant mieux ; si dans ce que j'ai à dire, il m'échappe un mot qui la blesse, tant mieux ! Oh! tant mieux, si cet homme veut s'emparer de ces paroles pour prendre la défense de Sabine ; tant mieux s'il s'adresse à moi, tant mieux si son insolence m'insulte et me provoque : oh! ce sera affaire à nous deux alors, et je leur montrerai à tous ce que je suis et ce qu'il vaut.

Voilà où en était Sylvestre lorsque le domestique vint lui dire qu'il pouvait entrer ; voilà pourquoi, après une journée tout entière de réflexions qui eussent dû le faire arriver calme dans le salon de M. Simon, il entra pâle, défait, irrité, et sans avoir, pour ainsi dire, la conscience de ce qu'il y venait faire.

Dans l'ordinaire de la vie avec Sylvestre, le patron accueillait son maître-clerc avec la familiarité d'un ami et d'un supérieur, il lui tendait la main du fauteuil où il était assis, tandis que madame Simon et Sabine restaient à leur place, en attendant le salut du maître-clerc.

Ce jour-là, et comme si cet homme eût eu en lui un pouvoir effrayant et respectable à la fois, M. Simon se leva de son siège ; madame Simon et Sabine se levèrent de même, et tous trois se tournèrent vers lui, comme s'ils avaient vu entrer quelqu'un qui portât dans sa main leur destinée à tous trois.

Sylvestre les salua profondément et silencieusement; les deux femmes lui rendirent ce salut cérémonieux et reprirent leur place, tandis que M. Simon disait à Sylvestre, en l'examinant avec inquiétude :

— Qu'est-il donc arrivé, monsieur de Prosny? et pourquoi avez-vous si vivement insisté pour me voir?

— Je vais vous le dire, repartit Sylvestre d'une voix entrecoupée ; mais permettez que je reprenne mes idées.... Je ne croyais pas... je ne m'attendais pas à vous trouver avec...

— Voulez-vous que nous passions dans mon cabinet? dit vivement M. Simon, en interrompant Sylvestre, dont le trouble l'effrayait.

— Non, non, reprit rapidement celui-ci ; non, monsieur, il est bon, il est nécessaire que tout le monde entende ce que j'ai à dire ; il le faut pour mon honneur, pour ma dignité, pour...

Le mot expira sur ses lèvres... « Pour ma vengeance, » voulait-il dire : il n'en eut pas le courage.

Il n'avait pas encore regardé Sabine, il ne l'avait pas encore vue pâle et défaite à son tour, l'œil tendu sur lui, tremblante, et curieuse de ce qu'elle allait entendre ; mais il la savait là, et malgré toute la colère qu'il avait amassée contre elle, la pensée de faire rougir ce beau front sous une menace, de faire pleurer ces beaux yeux par une injure, cette pensée l'avait arrêté.

Comme l'homme qui se rue avec fureur contre un ennemi qu'il ne voit pas, et qui trouve tout à coup sous ses pas un enfant blond et rose, pleurant et effrayé, et qui sent toute sa colère se fondre à l'aspect de tant de faiblesse, de même de Prosny perdit toute son irritation, et au moment d'accomplir cette vengeance qu'il avait tant méditée, il ne trouva plus que sa douleur au fond de son cœur.

Il passa la main sur son front pour pouvoir essuyer furtivement les larmes qui lui venaient aux yeux, et il ajouta d'une voix presque éteinte :

— Oui, monsieur, il vaut mieux que je parle devant toutes les personnes qui sont ici.

M. Simon avait suivi avec une inquiétude sérieuse les divers mouvements de la physionomie de Sylvestre qui peignait si bien les diverses émotions de son cœur.

— Expliquez-vous donc, mon ami, lui dit-il doucement en approchant un siége, expliquez-vous.

De Prosny tomba assis comme si la force lui manquait tout à fait, et M. de Bellestar jeta autour de lui un regard interrogateur, comme s'il eût voulu dire :

— Que diable est-ce que c'est que cette comédie-là ?

Le marquis était resté le dos appuyé à la cheminée, M. Simon était à l'un des coins, Sabine au milieu du salon, près de la table où étaient posés les albums, madame Simon à l'angle opposé de la cheminée, en face de son mari et derrière son métier à tapisserie. Sylvestre était à peu près au milieu, de façon que Sabine était tout à fait en arrière du siége où il était assis, et qu'il ne pouvait la voir qu'en se tournant vers elle.

Il y eut un moment de silence que M. Simon rompit le premier en disant :

— Eh bien ! Sylvestre, à quoi devons-nous votre bonne visite de ce soir ?

De Prosny releva la tête et vit M. de Bellestar.

L'aspect de cet homme, qui avait le don de l'irriter toutes les fois qu'il le rencontrait ou qu'il pensait à lui, sembla au contraire le calmer.

Sylvestre retrouva sa dignité, sa hauteur, sa supériorité réelle : on eût dit qu'il voulait montrer tout ce qui manquait à ce belâtre, aux yeux de celle qui le préférait.

— Monsieur, dit Sylvestre en s'adressant à M. Simon, voilà sept ans que j'ai l'honneur de travailler dans votre étude, j'ai fait tous mes efforts pour mériter votre confiance et pour vous montrer que je n'étais pas indigne des bontés que vous aviez pour moi.

— J'ai pour vous la confiance que tout honnête homme doit à un honnête homme, et ce que vous appelez mes bontés n'a été que justice, justice exacte et peut-être parcimonieuse.

Sylvestre s'inclina, et reprit avec un calme extraordinaire :

— Je vous remercie, monsieur, d'avoir prononcé ce mot, il me met sur la voie d'une explication qu'il m'eût peut-être été difficile d'aborder. En faisant pour moi ce que tous vos confrères font vis-à-vis de ceux qui sont à ma place, vous avez fait tout ce que vous deviez et tout ce que vous pouviez. Me payer plus cher que ne le font vos collègues pour les miens, c'eût été vous attirer des reproches, je le sais et je le dis, monsieur Simon, parce que je ne veux pas que vous pensiez que j'accepte le mot de justice parcimonieuse dans le sens que vous avez voulu lui donner. Je m'en empare, non pas pour vous dire que vous avez été avare envers moi, mais pour qu'il soit bien constaté que j'avais une existence pauvre et restreinte. Encore une fois, monsieur, ce n'est pas votre faute; c'est la faute de la carrière que j'ai choisie; elle a ses traditions, ses habitudes; je les savais, je les ai acceptées, je n'en espérais point d'autres. J'étais pauvre, voilà tout ce que je voulais dire.

— Et vous avez vécu honorablement dans votre pauvreté, répliqua M. Simon.

— J'étais venu invoquer ce témoignage de vous, reprit Sylvestre, et je l'accepte avec d'autant plus de reconnaissance que vous me l'avez donné avant que je l'aie demandé. Mais il ne me suffit peut-être pas pour ce que j'ai à vous dire, après ce qui m'est arrivé (et ici la voix de Sylvestre s'altéra sensiblement); après ce qui m'est arrivé, reprit-il, ce n'est pas assez que j'aie vécu honorablement du peu que j'avais, il faut que vous puissiez dire, monsieur, que j'en ai vécu satisfait.

Sylvestre prononça ce dernier mot avec une certaine hauteur, et en élevant ensemble la voix, la tête et le regard. L'attention de ceux qui l'écoutaient était tendue au dernier point.

Ces préambules n'étaient, pour les assistants, que l'annonce d'un fait qu'ils connaissaient tous, et dont ils attendaient l'expression, comme dans une cérémonie publique on regarde défiler devant soi ceux qui précèdent le héros que tout le monde connaît, que tout le monde attend, que tout le monde espère.

M. de Bellestar laissait voir, dans le sourire mal contenu qui contractait ses lèvres, l'impatience dédaigneuse avec laquelle il écoutait ce qu'il appelait en lui-même de la poésie de pauvre diable. Ce sourire, surpris sur ses lèvres par le regard de Sabine, lui fit plus de tort que toutes les balourdises qu'il avait dites jusque là, et par un de ces mouvements soudains et rapides qui sont pour les femmes de vrais actes de courage, elle se rapprocha de Sylvestre comme pour montrer avec quel intérêt elle l'avait écouté, avec quel intérêt elle voulait l'écouter encore.

Madame Simon elle-même s'accouda sur son métier, et Sylvestre continua en disant :

— Monsieur Simon, vous n'êtes pas entré assez intimement dans ma vie intérieure pour savoir que jamais une plainte, jamais un murmure n'est sorti de ma bouche pour demander à qui que ce soit plus que je n'avais. Mais il est certain, n'est-ce pas, que lorsqu'un homme est mécontent de sa position, que lorsqu'il se croit, à quelque titre que ce soit, le droit d'en avoir une meilleure, il laisse percer son mécontentement ou ses prétentions d'une façon ou d'une autre devant ceux avec lesquels il vit constamment, devant ceux surtout qui pourraient apporter un changement à cette position; eh bien! monsieur, je vous adjure de le dire ici devant les personnes qui nous écoutent, ai-je jamais montré un désir, une espérance ou un regret?

— Jamais, répondit M. Simon, qui se laissait gagner par l'émotion mal contenue avec laquelle parlait Sylvestre.

— S'il en était ainsi, reprit celui-ci d'une voix qui tremblait, voulez-vous m'expliquer comment il s'est fait que quelqu'un que je ne connais pas, que je ne veux pas connaître... ajouta-t-il d'une voix presque mourante, que quelqu'un, dis-je, se soit cru le droit de venir jeter une aumône à cette pauvreté qui ne demandait rien à personne?

L'étrangeté de la situation consistait en ce que tout le monde devait paraître l'ignorer.

A ce mot « aumône, » Sabine baissa la tête, sous la honte qu'elle éprouva de l'action qu'elle avait faite; madame Simon sourit tristement, parce qu'elle souffrait de la douleur de de Prosny; mais un regard plein de fierté accompagna ce sourire, parce qu'elle était heureuse de voir reprendre ainsi sa place à celui qu'elle avait si haut placé dans son cœur.

M. de Bellestar fit une moue dans le même sens que son précédent sourire, et qui signifiait encore :

— Mon Dieu! que de grands mots pour dire une chose toute simple!

M. Simon seul resta dans le rôle rigoureux qu'il devait jouer, et dit à Sylvestre :

— Une aumône à vous! Je ne vous comprends pas, mon cher ami.

IV

De Prosny regarda madame Simon et M. de Bellestar, pour s'assurer s'ils étaient, comme M. Simon, dans l'ignorance de ce qu'il allait dire, et il n'eut pas de peine à reconnaître qu'ils en étaient parfaitement informés.

Il ne regarda pas Sabine, vers laquelle il lui eût fallu se tourner d'une manière trop marquée ; mais il n'avait pas besoin de la voir, il était à ce moment parfaitement certain de ce dont il avait été seulement convaincu jusqu'à ce moment. Il répondit donc à M. Simon, en se laissant aller à l'amertume qui l'avait un moment dominé :

— Et de quel autre nom, monsieur, que celui d'aumône, voulez-vous que j'appelle la remise faite à ma porte d'une somme considérable, à laquelle je n'ai aucun droit, aucun, si ce n'est ma pauvreté ?

M. Simon était fort embarrassé ; il essaya de se tirer de la gêne cruelle qu'il éprouvait, en continuant à montrer une surprise assez bien jouée pour que Sylvestre s'y laissât prendre.

— Mais que m'apprenez-vous là? lui dit-il, une somme considérable a été déposée à votre porte et pour vous?...

— Le papier qui l'enveloppait portait cette suscription, répondit Sylvestre : *A M. Sylvestre de Prosny, à lui seul.* Je ne puis donc douter que cette aumône ne me fût destinée.

— Mon Dieu, fit M. de Bellestar, qui s'étonnait de l'embarras des autres pour une chose qui lui paraissait si facile à résoudre ; eh ! mon Dieu! c'est quelqu'un de riche qui vous aura rencontré quelque part, et qui, doué d'une âme généreuse et pleine de sensibilité, se sera intéressé à votre situation.

Cette dernière partie de la phrase de M. de Bellestar fut envoyée à Sabine par un regard tout à fait gracieux et vainqueur. Le marquis, ravi d'avoir si bien apprécié celle qui devait partager l'honneur de son nom, continua :

— Cette personne, monsieur, a suivi le penchant d'une bonté supérieure, et a voulu venir en aide à un jeune homme digne de sa bonté.

Il fallait bien que le cœur de de Prosny éclatât ; mais s'il était seulement resté en présence de ceux qu'il aimait et respectait à la fois, si M. ou madame Simon, ou Sabine elle-même, eussent seuls fait entendre leurs voix dans cette occasion, il est possible que l'explication que de Prosny venait de donner fût restée dans les termes mesurés où il l'avait commencée.

L'intervention de M. de Bellestar fut le grain fulminant qui détermina la détonation.

De Prosny se redressa tout à coup, et attachant ses regards étincelants au visage de M. de Bellestar, il lui dit d'une voix âcre et altérée :

— Je ne suis venu demander ici à personne le secret de la pitié que j'ai inspirée ; je suis venu pour dire que cette pitié je n'en veux pas, que je la tiens à insulte, et que si je pouvais découvrir qu'elle me vînt d'un cœur qui battît sous un habit bleu, j'en demanderais raison à qui a osé ainsi me la jeter au visage.

M. de Bellestar portait un habit bleu, et il était impossible que la provocation fût plus directe.

Le marquis s'écarta de Sylvestre, et le toisa des pieds à la tête d'un regard insolent, où perçait le regret de ne pouvoir pas punir à l'instant celui qui le bravait ainsi.

Par un mouvement machinal, il boutonna son habit jusqu'au menton, comme s'il se fût préparé à une lutte corps à corps.

Puis il reprit son imperturbable assurance, et repartit en clignant des yeux, pour donner encore plus d'impertinence à son regard ;

— Monsieur, le cœur qui bat sous l'habit bleu, quoiqu'il soit tout à fait innocent de cette pitié qu'on a pu croire que vous méritiez, ce cœur est tout prêt à en prendre la responsabilité.

— Messieurs, dit madame Simon en quittant sa place et en montrant Sabine, vous oubliez que nous sommes ici.

Et aussitôt elle courut vers sa pupille qui, la tête renversée en arrière, la main appuyée sur son cœur, semblait prête à suffoquer.

— Monsieur de Prosny, reprit sévèrement M. Simon, en s'avançant entre Sylvestre et M. de Bellestar, êtes-vous venu chercher ici une querelle? et avez-vous choisi ma maison pour y apporter le trouble et la violence?

— Je vous demande pardon, monsieur, reprit Sylvestre, et je regrette bien sincèrement que vous ayez pu me dire que j'avais manqué de respect à votre maison, le jour où j'y mets les pieds pour la dernière fois; ou je me trompe, ajouta-t-il d'une voix tremblante d'émotion, ou l'on me comprend mieux ici qu'on ne semble vouloir me le montrer.

Tout le monde se tut.

Sylvestre contempla un moment tous ceux qu'il avait appelés ses amis, et dont il venait se séparer et retombant dans la faiblesse de la douleur, il se sentit encore prêt à pleurer, et s'écria :

— Ah! vous le saviez tous!

Puis les prenant chacun à partie :

— Vous le saviez, vous, madame, dit-il à madame Simon qui tenait Sabine dans ses bras, vous le saviez, et je vous pardonne de l'avoir laissé faire, car vous ne me connaissez pas; mais vous le saviez, vous aussi, monsieur Simon, et vous m'avez laissé faire cette injure. Est-ce que je mendie, moi, monsieur? est-ce que le pain que je mange, je ne le gagne pas par mon travail de chaque jour? est-ce que je crie la misère? est-ce que j'ai jamais fait entendre une plainte sur ma fortune perdue? Pourquoi donc est-ce qu'on est venu me jeter cette aumône, pourquoi est-on descendu dans mon malheur pour l'insulter dans sa résignation?

Il se tourna vers Sabine, qui pleurait à chaudes larmes, et, emporté par le désespoir qui couvait en lui depuis si longtemps, il s'adressa directement à elle, et lui dit, le cœur et la voix pleins de larmes aussi :

— Est-ce que je vous ai fait quelque mal, moi, mademoiselle, est-ce que j'ai manqué au respect que je vous devais... non-seulement parce que vous êtes la pupille de l'homme qui a protégé et soutenu ma jeunesse, mais encore parce que vous êtes noble, bonne et pleine de vertus ?... Mais vous ne savez donc pas que la dernière humiliation qu'on puisse jeter à un homme, c'est de lui donner de l'argent? mais vous le saviez, car vous vous êtes cachée pour le faire...

A ce moment Sabine se dégagea vivement des bras de sa utrice, et s'avançant rapidement vers Sylvestre, elle lui dit, avec un accent indicible de fierté et de prière :

— Sur mon honneur, monsieur, non, je ne savais pas que cela pût vous humilier; mais je savais que de ma main vous n'accepteriez rien.

— Ni de la vôtre ni de celle de personne! repartit Sylvestre d'un ton sombre.

— Mais de la mienne... reprit Sabine, ce n'était pas une aumône, c'était une restitution.

— Mon enfant, mon enfant, s'écria M. Simon, qui voyait venir le danger qu'il voulait éviter, vous ne devez rien à M. de Prosny!

— M. Simon a raison, dit Sylvestre devenu honteux de ce

qu'il avait fait en présence de la fière douleur de Sabine; vous ne me devez rien, et je vous prie de m'excuser de vous avoir reproché en termes si durs une action qui ne partait que de la noblesse et de la pureté de vos sentiments. Mais, quelque admiration, quelque reconnaissance qu'elle m'inspire, vous devez comprendre que je ne puis l'accepter à aucun titre.

— Comme il vous plaira, monsieur, reprit Sabine, belle d'orgueil et de résolution; vous ne voulez pas accepter, et vous faites bien; mais je ne veux pas garder, moi, la fortune qui vous a été volée, et je fais bien aussi.

L'accent dont elle prononça ces paroles alarma tous ceux qui l'entendirent, et M. Simon, sa femme, Sylvestre lui crièrent en même temps :

— Que dis-tu? mon enfant !

— Que veux-tu faire? Sabine !

— Que prétendez-vous? mademoiselle !

— Mais c'est déjà trop !

Cette dernière parole appartenait à M. de Bellestar.

Sabine sembla ne pas les avoir entendus, et, continuant avec le même accent résolu et inspiré, elle reprit :

— Non, point d'aumône, point de restitution; entre nous, monsieur, il y a un compte à régler, et ce compte on le réglera, je le veux, j'entends qu'il le soit.

— Vous oubliez que c'est devant moi que vous parlez ainsi, dit M. Simon, qui au besoin savait faire usage de son autorité, vous oubliez que vous n'êtes pas la maîtresse de disposer de votre fortune.

— Je le serai bientôt, reprit Sabine plus doucement, et alors, M. de Prosny, ajouta-t-elle en sentant s'affaiblir en elle le mouvement qui l'avait emportée, alors, je l'espère, vous n'aurez plus à vous plaindre de moi d'aucune façon.

Au point où en était arrivée cette explication, elle semblait devoir rester sans issue, lorsque M. de Bellestar, en s'y mêlant encore une fois, la fit tourner brusquement d'un autre côté.

— Allons, monsieur de Prosny, dit-il doucement à Sylvestre, nous comprenons tous la susceptibilité qui vous a fait refuser cette somme de cent mille francs ; mais montrez-vous généreux en l'acceptant.

Une fois encore, M. de Bellestar recula devant Sylvestre, tant le regard de celui-ci était effaré, tant les traits contractés de son visage peignaient une sorte de délire furieux.

— Comment avez-vous dit? reprit Sylvestre d'une voix suffoquée et qui ne pouvait sortir de sa poitrine, vous avez dit cent... cent... n'est-ce pas cent mille francs, que vous avez dit?

— C'est, du moins, la somme que je croyais que mademoiselle Durand vous destinait, répondit M. de Bellestar d'un ton précieux, et comme s'il eût craint de s'être beaucoup trop avancé.

— Eh! qu'importe la somme, monsieur? repartit Sabine avec dégoût.

— Par grâce, par pitié, cria Sylvestre dans un désordre inexprimable, était-ce cent mille, était-ce cent mille? oh! répondez, répondez-moi!

Sabine baissa les yeux, et M. Simon, épouvanté du désordre de Sylvestre, dit avec plus de vivacité qu'il n'en avait jamais montré vis-à-vis de sa pupille :

— Mais réponds donc, combien lui as-tu envoyé?

— Eh bien! dit Sabine, honteuse d'être obligée de prononcer le chiffre de ce bienfait si malheureux, eh bien! c'était cent mille francs.

Cent mille francs!... cria de Prosny d'une voix qui ébranla tout le salon; oh! je vais... je cours... dit-il en s'élançant vers la porte.

Mais il n'avait pas fait deux pas qu'il s'arrêta soudainement en portant la main à son cœur.

M. Simon courut à lui, il vit ses traits se contracter, ses yeux se fermer, et il entendit ces mots que balbutiait Sylvestre :

— Allez... allez... à la maison... ma tante...

Puis sa voix s'éteignit et il tomba sur le parquet.

V

IDYLLE SUR LA NUIT

On vante sans cesse le sommeil du juste.

J'admire avec tout le respect qu'on doit aux choses consacrées le sommeil du juste et la quiétude de sa conscience, qui lui fait trouver sur l'oreiller la récompense de ses vertus.

Mais après cette protestation de respect pour ce respectable sommeil (protestation sans laquelle je courrais gros risque d'être traité par les moralistes catholiques comme un libertin, ou comme un professeur de l'Université), après cette protestation, dis-je, il doit m'être permis de dire que, comme romancier, je méprise souverainement les gens qui dorment, à moins qu'ils ne rêvent, ce qui, à vrai dire, n'est qu'un quasi-sommeil, un sommeil illégitime, dont le trône est occupé par un rêve usurpateur.

En effet, que voulez-vous que fasse un romancier d'un héros qui ronfle, d'une beauté qui dort, si ce n'est de la faire réveiller par un baiser furtif, comme cela se passe dans les trumeaux de Boucher, auquel cas, adieu le sommeil; ou bien, si le sommeil persiste, cela devient si scabreux que le conteur est obligé de voiler sa plume et de se retirer du récit.

Parlez-moi donc des gens qui veillent.

Des veilleurs sont souvent des voleurs, c'est vrai. Mais que c'est beau un voleur !

Carré d'épaules, étroit des hanches, posé sur des jambes torses, la tête énorme, la chevelure rousse et touffue, l'œil incertain et glauque, le nez épaté et érubescent, la bouche tortue, la mâchoire carrée et dénotant tous les appétits brutaux, le tout couvert d'une casquette de loutre, vêtu d'un bourgeron bleu passé et d'un pantalon de velours flétri, armé d'un rossignol et d'un monseigneur !

A la bonne heure ! voilà quelque chose qui parle, qui veille, qui porte en soi la poésie du crime, d'où naît la poésie de la peur, la plus puissante de toutes les poésies sur l'esprit des lecteurs.

Les veilleurs sont aussi les joueurs, c'est encore vrai. Mais quelle noble et magnifique passion que celle du jeu ! En voilà une, où les doigts se crispent, où les dents grincent, où les cheveux se hérissent, où l'on se déchire la poitrine à beaux ongles ; en voilà une, où l'on s'irrite, où l'on se roule, où l'on se tord, où l'on se tue.

Et demandez au plus misérable joueur de lansquenet (vous savez que le lansquenet est tout à fait revenu à la mode, on l'a retrouvé dans un vieux buffet chinois de Martin), demandez à ce joueur s'il ne hait pas le jour comme le hibou ; demandez-lui s'il n'attend pas la nuit comme la rose attend l'aurore sa sœur.

La nuit appartient aussi aux gens qui soupent et qui ont le droit de rentrer pleins comme des cruches, sans que le passant les montre au doigt.

Le théâtre est à la nuit ; et le bal turbulent qui mugit, dans la salle Vivienne, roulant, bondissant, beuglant *comme un combat de cent taureaux ;* et le bal frais, gracieux, léger, aux mille douces couleurs, au plaisir décent, à la joie coquette, le seul bal où vous alliez, mesdames, ce bal n'est-il pas le fils de la nuit ?

Et quand la nuit n'aurait pas ce riche cortége de toutes les poésies de la civilisation, n'aurait-elle pas la plus magnifique richesse de ce monde, n'a-t-elle pas les amoureux qui ne causent bien avec eux-mêmes que la nuit?

Voyez plutôt.

VI

RÉCIT

Nous avons laissé Sylvestre tombé sur le parquet.

Un moment il sembla mort; car il demeura immobile. Il avait éprouvé un de ces terribles accidents où la vie demeure complétement suspendue pendant quelques moments, si bien que si on ne la rappelait pas immédiatement par des secours actifs, elle ne reprendrait plus son cours, sans que la science puisse préciser le moment exact où elle abandonne le corps, où l'âme immortelle se sépare de la dépouille périssable.

C'est précisément parce que je suis profondément ignorant en médecine que, ne sachant comment nommer l'atteinte violente et rapide qui frappa Sylvestre, je dirai comment et jusqu'à quel point elle dut épouvanter ceux qui en furent témoins.

Sylvestre était étendu par terre, dans un état d'immobilité parfaite.

Quand on voulut le relever, le corps et les membres fléchirent sans résistance, pesant du poids inerte de la mort; le visage était d'une pâleur cadavérique, les yeux étaient fermés, la bouche entr'ouverte, et quelques gouttes de sang s'en échappaient une à une.

Le seul symptôme qui eût pu dire à un homme de l'art de quel mal avait été frappé Sylvestre, c'était le gonflement excessif de la poitrine, que M. Simon remarqua lorsqu'il eut arraché la cravate et le gilet de Prosny pour essayer de le faire respirer.

L'avoué, aidé d'un domestique, avait posé Sylvestre sur un divan, tandis qu'on était allé chercher un médecin. On avait soutenu la tête du malade avec des coussins, et il était légèrement incliné du côté du salon, de façon que cette figure morte se trouvait tournée en face de ceux qui étaient autour de lui.

M. Simon, à genoux près du divan, cherchait le pouls qui restait muet; madame Simon apportait des vinaigres, des sels, tout ce qui pouvait ranimer la sensibilité éteinte.

M. de Bellestar n'avait eu qu'un mot : c'était pour mettre sa voiture, qui l'attendait à la porte, à la disposition du domestique chargé d'aller quérir un médecin.

Après cette bienveillante et active participation aux soins qu'on cherchait à donner à Sylvestre, il s'était remis le dos à la cheminée, grommelant contre ces sensibleries romanesques, faisait une moue dédaigneuse à l'idée de tenir par quoi que ce soit à un monde où il se passe de pareilles scènes, fort mécontent d'être venu, encore plus mécontent de ne pouvoir s'en aller, et, au milieu de ce mécontentement général, trouvant place pour penser à un accident possible pour sa voiture et ses chevaux que le domestique bourgeois de l'avoué aura probablement ordonné de conduire ventre à terre.

Heureusement que le marquis se fie à l'adresse et à la prudence de son fidèle Fild, qui n'hésiterait pas à crever ses chevaux pour faire arriver son maître à Saint-Cloud ou à Neuilly avant tous ceux qu'il rencontre, mais qui n'ira pas s'amuser à les rendre malades pour secourir un clerc qui se meurt.

Cette justice rendue à son cocher calme l'agitation de M. de Bellestar; il en résulte qu'il peut observer ce qui se passe autour de lui, et son attention se porte sur Sabine.

Elle est debout au pied du divan, les bras pendants, les deux mains croisées, la tête penchée en avant, le regard attaché au visage de Sylvestre, l'œil démesurément ouvert et immobile, la bouche légèrement entr'ouverte aussi. C'est à la fois l'expression de l'épouvante et de la douleur poussées à leur dernier terme. C'est une admirable statue presque aussi blanche que le marbre, aussi immobile et aussi froide que lui.

A ce moment, il faut le dire, Sabine ne pensait pas. Une pensée, si subite qu'elle eût été, eût sans doute agité d'un mouvement quelconque, d'un frémissement furtif, cette complète immobilité.

A ce moment, disons-nous, Sabine ne pensait pas, elle souffrait; et encore souffrait-elle d'une douleur continue, et, pour ainsi dire, fixe dans son intensité. Il semblait que Sabine fût sous l'empire d'un puissant et invincible enchantement, qui la tenait liée et immobile à l'immobilité de Sylvestre.

Et peut-être est-il vrai de dire que, si cette stupeur de de Prosny eût fini par la mort, la vie de Sabine, suspendue à celle de Sylvestre, se fût exhalée avec elle; car ce ne fut qu'au moment où une légère expiration, accompagnée d'une abondante émission de sang, annonça que Sylvestre vivait encore, qu'un soupir profond s'échappa de la poitrine de Sabine; tous deux reprenaient ensemble la vie et leur souffrance.

M. de Bellestar n'était pas homme à soupçonner le secret vrai de la douleur de sa future. Il avait cette sublime confiance des sots qui en fait les enfants privilégiés de la nature, et qui ne lui permettait pas de croire qu'une femme à laquelle il avait adressé ses hommages pût penser à un autre homme que lui.

D'ailleurs, la douleur de Sabine pouvait s'expliquer par le remords; car enfin elle était la cause du désespoir qui avait failli tuer ce jeune homme, et ce devait être assez pour jeter une pareille épouvante dans une âme comme la sienne.

En conséquence, M. de Bellestar respecta cette stupeur désolée, jusqu'au moment où, selon lui, elle devait céder à son intervention.

Au premier mouvement que fit Sylvestre, le marquis s'approcha de Sabine, et lui dit avec l'affectueuse supériorité d'un homme fort :

— Allons, mademoiselle, calmez-vous, ce ne sera rien qu'un léger évanouissement. Notre jeune protégé reprend ses sens ; il n'y a plus le moindre danger...

Sabine n'écouta point M. de Bellestar, et ne le regarda point; mais ses lèvres, déliées de leur immobilité, tandis que ses yeux demeuraient fixés sur le visage de Sylvestre, murmurèrent tout bas :

— Oh! oui, je le sauverai.

— Mais il est sauvé, fit M. de Bellestar; revenez à vous, mademoiselle...

Cette fois Sabine revint à elle, ou plutôt revint à M. de Bellestar ; elle le regarda tout à coup, et, comme si la présence du marquis eût enfermé pour elle le résumé de tout ce qui s'était passé à propos de leur mariage, comme si ces mots qu'il venait de prononcer eussent été une nouvelle demande à ce sujet, elle lui répondit en se détournant de lui :

— Oh! maintenant, monsieur, jamais... jamais !..

M. de Bellestar ne comprit pas, mais il demeura tout stupéfait de ces paroles.

Cependant le médecin venait d'arriver; il parla sur-le-champ de faire une saignée.

Sabine quitta le salon. Madame Simon y demeura.

M. de Bellestar, fort préoccupé de comprendre ce qu'avait voulu lui dire sa future, demanda la permission de se retirer, en promettant d'envoyer le lendemain savoir des nouvelles de M. de Prosny. M. Simon lui répondit à peine et revint près de Sylvestre sans avoir un moment pensé à sa pupille.

Madame Simon l'avait vue s'éloigner; mais à ce moment sa pitié était toute pour de Prosny, et elle voulait attendre la décision que porterait le médecin après avoir donné ses premiers soins au malade.

Sabine rentra donc seule chez elle.

VII

Au moment où Sabine passa le seuil de sa porte, elle s'arrêta comme si une vision inattendue se fût montrée à ses yeux. Ce n'était rien, ou du moins c'était bien peu de chose.

Ce qui l'avait ainsi arrêtée, ce qui la fit rester un moment sur le seuil de sa chambre, en murmurant tout bas des nombres qui se suivaient exactement, c'était le bruit de sa pendule qui sonnait minuit. Minuit, l'année était close et une nouvelle année commençait.

Combien de fois, jusqu'à ce jour, Sabine avait entendu cette heure, joyeuse des présents reçus et de ceux qu'elle attendait, l'œil fixé sur le cadran pour être la première à courir à son tuteur et à se jeter à son cou. Quelle joie alors, quels rêves, quels souhaits, quels vœux !

Aujourd'hui, rien de tout cela... elle était seule, et ce premier moment de cette nouvelle année tenait suspendue près de la mort la vie de l'homme dont son père avait dévoré la fortune, et dont elle-même avait brisé le cœur et presque l'existence.

Sabine ne se prit point à pleurer, elle s'assit lentement et posément sur un fauteuil.

Elle sentait, sans pouvoir le comprendre, que toute une révolution venait de s'opérer en elle, et il semblait que le hasard, qui avait fait sonner sa pendule, eût voulu lui en marquer l'heure solennelle et remarquable.

Une pensée unique et profonde occupait Sabine, c'était de réparer le mal qu'elle avait fait, s'il était réparable; c'était de l'expier, s'il ne l'était plus; mais Sabine, à ce moment, n'avait plus en elle-même cette confiance qui lui avait fait faire cette action qu'elle avait faite et qui avait amené un si triste dénoûment.

Elle se décidait à cette heure à soumettre longtemps encore sa vie et ses volontés à l'empire de l'homme qui les avait dirigés jusque là, aux tendres conseils de la femme qui savait, elle, comment la vertu est bonne, comment la générosité reste digne de ceux à qui on l'impose.

Le fier caractère de Sabine était soumis, à ce moment, si bien soumis, croyait-elle, qu'en pensant à Sylvestre elle ne pensait pas à son amour.

Mais ce n'est que parce qu'elle ne s'occupait que des sacrifices qu'on pouvait lui demander qu'elle les acceptait si facilement. C'est parce qu'elle se rêvait une vie d'abnégation et de solitude qu'elle se trouvait si prompte à l'adopter; c'est parce qu'elle ne supposait pas qu'on pût lui demander autre chose que le malheur auquel elle se condamnait, qu'elle se croyait devenue si obéissante.

Qu'elle eût un seul instant soupçonné M. Simon capable de lui parler le langage qu'eût peut-être tenu M. de Bellestar; que son tuteur fût venu dire à Sabine :

— Ma chère enfant, vous avez fait plus que vous ne deviez, vous n'êtes pas et vous ne pouvez pas être responsable des susceptibilités de M. de Prosny; ce qui est arrivé est très-fâcheux, mais enfin il se porte bien maintenant, tant pis pour lui s'il ne veut pas qu'on l'aide à sortir de la mauvaise position où il est ; vous ne pouvez pas passer votre vie à refaire des fortunes défaites. Vous êtes jeune, vous êtes belle, acceptez l'existence comme elle s'offre à vous, toute remplie de plaisirs et de triomphes ; jetez un voile entre l'avenir qui s'ouvre si riant et un passé qui ne vous a jamais appartenu, reprenez votre gaîté, vos projets, votre insouciance.

Oui, certes, qu'elle eût pu croire M. Simon capable de lui parler ainsi, et elle se fût révoltée, et elle eût trouvé en elle toute la puissance de sa volonté pour résister à son tuteur. Mais elle ne prévoyait point, elle ne pouvait prévoir de tels conseils.

Vivre séparée du monde et privée de toute affection, voilà la pensée et presque la résolution que caressait Sabine dans sa douleur solitaire.

Comment voulez-vous qu'elle pensât à son amour ? Ce n'était pas pour lui donner de l'espoir, elle qui renonçait à tout bonheur. Ce ne pouvait être pour le regretter, car elle en était à ce point de pitié sur elle-même qu'elle ne se croyait pas digne de cette souffrance.

Et puis, à vrai dire, aimait-elle Sylvestre en ce moment ?

Cet homme, qu'elle avait pris plaisir à bercer dans son cœur comme un être souffrant, malheureux, abandonné, dont elle pouvait être l'asile, le soutien, l'ange protecteur, cet homme ne venait-il pas de briser ce rêve ? ne s'était-il pas relevé à sa hauteur ? n'était-il pas aussi fort qu'elle ?

Malheureusement pour lui, il ne l'était pas plus.

Si de Prosny, dans cette dernière rencontre de son âme avec celle de Sabine, l'avait tout à fait insultée et méprisée, s'il l'avait accablée de ses ressentiments et de sa colère, Sabine, tremblante et brisée, eût peut-être senti crier en elle son amour vaincu et dédaigné, car l'amour n'a que deux places en ce monde, celle de tyran ou celle d'esclave.

L'amour qui prétend vivre dans l'accord égal des deux volontés, cet amour n'existe pas. Seulement on se trompe si souvent au bonheur qu'on trouve à obéir, qu'on le prend pour de la liberté; mais cela n'était point arrivé; et si l'on eût pu pénétrer dans le cœur de Sabine au moment précis dont nous parlons, on eût été peut-être bien surpris de de ne pas y sentir un battement d'amour.

On eût dit qu'il était en elle comme était, une heure avant, la vie dans le corps de Sylvestre, comme si un esprit étranger eût fait qu'elle le sentît vivre parce qu'elle vivait.

A ce moment madame Simon entra dans la chambre de Sabine et parut fort étonnée de la trouver si calme et de l'entendre lui dire d'un accent calme quoique empressé :

— Eh bien! comment va M. de Prosny?

— Sa vie n'est pas hors de danger, dit madame Simon, blessée de la froideur de Sabine; on l'a transporté dans le cabinet de M. Simon, qui veut passer la nuit près de lui, car M. Simon est désespéré de ce qui est arrivé.

Sabine ne répondit point, et madame Simon, qui était entrée avec le dessein de ménager cette âme qu'elle croyait si malheureuse, de plus en plus blessée de cette apparente insensibilité, ajouta d'un ton fâché :

— Oh oui! mon mari est désolé de vous avoir laissée faire cette action, qu'il pouvait empêcher.

Sabine reçut la leçon du même air calme dont elle avait accueilli l'arrivée de madame Simon, et répondit tristement, mais doucement :

— Je sais que c'est une grande faute que j'ai faite. Fasse Dieu, ajouta-t-elle en levant les yeux au ciel avec une prière ardente dans le regard, fasse Dieu que ce ne soit pas un crime! Mais personne ne peut, je le vois, renier tout à fait l'héritage de mal qui lui a été légué. Je devais être fatale à M. de Prosny comme l'ont été les miens. Dieu sait que je ne l'ai pas voulu; Dieu sait que j'avais pour lui l'estime la plus vraie; Dieu sait qu'il y a eu un moment où j'ai hésité à faire ce que j'ai fait...

— Tu prévoyais donc ce qui pouvait arriver? dit madame Simon, qui commença à soupçonner la profondeur d'un remords qui se montrait si peu ; si tu le prévoyais, pourquoi ne pas nous avoir dit tes craintes?... pourquoi l'as-tu fait?

— Pourquoi je l'ai fait? s'écria tout à coup Sabine. Oh! ce jour-là j'ai été folle... Je l'ai méconnu... j'ai...

Son amour venait de revenir.

— Mais qu'est-ce donc? fit madame Simon, alarmée de cette soudaine explosion.

— Rien, rien, dit Sabine en s'éloignant de sa tutrice et en tombant sans force sur le siége qu'elle avait si tranquillement pris un instant avant; rien... Ne me demandez rien, s'écria-t-elle ; mais je suis bien malheureuse!

Cette fois, elle pleurait.

VIII

Madame Simon crut comprendre les larmes de Sabine; mais elle attachait un si grand prix au sens qu'elle pensait y deviner, qu'elle voulut en être complétement assurée.

— Oui, lui dit-elle, je sens que tu dois être malheureuse ; tu avais fondé sur l'envoi de cet argent l'espoir de réparer des torts qui ne sont pas les tiens, et vis-à-vis de tout autre que M. de Prosny, il est probable que tu eusses réussi. Mais (et en parlant ainsi madame Simon examinait attentivement le visage de sa pupille), mais il y a dans l'âme de Sylvestre une hauteur, une dignité que tu n'as pas comprise.

— C'est vrai, répondit tristement Sabine.

— C'est que vous autres, jeunes têtes, dit madame Simon en lui essuyant doucement les yeux, vous vous imaginez qu'il n'y a de grandeur et de courage que dans les actions qui appellent les regards et les applaudissements du monde. Ce ne sont pas toujours ceux qui vont le plus loin qui emploient le plus de force pour arriver, et dans la lutte qu'il soutient depuis huit jours, M. de Prosny a fait peut-être plus d'efforts pour rester ce qu'il doit être, qu'il ne lui en eût fallu pour arriver à se faire remarquer.

Sabine n'écoutait sa tutrice qu'à moitié, elle n'avait saisi de tout ce que madame Simon venait de lui dire que le sens général, qui lui apprenait qu'elle n'avait pas compris le caractère de Sylvestre.

— Sans doute, lui dit-elle, je sens que je l'ai blessé, je sens que je l'ai traité selon les apparences qui pouvaient aisément me tromper.

— Ah! dit madame Simon en l'interrompant avec une douce raillerie, c'est toujours l'histoire de messieurs les clercs d'avoué, n'est-ce pas, pauvres jeunes gens, si ridicules et si incapables de sentir la vie d'une manière élevée?

— Non, madame, non, ce n'est pas cela, dit Sabine ; depuis ce jour-là même que je me suis attiré cette charmante et bonne remontrance de M. Simon, depuis ce jour, pour la première fois, j'ai vu de plus près M. de Prosny : je l'avais jugé un homme supérieur et distingué, et c'est précisément parce que je ne lui supposais ni passions étroites, ni mesquinerie dans l'esprit, c'est précisément parce que je croyais à la générosité de son cœur, que vous me voyez si étonnée dans mon chagrin de la violence avec laquelle il a repoussé un bienfait que j'avais essayé de rendre aussi inaperçu que possible.

— Tu t'étonnes de cette douleur, Sabine, reprit madame Simon ; n'as-tu pas quelque soupçon de ce qui a pu la causer?

— Aucun, répondit Sabine naïvement.

— Cherche bien, reprit sa tutrice ; voyons, toi-même, as-tu agi vis-à-vis de M. de Prosny comme vis-à-vis de tout autre homme ?

Sabine baissa les yeux.

— N'y a-t-il pas eu un jour où tu as hésité à lui envoyer cet argent, parce que tu as pensé que M. de Prosny était trop noble pour l'accepter ?

— C'est vrai.

— Enfin, un autre jour n'est-il pas venu où, parce que tu as été folle, viens-tu de me dire, parce que tu l'as méconnu, tu t'es décidée soudainement à accomplir l'action que tu hésitais à faire la veille ?

— C'est encore vrai, répliqua Sabine.

— Eh bien ! pourquoi cette décision soudaine ?

Une vive rougeur monta au visage de la jeune fille ; mais les jeunes cœurs qui sentent les premières atteintes de l'amour sont si épouvantés des étranges sentiments, des idées déraisonnables qu'elles leur inspirent, qu'ils n'osent en faire l'aveu.

Sabine rougit et ne répondit pas.

Mais Madame Simon était bien décidée à faire parler cette âme qui se perdait dans son silence, et elle reprit, en attirant Sabine près d'elle :

— Eh bien ! mon enfant, il y a donc en toi quelque chose qui t'a fait agir plus vivement que tu n'aurais voulu ; tu dois par conséquent comprendre et pardonner la colère qui a entraîné M. de Prosny : un moment tu l'as cru au-dessus d'un pareil bienfait : qui sait quel sentiment délicat il a pu te supposer de son côté ? Puisque tu es revenue sur ton premier jugement, qui sait avec quel chagrin il a révoqué celui qu'il avait d'abord porté sur toi ? Le dépit que tu as éprouvé contre Sylvestre n'a-t-il pas pu aller chez lui jusqu'au désespoir ?

Sabine regardait sa tutrice avec une surprise pleine d'inquiétude ; il lui semblait qu'elle touchait à l'endroit le plus sensible de son cœur, mais sans oser croire qu'elle le fît volontairement.

Madame Simon s'aperçut des sentiments de sa pupille et ajouta d'une voix basse et pénétrante :

— Si la misère n'était pas le plus grand malheur de M. de Prosny, si le seul vœu involontaire de son cœur, le seul qui pût lui promettre le bonheur, devait lui paraître impossible à réaliser ; si enfin ce n'était pas sa fortune perdue qu'il pleurât aujourd'hui, si c'étaient le repos et la résignation dans la modeste carrière à laquelle il s'était condamné qui lui eussent été soudainement arrachés par une passion contre laquelle il lutte vainement, comprends-tu ce qu'a dû devenir pour lui l'espèce d'aumône que tu lui as envoyée ? Quelle humiliation !...

— Mais, s'écria vivement Sabine en interrompant madame Simon, je ne vous comprends pas, je ne puis vous comprendre ; de quelle passion me parlez-vous ? Quel sentiment que je ne connais pas ai-je pu blesser en lui ?

— Sabine, Sabine, reprit madame Simon doucement, si M. de Prosny avait insulté ton père, déshonoré sa mémoire ; si tu avais, aux yeux du monde, le droit et le devoir de le haïr, et que cependant tu te sentisses pour lui une indulgence inouïe, un pardon sans motif, un désir invincible de le voir heureux ; si tu sentais que tu as dans le cœur tout ce qu'il te faut pour cela, ne serais-tu pas honteuse de ne pouvoir surmonter cette indigne faiblesse, et s'il arrivait qu'on vînt t'offenser par le témoignage d'une dédaigneuse pitié, ne te sentirais-tu pas humiliée et désespérée ?

— Mais c'est que je l'aimerais alors... reprit Sabine tout éperdue, et ne sachant où madame Simon voulait l'entraîner, tremblante et effarée, au milieu de toutes les émotions qui se heurtaient en elle.

— Eh bien ! reprit madame Simon, s'il t'aimait, lui...

Sabine se leva tout à coup, puis, tombant à genoux devant madame Simon, elle cacha sa tête sur son giron, en s'écriant :

— Oh ! ma mère, ma mère... ne me dites pas cela !

C'était la première fois de sa vie que Sabine donnait ce nom à sa tutrice ; celle-ci avait donc apporté une bien grande joie à ce cœur inquiet, que le mot fût venu à la jeune fille pour remercier celle qui lui avait donné ce bonheur.....

— Pourquoi ? reprit madame Simon doucement : pourquoi ne veux-tu pas que je te le dise ?

Sabine releva tout à coup la tête, regarda finement madame Simon. Il y avait toute une histoire dans ce regard, une de ces histoires que les femmes disent ainsi, et que les femmes seules savent lire.

— Mais il est donc sauvé ? s'écria Sabine ?

Cela ne voulait-il pas dire :

— Vous ne m'auriez pas jeté cet espoir et ce bonheur dans l'âme, si j'avais dû en douter ?

— Il peut l'être, dit madame Simon : aux maladies qui naissent du désespoir, la joie est le meilleur remède. Si je pouvais lui dire de toi ce que tu viens de dire de lui...

— Oh ! non... non... je vous en prie, fit Sabine.

— Pourquoi donc ?

— Il faut qu'il fasse plus que m'aimer ; il faut qu'il me pardonne... Et puis, ajouta-t-elle tout bas avec tristesse... qui sait si vous ne vous êtes pas trompée ?

Madame Simon allait répondre, lorsqu'un domestique accourut.

— Madame ! madame ! dit-il, monsieur vous prie de passer chez lui.

— Qu'est-il donc arrivé ?

— Il paraît que M. Sylvestre est au plus mal.

IX

Madame Simon courut, Sabine la suivit; elles entrèrent ensemble dans le cabinet où était couché Sylvestre. Il était assis sur son séant, retenu par deux domestiques, et portait autour de lui des regards sombres et agités.

— Pourquoi m'a-t-on couché dans ce lit? disait-il d'une voix brève et nette. J'ai ma maison..... Je veux y aller.... Je n'ai besoin de personne... Ah! c'est vous, madame? dit-il à madame Simon en l'apercevant. J'ai bien mal à la tête, et j'ai le cœur qui me brûle... Je vous salue, mademoiselle, ajouta-t-il en s'adressant à Sabine. C'est bien; je vous attendais.

Il était plongé dans ce délire sans hallucinations qui ne touche qu'aux choses vraies, mais qui n'en a plus la conscience exacte.

— Donnez-moi mon habit, dit-il tout à coup à un domestique; là... le voilà...

Madame Simon fit signe au domestique d'obéir. Celui-ci mit l'habit dans les mains de Sylvestre.

De Prosny fouilla dans les poches de côté, et en tirant les vingt billets que lui avait remis sa tante, il les tendit brusquement à Sabine.

— Voilà vos vingt mille... Non, vos cent mille!...

Il s'arrêta en murmurant tout bas :

— Vingt mille!... cent mille!...

Il prit les paquets et se mit à les compter.

— C'est vingt mille francs! c'est ça!

A ce moment l'œil se troubla, un tremblement nerveux s'empara de lui, et il se mit à dire à madame Simon :

— Comprenez-vous, ma tante, cette mademoiselle Durand?

Il ne reconnaissait plus ceux auxquels il parlait.

— Comprenez-vous qu'elle me fait demander cent mille francs par son amant, le marquis de Bellestar?

— Son amant! dit madame Simon oubliant qu'elle parlait à un fou.

— Bah! elle l'aime, elle l'épouse!

Il s'arrêta et se mit à rire.

— Vous ne savez pas, je danserai à leur noce, en cadavre... Oui, je reviendrai pour y danser... ça lui fera peur à elle.

Sa figure devint plus sombre, et il reprit :

— Eh bien! tant mieux, ma tante, tant mieux, quand je serai mort. Vous avez de quoi vivre maintenant; vous leur avez pris le reste de leurs cent mille francs, vous avez bien fait!...

Il se prit à s'agiter violemment dans son lit, et s'écria :

— Mon Dieu! mon Dieu! que j'ai été bête avec mes scrupules... Vous avez serré l'argent; c'est bien fait. Je ne lui en dirai rien.

Il tendit la main à madame Simon et lui dit avec un accent plein de larmes :

— Non, je vous le jure, je ne lui en dirai rien... mais vous, je vous en supplie, ne lui dites pas que je l'aime! Je vous en prie, ne le lui dites pas... C'est mal, c'est lâche, c'est infâme, n'est-ce pas?... Mais tenez, voyez : je suis tout plein de sang... Elle m'a voulu tuer... elle m'a donné un coup de couteau là... Je l'ai senti qui me tuait... Eh bien! c'est égal... c'est égal...

Ses yeux se tournèrent vers Sabine, qui s'avança vers lui le cœur plein d'une vive émotion; il la regarda froidement :

— Vous êtes mademoiselle Durand? lui dit-il d'un ton dédaigneux; mais retournez donc avec votre M. de Bellestar.

Après ces paroles, il ferma les yeux et parut plongé dans un profond recueillement qui dura quelques minutes; puis il rouvrit les yeux, regarda autour de lui et n'arrêta ses regards que sur M. Simon.

— Ah! je vous rencontre, tant mieux! je viens de voir mon père et je lui ai tout dit... il m'approuve, il dit que je fais bien de revenir avec lui et ma mère... Il ne faut pas m'en vouloir de m'en aller de chez vous... C'est pour m'en aller avec mon père. Il n'est pas plus riche qu'autrefois... et je l'ai bien longtemps abandonné...

— Mais où est-il, votre père? dit M. Simon, espérant ramener un peu cette pensée qui s'égarait.

— Mais... vous savez bien où il est... il me semble aussi que je le savais tout à l'heure...

Sylvestre parut tomber dans une profonde réflexion, ses yeux se fermèrent peu à peu, un sourire presque joyeux passa sur ses lèvres qui murmurèrent doucement :

— Oui... oui... je vois bien où il est maintenant, le voilà qui m'appelle... J'y vais... j'y vais... il m'ouvre...

A ce dernier mot, il se renversa sur son lit en poussant un cri horrible et en se débattant...

— Non... non... c'est la mort... criait-il... non, je ne puis plus mourir maintenant; il faut que je vive, il faut que je travaille encore, mon père. Votre sœur m'a volé l'argent de cette femme, il faut bien que je le gagne... Je me dépêcherai... Attendez... attendez...

Puis un orage de sanglots s'échappa de sa poitrine, pendant lequel il poussait des cris confus.

Enfin il s'arrêta tout à coup, et regardant M. Simon fixement, et cette fois comme si toute sa raison fût revenue, il lui dit :

— Pouvez-vous supposer que si je descendais à une pareille misère, il ne me serait pas permis de mourir?... car, ajouta-t-il avec force, je ne veux pas mourir avant d'être quitte envers vous tous.

Sabine crut comprendre que le délire de Sylvestre avait

cessé, et, demeurée sous l'impression de la dernière parole de madame Simon, elle s'approcha du malade, lui prit la main et lui dit d'une voix charmante :

— Je vous dirai, moi, un moyen de vous acquitter envers nous, et de nous rendre quittes envers vous.

Sylvestre la regarda d'un air craintif et étonné.

— Et quel est ce moyen, mademoiselle? lui dit-il.

— C'est d'oublier le passé pour nous le faire oublier, c'est de ne pas avoir peur d'aimer les gens qui vous aiment.

Sylvestre, qui tenait la main de Sabine, l'attira vivement à lui comme pour mieux la voir, et répéta :

— Les gens qui m'aiment... qui ça?...

— Mais mon tuteur, madame Simon... moi aussi...

— Vous! s'écria-t-il avec un éclat extraordinaire.

Puis tout à coup il repoussa Sabine et reprit :

— Otez-moi de ce lit... je veux me lever... Je fais des rêves qui me tuent... Je ne veux plus dormir... Laissez-moi me lever... Je souffre trop... O mon Dieu! fit-il en s'affaissant et en retombant tout à fait, j'ai tort, vos anges ont pris sa voix pour me consoler... car je l'aime... je l'aime.

Ce mot, incessamment répété, se perdit dans un sourd murmure et parmi des larmes abondantes.

Puis le sommeil arriva... Il avait pleuré aussi... Il était sauvé.

X

à janvier 1841.

L'année n'avait commencé joyeusement pour personne. M. de Bellestar s'était retiré fort mécontent de la scène dont il avait été le témoin, fort intrigué des derniers mots de mademoiselle Durand, blessé dans sa vanité de ce qu'un malheur, quelque grand qu'il fût, eût pu occuper l'attention de Sabine plus que sa présence.

Cependant ce dépit et ce désappointement n'empêchèrent pas M. de Bellestar de dormir : ce n'est pas pour rien qu'on est bâti comme un Hercule. Le sommeil est nécessaire à ces grosses natures, et il n'y a guère que les êtres chétifs et qui semblent toujours prêts à quitter la vie qui ont la force de la supporter presque deux fois, c'est-à-dire dans la veille et dans l'insomnie.

Mais M. de Bellestar, après avoir paisiblement dormi, se réveilla au point juste où il s'était couché, c'est-à-dire très-désappointé et très-maussade.

Notre marquis était de la nature de ce Gascon qui est éveillé soudainement au milieu d'un profond sommeil par ce cri de son valet :

— Monsieur, monsieur, votre père est mort!

Le Gascon ouvre la moitié d'un œil, se retourne et répond en remettant la tête sur l'oreiller et en se rendormant :

— Ah! mon Dieu! mon Dieu! que j'aurai de chagrin demain matin.

Probablement M. de Bellestar s'était dit :

— Je penserai demain matin à comprendre ce qui m'est arrivé ce soir.

Il ne faut pas cependant blâmer le marquis de ne pas avoir essayé de comprendre tout de suite le vrai sens de la réponse de Sabine, car il n'y comprenait absolument rien après l'avoir longuement étudiée durant toute la matinée d'hier. Quand il considérait mademoiselle Durand, il avait bien quelque idée qu'elle ne l'aimait point; mais quand il se considérait lui-même, il revenait aussitôt de cette opinion folle et déraisonnable.

— Je la comble, se disait-il, et c'est vraiment pousser la modestie et même l'aveuglement trop loin, que de ne pas reconnaître que ce mariage dépasse toutes les espérances que pouvait avoir cette jeune personne, car le nom et la fortune que je lui apporte eussent suffi à un prétendant mal bâti, laid et bête, et, à vrai dire, il me semble...

Le reste de cette réflexion s'acheva par un sourire gracieux que M. de Bellestar s'adressa à lui-même dans la glace devant laquelle il se faisait coiffer par son valet de chambre.

Tout le débat qui occupa la matinée de M. le marquis ne sortit point des termes de cette proposition : que par mille raisons il était impossible qu'il ne fût pas aimé.

Parfaitement persuadé à ce sujet, quoique poursuivi d'une inquiétude plus forte que sa volonté, M. de Bellestar sortit d'assez bonne heure pour se rendre chez M. Simon.

Mais ce jour-là encore, et par un singulier hasard, il avait à passer chez son bijoutier, et il y entra presque au même moment qu'une dame et une jeune fille qui venaient de descendre d'une assez belle voiture.

Le marquis les examina et crut les reconnaître. La manière dont la jeune personne baissa les yeux lorsqu'il la regarda lui fut une assurance qu'il ne se trompait pas ; il les salua donc, et demanda tout aussitôt à M. Léonard les objets qu'il venait chercher.

— Monsieur le marquis, veuillez vous asseoir, dit M. Léonard, on va vous remettre les divers écrins que vous avez commandés. Permettez que je m'informe près de ces dames de ce qu'elles désirent.

Il se tourna vers la jeune fille et lui dit :

— Que vous faut-il aujourd'hui, mademoiselle ?

— Très-peu de chose, répondit celle-ci. Il s'agit de quelques bijoux de peu de valeur pour des gens à qui on ne peut pas mettre de l'argent dans la main.

M. Léonard étala devant ces dames tout ce qu'il avait de plus mesquin dans son magasin.

La jeune fille et la vieille dame choisirent quelques petits écrins sans valeur, et dirent tout haut en se levant :

— Envoyez tout cela à l'hôtel.

Depuis quelques moments la jeune fille parlait bas et avec vivacité.

— C'est un enfantillage, Aurélie, dit assez haut la vieille dame.

— Mon, maman, répondit la jeune fille, je serai charmée que tu voies combien c'est rare et beau.

— De quoi s'agit-il donc? dit M. Léonard en s'approchant avec l'empressement d'un marchand qui s'imagine entendre vanter la rareté ou la richesse d'un objet qu'il possède. De quoi s'agit-il? fit le bijoutier avec le sourire le plus agréable.

— Oh! mon Dieu! répondit la jeune fille en parlant assez haut pour être entendue par M. de Bellestar et assez bas pour faire croire qu'elle ne voulait pas qu'on l'entendît, oh! mon Dieu, je voulais vous prier de montrer à maman les magnifiques bijoux que mademoiselle Durand a déposés chez vous.

Le bijoutier ne manqua pas cette occasion de répondre par un nouveau sourire plein de finesse et par un mot d'un à-propos qu'il jugea très-heureux. Il dit donc, en se tournant vers M. de Bellestar :

— Hélas! mesdames, c'est maintenant à M. le marquis qu'il faudra vous adresser pour satisfaire votre curiosité.

La jeune fille baissa la tête avec une profonde confusion.

La mère s'excusa, et toutes deux quittèrent immédiatement le magasin, laissant M. de Bellestar fort étonné de ce qu'un secret qu'il croyait enfermé entre lui, Sabine et M. et madame Simon, fût connu de cette jeune personne.

— Quelles sont ces dames? dit-il au bijoutier dès qu'elles furent sorties.

Celui-ci cherchait à lire sur le visage du marquis la réponse qu'il devait lui faire, et lorsque celui-ci, ayant regardé attentivement à travers les glaces du magasin la voiture qui partait en ce moment, dit d'un air dédaigneux :

— C'est un carrosse de louage, ça.

Cette parole dicta la réponse du bijoutier, qui avança la lèvre inférieure en signe de dédain.

— C'est probablement un remise au mois, quoique ces dames aient un hôtel où il m'a semblé voir des chevaux dans les écuries.

— Et vous les nommez? dit M. de Bellestar.

— Mesdames de S...

— Je connais ce nom-là, fit le marquis, il appartient à une excellente famille. Et vous servez ces dames depuis longtemps?

— Depuis quelques jours à peine.

— Et elles connaissent mademoiselle Durand?

— C'est elle qui me les a adressées ; il paraît que mademoiselle Aurélie de S..., ajouta-t-il avec une intention marquée, est la meilleure amie de mademoiselle Durand et la confidente de ses plus secrètes pensées.

— Je me rappelle parfaitement maintenant où j'ai vu cette jeune personne, fit alors M. de Bellestar en donnant de la tête comme un beau cheval pur sang.

— N'est-ce pas, dit d'un ton insinuant M. Léonard, n'est-ce pas à un réveillon chez monsieur Simon?

— Oui, oui ! fit M. de Bellestar en se posant en face de lui-même, et en se souriant sans doute à un doux souvenir, oui... et je l'ai remarquée aussi.

Mettez à la place des points ci-dessus ces mots : Je crois qu'elle m'a remarqué, et vous aurez le commencement qu'il ne prononça point, mais qui commandait la fin qu'il dit tout haut : Je l'ai remarquée aussi.

— Elle est fort belle et fort gracieuse, ajouta-t-il, et quoique nous n'ayons pas causé ensemble, je lui crois de l'esprit.

— Beaucoup d'esprit, dit le joaillier avec un de ces accents et de ces regards qui renferment un monde de réflexions.

— C'est pourtant bizarre, reprit le marquis après un moment de réflexion, que m'ayant reconnu, et je n'en puis douter, elle ait parlé devant moi de ces bijoux.

— Ah! ah! ah! fit le bijoutier en ramassant ses écrins et en les remettant dans leur montre ; ah! ah!

Tous ces ah! étaient gros de mystères.

— Mais, qu'y a-t-il donc? fit M. de Bellestar, et que voulez-vous dire?

— Oh! reprit le bijoutier, je vous prie de croire que tout ceci n'est qu'une supposition de ma part; mais enfin cela n'aurait rien d'étonnant.

— Mais, encore une fois, qu'est-ce donc? dit le marquis.

— Oh! mon Dieu, reprit le marchand, rien que je puisse vous dire. Mais enfin je n'ai pas vécu toute ma vie avec des gens de la plus haute distinction pour ne pas me connaître un peu au cœur des hommes... et des femmes, ajouta-t-il d'un air très-fin.

— Qu'est-ce que c'est? qu'est-ce que c'est? dit le marquis en se dandinant gracieusement; monsieur Léonard fait des études sur le cœur humain?

— Quelquefois, dit le joaillier satisfait de lui-même, et je parierais bien qu'en cette occasion j'ai touché juste.

Et un regard plein de respectueuse finesse accompagna encore cette phrase.

— Mais enfin de quoi s'agit-il donc? reprit M. de Bellestar avec une de ces figures épanouies qui se préparent à recevoir en plein un énorme compliment.

— Pourquoi voulez-vous que je vous le dise, monsieur le marquis? reprit M. Léonard; vous devez être habitué à ces choses-là.

— C'est qu'en vérité, mon cher, je ne vous comprends pas du tout.

— Eh bien! fit le joaillier en pinçant ses mots du bout des lèvres, j'ai bien peur que l'amitié de mademoiselle Aurélie de S... pour mademoiselle Sabine Durand ne se ressente beaucoup de cette rencontre chez monsieur Simon.

— Comment? mais comment? fit encore le marquis, qui voulait absolument qu'on lui lâchât la confidence à brûle-pourpoint.

— Comment? reprit monsieur Léonard en ouvrant de grands yeux, mais parce qu'il n'y a pas d'amitié si puissante qui ne regrette de voir aller à un autre le bonheur qu'on eût volontiers gardé pour soi.

M. Léonard se retourna après cette intrépide bordée que le marquis reçut sans reculer d'un pas.

Cependant M. de Bellestar demeura près d'une minute sans répondre, mais en laissant échapper un petit ricanement joyeux; et après s'être probablement dit à lui-même tout bas ce qu'il pensait de son mérite personnel, il acheva tout haut ce monologue muet en disant :

— Mais oui, je suis un assez bon parti.

Un commis venait d'apporter les objets attendus par M. de Bellestar, de façon qu'il n'avait plus rien à faire dans le magasin.

Cependant il ne le quitta point, et, touchant à peine du bout du doigt les bijoux étalés devant lui, les rangeant symétriquement, comme quelqu'un qui pense à toute autre chose qu'à ce qu'il fait, il reprit :

— Mais comment diable vous a-t-elle dit tout cela?

A cette question, la figure du joaillier devint plus sérieuse, et son air parut assez embarrassé.

Peut-être s'aperçut-il trop tard que le désir de flatter son noble et riche client l'avait engagé trop loin.

— On ne m'a rien conté, monsieur le marquis, reprit-il en mangeant ses phrases à moitié; j'ai remarqué... j'ai cru remarquer... c'est du moins ainsi que j'ai expliqué certaines paroles... Vous le savez comme moi, monsieur le marquis, la passion est quelquefois injuste; mais il est inutile de vous occuper de tout cela...

— Ah çà! mais, fit le marquis, pourquoi me parlez-vous de passion, d'injustice?...

— Oh! ce n'est rien... absolument rien... Mais comme vous le disiez tout à l'heure... mademoiselle Aurélie de S... a beaucoup d'esprit, et peut-être en abuse-t-elle quelquefois...

— Ah! reprit M. de Bellestar, il résulte très-clairement de ceci, malgré toutes vos finesses, que mademoiselle de S... vous aurait dit quelque chose de fâcheux contre moi.

— Contre vous? Non, assurément... et il me semble que ce que je viens de vous dire .. du regret qu'elle éprouve peut-être du bonheur de mademoiselle Durand...

— Ce serait donc contre elle qu'elle a abusé de son esprit?

— Je ne dis pas cela, dit le joaillier véritablement embarrassé; je vous prie de ne pas m'interroger plus longtemps sur ce sujet. Ce n'est qu'un mot échappé dans un mouvement de dépit, un mot qui, j'en suis sûr, n'est basé sur rien.

— Mais enfin quel est ce mot? reprit le marquis.

— Je vous supplie, reprit M. Léonard, de ne pas me le demander. Je déteste les propos, je n'en fais jamais. J'entends souvent ici bien des choses qu'on ne devrait pas y dire, et je me garderais bien de les répéter aux gens qu'elles peuvent blesser.

— Mais ce qu'a dit mademoiselle de S... peut donc me blesser? reprit le marquis qui, malgré sa sottise, ne manquait pas d'un certain instinct pour découvrir les choses qu'il avait à savoir.

— N'abusez pas, je vous en prie, je vous en supplie, reprit M. Léonard, n'abusez pas d'une parole que vous avez saisie au passage, et que je voudrais ne pas avoir dite, pour me forcer à vous raconter un propos auquel je ne crois pas, qui ne doit pas être vrai et qui pourrait faire du tort dans votre esprit à une personne que j'aime.

M. Léonard était-il un de ces intrépides bavards qui ont toujours l'air de vouloir cacher ce qu'ils brûlent de dire, et qui font comme la jeune fille de Virgile, qui jette une pomme à son amant, fuit vers les saules, et désire cependant être vue?

Etait-ce avec intention qu'il ajoutait à chaque phrase de protestation sur son désir de garder un secret, un petit bout de phrase qui laissait voir à chaque fois un petit bout de ce secret?

Etait-ce tout simplement un de ces bavards maladroits, à qui tout échappe malgré leur désir sincère de ne rien dire? Il importe peu puisque le résultat fut le même.

Ainsi déjà le marquis savait qu'un propos qui le concernait avait été tenu par mademoiselle de S...; que ce propos pouvait le blesser et qu'il pouvait faire du tort à quelqu'un; ce quelqu'un ne pouvait être que Sabine, ce propos ne pouvait concerner que son mariage.

Une fois qu'il en fut arrivé là, M. de Bellestar changea tout à fait de ton, et dit au joaillier :

— Vous savez, monsieur Léonard, comment il s'est fait que vous vous êtes trouvé tout à fait malgré moi, dans la confidence de mon mariage avec mademoiselle Durand. Il ne me convient d'entrer avec personne dans l'explication des motifs qui ont pu me déterminer à cette union ; mais il peut me convenir beaucoup d'apprendre tout ce qui pourrait m'empêcher de l'accomplir.

— Ah! s'écria M. Léonard, tout épouvanté et confus des paroles du marquis, une rupture! pour un mot inconsidéré dit par une jeune personne qui n'en prévoyait sans doute pas la portée.

— Eh! monsieur, fit le marquis, en disant cette fois une chose parfaitement juste, il n'y a que les mots dont on ne prévoit pas la portée qui sont véritablement sincères; je veux absolument savoir ce qu'a dit ici mademoiselle S... Je le veux !

Le bijoutier baissa les yeux, de peur de rencontrer le regard courroucé de sa noble pratique, et répondit d'une voix humble, mais résolue :

Je ne vous le dirai pas, monsieur le marquis, je ne dois pas vous le dire.

— Il suffit, monsieur, repartit M. de Bellestar en repoussant du bout du doigt les écrins posés devant lui, vous enverrez demain votre mémoire à mon intendant.

— Comme il vous plaira, monsieur, fit M. Léonard d'un ton désolé, mais vous devez comprendre ma position : mademoiselle Durand est aussi une de mes clientes, et je ne puis pas m'exposer à...

Le marquis désirait trop vivement savoir ce qui avait été dit pour ne pas se rattraper à la moindre excuse que lui ferait son fournisseur. Il reprit donc d'un ton presque amical :

— Vous oubliez, monsieur Léonard, quel intérêt j'ai à être instruit; vous oubliez surtout qu'en me parlant, vous parlez à un homme qui sait garder un secret.

— Vous me promettez, n'est-ce pas, reprit M. Léonard, que ceci ne sortira pas de ce magasin?

— Je vous le promets.

— Vous me promettez que vous n'attacherez à cela que l'importance que mérite la folle supposition que peut faire une fille jalouse du bonheur d'une de ses compagnes.

— Me prenez-vous pour un sot? fit le marquis.

— Vous me promettez surtout que mon nom ne sera jamais prononcé dans tout ce qui peut arriver ?

— Cela n'a pas besoin d'être dit, monsieur, reprit M. de Bellestar avec impatience, parlez donc.

— Eh bien ! reprit M. Léonard, voici ce qui s'est passé.

Une fois décidé à parler, le joaillier crut devoir raconter l'anecdote dans toutes ses circonstances, et commença ainsi.

— Le premier jour que mademoiselle de S... est venue chez moi, elle était, comme aujourd'hui, avec sa mère, qui a l'air d'une bonne dame bien simple et qui ne s'occupe de rien; mais elle était aussi, avec une autre jeune personne qui est également une amie de mademoiselle Durand, elles en parlèrent ensemble, et il fut question de l'emprunt qui m'avait été fait et des bijoux déposés chez moi. Comme vous l'avez même été tout à l'heure, je fus très-surpris de voir qu'une chose que je croyais si secrète fût connue de cette jeune demoiselle ; c'est ce qui me faisait vous dire, il n'y a qu'un instant, que mademoiselle de S... était la confidente des plus intimes pensées de mademoiselle Durand.

— Eh bien! monsieur, fit le marquis, je vois bien qu'on a parlé de ces bijoux, de cet emprunt; mais en quoi cela regarde-t-il mon mariage?

— Encore une fois, monsieur le marquis, ce n'est qu'un mot de dépit auquel vous ne devez pas faire attention... toujours est-il que, comme la compagne de mademoiselle de S... lui faisait tout bas quelques observations, celle-ci répondit assez haut pour que je l'entendisse :

— Oui, ma chère, elle épouse M. de Bellestar... avec une passion dans le cœur...

— Bah! fit l'autre jeune personne.

— Oui, ma chère, reprit mademoiselle de S..., Sabine est folle de M. de Prosny...

M. de Bellestar reçut le coup d'un air si stupéfait, que M. Léonard se crut presque obligé de justifier le propos comme mademoiselle de S... l'avait fait elle-même, en ajoutant rapidement :

— Et comme la compagne de mademoiselle Aurélie lui disait que ça n'était pas possible, celle-ci ajouta : — Tu en doutes, je te montrerai la lettre où elle me le dit positivement.

— Si nos lecteurs veulent bien se rappeler la fameuse lettre qui avait échappé aux investigations de mon espion, je leur dirai en confidence que c'est celle-là.

XI

Il serait difficile de se figurer la mine que fit M. de Bellestar à la révélation inouïe que venait de lui faire le bijoutier; il serait surtout presque impossible de s'imaginer les mouvements rapides et successifs qui agitèrent son visage. C'était tour à tour une expression furieuse sous des sourcils froncés, puis une expression confiante et dédaigneuse avec un fier sourire.

Ces deux grimaces allaient et venaient sur la figure du marquis comme deux seaux se montrent chacun son tour à l'orifice d'un puits.

« Elle en aime un autre! (Expression sombre.)

» Impossible, j'ai son aveu! (Expression rassurée.)

» Elle aimerait M. de Prosny! (Mine furieuse.)

» Elle en a pitié, voilà tout! (Mine charmante.)

» Mais ce qu'elle m'a dit hier : Maintenant, jamais! jamais! (Physionomie courroucée.)

» C'est le désespoir de sa fâcheuse position vis-à-vis de ce jeune homme! (Physionomie paternelle et protectrice.)

» Mais ce qu'a dit cette jeune fille! (Rage véritable.)

» Propos de rivale jalouse! (Ravissement modeste.)

» Se serait-on moqué de moi? (Air cruel et menaçant.)

» Je suis le marquis de Bellestar! (Air de sublime assurance.)

» Je saurai la vérité! (Visage soucieux.)

» Jusque là dissimulons! » (Indifférence, dédain, raillerie, dandinement et ricanement.)

Nous ne continuerons pas ce monologue dialogué, qui suivit les dernières paroles de M. Léonard, dont le visage suivait les rapides changements du visage du marquis, tantôt souriant avec lui, tantôt se rembrunissant quand le marquis se rembrunissait ; de façon que si quelqu'un eût pu les voir ainsi l'un en face de l'autre se regardant sans se rien dire, se tordant silencieusement le visage, il eût pu croire que c'étaient deux mimes qui répétaient une scène de grimaces.

Enfin le marquis interrompit ce jeu fatigant des muscles faciaux pour dire au bijoutier de sa voix la plus impertinente :

— C'est bien, M. Léonard ; je vous promets que vous ne perdrez point la clientèle de mademoiselle Durand.

Cela pouvait avoir un sens caché et fort spirituel ; mais, pour notre part, nous laisserons notre joaillier occupé à le découvrir ; et nous suivrons M. de Bellestar, qui remonta dans sa voiture la tête grosse d'orages.

Cependant, au milieu de toutes ses réflexions, deux pensées dominaient le reste.

L'une avait rapport aux cent mille francs qu'il lui avait fallu donner à M. Léonard pour retirer de ses mains les bijoux de Sabine, et les attacher à ce fameux bouquet qui avait servi de couronne au triomphe du marquis, le jour de la fête de sa future.

Il comptait bien, en cas de rupture, sur le remboursement de ses cent mille francs ; mais il ne pouvait s'empêcher de penser avec douleur qu'il n'avait, comme on dit vulgairement, ni carte ni billet pour soutenir sa réclamation et cela ne lui plaisait nullement.

A côté de cette pensée désagréable, il en surgissait une autre bien plus irritante, mais qui, en même temps, donnait quelque consolation à M. de Bellestar par l'espoir d'une vengeance.

C'était le souvenir de la manière dont lui avait parlé de Prosny et celui des paroles qu'il lui avait dites à propos de son habit bleu. Il y avait là matière à demander raison à Sylvestre, non point de l'amour qu'on avait pour lui, ce qui eût été une sottise, mais de l'insolente provocation qu'il s'était permise sans raison.

Si M. de Prosny était un poltron (et dans l'opinion de M. de Bellestar sa qualité de clerc d'avoué rendait cette supposition fort vraisemblable), si M. de Prosny, disons-nous, était un poltron, il le forcerait à de telles excuses, qu'il le laisserait à mademoiselle Durand si avili, si déshonoré, qu'elle aurait honte de son amour.

Si, au contraire, il était assez brave pour maintenir sa provocation, M. de Bellestar se donnait la chance d'un duel, et, dans ce cas, il regardait en souriant sa puissante main ; il simulait dans l'air la botte qu'il pousserait à son ennemi, ou visait un passant avec son doigt, à travers la glace de sa voiture, et au bout de ces gestes, il voyait toujours Prosny étendu par terre, mourant ou mort, puis mademoiselle Durant, pâle et échevelée, apprenant enfin quel homme elle avait dédaigné, quel héros elle avait méconnu.

M. de Bellestar s'était fait conduire chez M. Simon.

Losqu'il demanda à voir l'avoué, il lui fut répondu qu'il était sorti d'assez grand matin, et qu'il n'était pas encore rentré.

Quant à madame Simon et à Sabine, elles avaient passé la nuit près du malade, et elles reposaient sans doute encore toutes les deux, car ni l'une ni l'autre n'avait sonné.

De tous ceux que M. de Bellestar venait chercher, il n'y avait de visible que M. de Prosny que le médecin quittait à l'instant, après avoir déclaré que tout danger était passé, et que le rétablissement du malade ne demandait qu'un peu de calme et de repos.

Cette recommandation n'arrêta point M. de Bellestar qui se dit qu'il n'était obligé à aucun ménagement vis-à-vis de ce monsieur. D'ailleurs, se disait-il, je jugerai de son état, et je verrai jusqu'où je dois pousser aujourd'hui mes explications avec lui.

Avant d'entrer avec M. de Bellestar dans la chambre de Sylvestre, nous devons dire ce qui s'était passé chez M. Simon depuis le moment où nous avons quitté de Prosny s'endormant après avoir laissé échapper dans son délire l'aveu d'un amour qui n'eût jamais osé parler, si Sylvestre eût eu la conscience de ce qu'il disait.

Comme on peut se le rappeler, Sylvestre a été transporté dans le cabinet qui attenait à la chambre à coucher de M. Simon, de façon que lui, sa femme et Sabine purent s'y retirer après avoir éloigné tous les domestiques, sans cependant laisser Sylvestre absolument seul, puisque par la porte ouverte ils pouvaient entendre et surveiller le moindre de ses mouvements.

Sans qu'il eût été rien dit entre ces trois personnes, elles sentaient d'un commun accord qu'une explication était nécessaire après ce qui s'était passé, et madame Simon l'aborda la première au moment où M. Simon s'assit au coin de son feu d'un air profondément soucieux et mécontent.

— Eh bien! dit-elle avec une réelle satisfaction, qu'est-ce que j'avais dit? Vous le voyez tous deux ; il aime Sabine.

— Ah! diable! fit M. Simon ; et Sabine était sans doute avertie avant que la folie de ce pauvre garçon ne le lui eût appris ?

— Madame Simon me l'avait donné à entendre tout à l'heure, dit Sabine en serrant la main à sa tutrice ; mais j'hésitais à le croire, lorsque vous nous avez fait appeler près de vous.

— D'abord, dit M. Simon d'un ton fâché, je n'avais fait appeler que ma femme ; vous êtes venue, Sabine, ce qui n'était pas convenable... et il en est résulté que vous avez entendu ce que vous n'eussiez pas dû entendre.

— Ah! monsieur! dit Sabine confondue du ton sévère de son tuteur.

— Comme tu lui parles, mon ami! dit madame Simon, tristement surprise de cette sévérité.

— Je parle, ma chère amie, fit M. Simon, comme j'aurais dû parler depuis huit jours... depuis que j'ai été instruit de la folle idée et de la démarche inconvenante de mademoiselle.

— Mais ne l'as-tu pas toi-même autorisée? reprit madame Simon de plus en plus étonnée du ton de son mari.

— Et j'ai eu tort, dit M. Simon... Mais voilà toujours ce qui arrive quand on fait les affaires avec des sentiments.

— Quel grand malheur est-il arrivé? dit madame Simon blessée du ton de son mari.

— Quel malheur! fit M. Simon. A moins que vous ne comptiez pour rien ce jeune homme étendu là, à côté de nous, et en danger de mourir; à moins que vous ne comptiez pour rien d'avoir accepté la main d'un homme comme M. de Bellestar, pour le mettre ensuite à la porte, sans motif, sans raison, si ce n'est de lui dire : « Monsieur, j'en suis bien fâchée, mais je me suis aperçue que j'aimais M. de Prosny; en conséquence, je suis votre très-humble servante, vous pouvez aller vous pourvoir ailleurs; » à moins que vous ne comptiez pour rien la scène qui a eu lieu ce soir : toute la maison dans la confidence de cette scène, des domestiques qui viennent d'entendre tout ce qui a échappé au délire de Sylvestre. A moins que vous ne considériez tout cela comme de petites fantaisies de romancier, propres à faire un feuilleton au bas de votre journal, je ne comprends pas que vous puissiez me demander quel grand malheur il est arrivé.

Madame Simon baissa la tête pour cacher les larmes que faisait monter à ses yeux la colère inattendue de son mari. M. Simon s'en aperçut et se détourna avec impatience;

quant à Sabine, elle fut aussi blessée dans son cœur; mais elle n'accepta pas avec la même soumission que madame Simon la sévère remontrance de son tuteur, et puisant surtout son courage dans la douleur de sa tutrice, qui s'était, à vrai dire, compromise pour elle seule, elle répondit d'un ton digne et froid :

— La première faute de tout ceci, monsieur, est à moi, non point pour ce que j'ai fait, mais... malheureusement pour ce que je suis.

— Encore? fit M. Simon avec humeur.

— Toujours, dit mademoiselle Durand, avec une résolution qui fit que M. Simon la regarda avec une véritable colère.

Sabine baissa les yeux, mais plutôt pour ne point paraître braver le regard de son tuteur, que parce que ce regard l'avait intimidée, car elle continua d'un ton froid et calme :

— Permettez-moi de vous dire que vous oubliez ce qui s'est passé entre nous. Pourquoi, je vous prie, avez-vous décidé mon union avec M. de Bellestar? N'est-ce pas pour que l'honneur d'un tel nom couvrît la honte du mien?

Monsieur Simon frappa la terre du pied avec impatience.

— Pourquoi avez-vous précipité cette union en dehors de tous les usages ordinaires? N'est-ce pas parce que vous craigniez de garder près de vous une pupille dont on vous aurait accusé de diriger la fortune dans votre intérêt? N'est-ce pas dans la crainte de ce qu'elle pourrait faire de sa liberté, si elle restait seule dans le monde, sans famille pour la protéger, et privée même de cette suprême protection qu'on doit à un nom honorable? N'est-il pas vrai que c'est pour cela que vous avez voulu me marier avec M. de Bellestar, et que vous avez pressé si vivement ce mariage?

— Eh bien! quand cela serait? dit M. Simon.

— N'en résulte-t-il pas, monsieur, que c'est ma misérable position qui vous a dicté la conduite que je n'accuse pas, la seule conduite que vous ayez dû suivre ; que c'est donc, comme je vous le disais, la faute de ce que je suis qui a amené tout ce qui arrive.

— Non, mademoiselle, non, dit M. Simon, ce n'est pas cela. Puisque vous-même reconnaissez l'excellence de cette conduite, puisque vous-même vous avouez que ce j'avais résolu était sage et convenable, vous devez parfaitement reconnaître aussi que si l'on avait fait ce que j'avais dit, tout était sauvé, tout était fini.

— Sans doute, monsieur ; mais vous aviez oublié peut-être que je paierais de mon bonheur cet avenir, cette protection dont on voulait couvrir le fatal héritage que j'ai reçu des miens.

— Oh ! mon Dieu ! fit madame Simon, qui dévorait silencieusement ses larmes, il le savait bien que tu ne serais pas heureuse, et il eût accueilli avec joie l'annonce d'un événement qui eût pu rompre ce mariage. Mais depuis ce moment, je ne sais ce qui est arrivé, ce qui lui a passé dans l'esprit... Enfin, nous avons tort, nous sommes coupables... Ah ! c'est affreux !... Ma pauvre enfant, c'est bien triste !

M. Simon ne s'apaisait point, et Sabine reprit après avoir embrassé tristement sa tutrice :

— Vous le voyez, monsieur, je suis une cause de querelle entre vous qui êtes si bon et ma tutrice qui a été pour moi une mère si tendre ; pour la première fois, il y a désaccord ici, et c'est à cause de moi. J'ai cruellement blessé votre ami, pour lequel je n'avais cependant que des sentiments pleins d'estime et d'affection ; il est là qui souffre près de nous, et c'est moi qui lui ai porté le coup qui le tuera peut-être. D'un autre côté, j'ai offensé dans son orgueil un homme auquel je n'ai rien à reprocher que de ne pas être assez fière de la faveur qu'il me fait, et je vous ai peut-être attiré un ennemi puissant et qui s'en prendra à vous des torts que j'ai eus seule. Ne serait-ce pas assez pour me dicter la conduite que je dois tenir, quand même je ne vous verrais pas tous les deux tristes, malheureux par ma faute? Vous le voyez, monsieur, il est temps que je quitte votre maison, que je m'éloigne. Vous ne devez pas souffrir de ce que le malheur m'a faite; l'époque n'est pas éloignée où vous pourrez me rendre légalement ma liberté. Encore quelques jours de patience, monsieur, et vous n'aurez plus à vous préoccuper de moi.

Pendant que Sabine parlait ainsi, les larmes l'avaient gagnée insensiblement, elles éclatèrent avec ses dernières paroles, et elle se retourna vers madame Simon qui l'appela dans ses bras et toutes deux pleurèrent ensemble.

M. Simon se leva, et s'écria, mais à voix basse :

— Ah! les femmes sont folles, ma parole d'honneur! elles ne comprennent rien aux exigences de ce monde; lorsque la moindre des choses s'oppose à ce qu'elles veulent, elles n'ont d'autre façon d'agir que de tout rompre, de tout briser.

— Ah! mon ami... dit madame Simon avec douleur.

— Mon Dieu! repartit son mari, je ne parle pas pour toi, tu le sais bien. J'ai de l'humeur, j'ai le droit d'en avoir, et parce que je le montre, parce que je laisse voir que je suis triste et malheureux de ce qui arrive, voilà mademoiselle qui me dit qu'elle veut s'en aller, qu'elle est de trop dans ma maison... Ah!...

M. Simon s'interrompit lui-même par cette exclamation pour ne pas laisser percer l'émotion qui le gagnait à son tour. Sabine courut à lui, et l'embrassant de toutes ses forces, le retenant dans ses bras dont il voulait en vain se dégager, elle lui dit :

— Mais, mon Dieu, que voulez-vous que je fasse? Je ferai ce que vous voudrez..... je me soumettrai à vos ordres..... Voyons... voyons... ne soyez pas fâché contre moi... et surtout, je vous en prie, ajouta-t-elle en l'entraînant vers sa tutrice, ne soyez pas fâché contre elle....

M. Simon sourit doucement à sa femme en lui tendant la main ; elle se jeta à son cou et lorsque tous les trois se furent bien dit que c'était fini, qu'il n'y avait plus rien entre eux que la confiance d'autrefois, que les tendres sentiments qu'ils avaient toujours eus les uns pour les autres, madame Simon, qui connaissait à fond le cœur de son mari, lui dit :

— Et maintenant, voyons, qu'est-il arrivé?

M. Simon poussa un profond soupir, et leva les yeux au ciel d'un air peiné. Madame Simon reprit vivement :

— Mais qu'est-il donc arrivé?... Car je te connais, mon ami, il faut qu'il se soit passé quelque chose de bien extraordinaire pour que tu nous aies traitées ainsi toutes les deux.

M. Simon ne répondit pas tout d'abord; il revenait en pensée sur ce qui l'avait ainsi changé, il paraissait fort embarrassé et surtout très-malheureux d'être obligé de le dire.

— Tu ne réponds pas? dit madame Simon ; mais c'est donc bien grave, bien triste?

— Oui, reprit M. Simon, c'est grave et c'est triste... sans cela, vous ne m'auriez pas vu dans l'état où j'étais quand je t'ai fait appeler; je comptais que tu viendrais seule... Sabine est venue. .

— Et j'ai vu le mal que j'ai fait, dit la jeune fille.

— Oh! reprit M. Simon, ce ne serait rien... mais...

— Qu'est-ce donc? firent ensemble madame Simon et Sabine.

— Ma pauvre enfant, dit M. Simon en se tournant vers sa pupille, je voudrais pour beaucoup que rien de ce qui se passe ne fût arrivé... Mais quelle que puisse être la colère de M. de Bellestar, tout ce qu'il peut dire et faire pour se venger (il est homme à faire et à dire de fort vilaines choses); si ce n'était que tout cela, je m'en soucierais fort peu... mais il y a une chose plus grave, plus fâcheuse, une chose pour laquelle je ne vois pour ma part aucun remède.

— Tu me fais peur!... dit madame Simon.

— Mais parlez donc! s'écria Sabine.

— Voilà encore ce qui me désole, c'est que tu saches...
Il s'arrêta et reprit :

— Mon enfant, ma pauvre enfant, laisse-nous un moment avec ma femme; il y a dans ce monde des choses que tu ne dois pas entendre.

— Mais il s'agit de moi, j'en suis sûre, fit Sabine.

— Peut-être..... repartit M. Simon; mais crois-moi, Sabine, et tu dois en être persuadée... nous chercherons, tous deux qui t'aimons, nous chercherons un moyen d'éviter le malheur qui te... qui nous menace tous...

— Il s'agit de moi! reprit Sabine avec épouvante.

— Voyons, sois raisonnable, crois-tu que nous ne t'aimions pas assez pour faire tout ce qui peut te sauver?...

— Me sauver!... mais, mon Dieu.,. vous me faites peur...

— Elle a raison, s'écria madame Simon, la vérité lui sera moins cruelle qu'une pareille incertitude...

M. Simon réfléchit un moment et dit tout bas, comme s'il se parlait à lui-même :

— Oh! non, elle a déjà assez souffert aujourd'hui.

— Mais c'est me tuer, s'écria Sabine, que de me laisser dans cette horrible attente.

— Mais tu es plus cruel que si tu lui révélais le malheur qui la menace... parle... je t'en supplie... parle.

— Eh bien! dit M. Simon, aie du courage, mon enfant, aie du courage.

Puis il reprit en s'adressant à sa femme :

— Tu sais que, lorsque tu m'as quitté pour retourner auprès de Sabine, j'étais fort préoccupé de savoir ce qui avait déterminé ce désespoir si subit et si violent qui avait tout à coup frappé Sylvestre quand il avait appris le chiffre de la somme que Sabine lui avait envoyée. J'en avais bien

13.

quelque soupçon, et les paroles échappées à de Prosny dans son délire ont dû vous apprendre la vérité. Le paquet remis par Sabine à la porte de Sylvestre est tombé dans les mains de sa tante; elle s'est emparée de la plus forte partie de cette somme, et a disparu. Je le sais. Un domestique, que j'ai envoyé il y a une heure chez de Prosny, vient de me dire que mademoiselle de Prosny, sortie quelques minutes après son neveu, n'était pas rentrée.

Les deux femmes écoutaient avec étonnement.

— Ceci ne serait rien, reprit l'avoué. On la laisserait tranquille avec son argent, ou bien on la retrouverait si cela était nécessaire. Mais voici ce qui m'épouvante : mademoiselle de Prosny avait laissé chez le portier de sa maison une lettre pour son neveu, dans le cas, avait-elle dit, où il rentrerait avant elle. Cette lettre, on l'a remise au domestique qui a dit que Sylvestre était chez moi. Cette lettre, je me suis cru autorisé à la lire pour m'éclairer non-seulement sur ce qui était arrivé, mais encore sur ce que je pourrais avoir à faire. Cette lettre, la voici.

— Eh! que renferme-t-elle donc, cette lettre?

— Ecoute-la, Sabine, et n'oublie pas qu'elle est écrite par une femme que vingt ans de misère ont ulcérée. Ne t'arrête point à des injures qui ne peuvent t'atteindre, mais songe qu'il nous faut toute notre prudence pour prévenir le malheur dont nous menace la vengeance de mademoiselle de Prosny.

— Lisez donc! s'écria Sabine tremblante.

M. Simon ouvrit la lettre d'un air désolé et lut ce qui suit :

Lettre de mademoiselle de Prosny à son neveu.

L'heure de la justice et du châtiment arrive tôt ou tard pour les coupables, aussi bien pour les filles sans pudeur, qui gardent malhonnêtement la fortune qu'elles savent provenir du vol et de la honte, que pour les hommes qui renient l'héritage de probité et d'honneur qu'ils tiennent de leur père.

J'ai gardé la plus forte partie de la somme qui vous a été donnée par la fille Durand.

De deux choses l'une :

Ou cet argent vous appartient légitimement, et alors il est à moi; nos comptes sont clairs, précis et très en règle; vous les avez reçus de votre père mourant. Ils vous constituaient mon débiteur d'une somme de trois cent neuf mille cinq cent vingt-deux francs trente-cinq centimes, sans compter les intérêts de cette somme depuis l'époque de la mort de votre père.

Si cet argent n'est pas à vous, à qui est-il? d'où vient-il ?

C'est ce que je veux qui soit bien clairement établi.

Il vient de la fille Durand, vous le savez; c'est facile à prouver; les preuves, je les possède. S'il vient d'elle, pourquoi vous l'a-t-elle donné? Est-ce pour quelque service que vous lui avez rendu? Est-ce pour vous payer d'être son amoureux ?

Si c'est ainsi, elle le dira.

Si, au contraire, c'est parce qu'elle nous doit dix fois plus qu'elle ne nous a rendu, elle a donc reconnu qu'elle nous devait quelque chose, et alors je prétends compter avec elle. Puisqu'elle veut être honnête, il faut qu'elle le soit tout à fait.

Je comprends qu'il lui ait paru commode de prendre une bribe des trésors que son indigne père lui a amassés, et de nous la jeter, afin de pouvoir vivre tranquille et en disant qu'elle ne doit rien à personne. Je ne lui laisserai pas cet avantage.

Je vous connais maintenant, Sylvestre; je sais que, par amour pour une petite coureuse, vous abandonneriez celle que votre père a ruinée; je sais que pour faire le généreux vis-à-vis de cette fille, vous me poursuivrez comme voleuse.

J'ai pris mes précautions.

Je n'attendrai pas que vous alliez me dénoncer chez un procureur du roi. J'irai la première. Ce que j'ai fait, je le dirai à qui voudra l'entendre.

Je remettrai au magistrat mes papiers, qui prouvent que j'ai des droits sur cet argent, s'il est à vous. S'il n'est pas à vous, il faudra bien dire d'où il vient.

Alors on saura ce qu'est la fille Durand, quelle est l'origine de sa fortune, et nous verrons si, après qu'on l'aura traînée devant les tribunaux, dût-elle gagner sa cause et garder cette fortune volée, elle trouvera encore un homme assez lâche, assez éhonté pour l'épouser.

Ce que je vous dis, je le ferai, dussé-je être forcée de vendre ce qui m'appartient. La misère ne m'épouvante pas; vous m'y avez habituée.

Mais ce que je veux, c'est remettre à sa place cette fille que vous avez la lâcheté d'aimer.

Ce que je veux, c'est me venger d'elle et de vous, qui m'avez injuriée et menacée pour elle; et je le ferai, je vous le jure.

A bientôt; vous n'avez pas besoin de me chercher, vous entendrez parler de moi.

Votre tante, E. DE PROSNY.

XII

Pendant cette lecture, Sabine était tombée dans une profonde stupeur.

Madame Simon écoutait avec une surprise et une douleur qui se contenaient à peine.

Enfin, lorsque M. Simon eut fini, et qu'au lieu de chercher à détruire l'effet de cette lettre, il en parut lui-même accablé, madame Simon lui dit avec chagrin :

— Mais tout cela n'est qu'une menace sans portée.

M. Simon poussa un profond soupir et secoua la tête.

Sabine le regarda et lui dit d'une voix si profondément altérée qu'elle épouvanta madame Simon :

— Ainsi je suis perdue !

Et sa tête retomba sur sa poitrine.

— Mais pourquoi lire cette lettre devant elle ? dit madame Simon.

— Pourquoi ? fit M. Simon, parce qu'il faut en finir avec cette fâcheuse position ; parce qu'il vaut mieux qu'elle apprenne ici, entre nous, ce qui la menace, ce qui peut l'atteindre, que de se le voir peut-être reprocher indirectement par une de ces paroles infâmes avec lesquelles les envieux et les jaloux tuent doucement leurs ennemis.

— Mais regarde-la donc, s'écria madame Simon en courant vers Sabine, dont l'œil morne et distrait semblait n'avoir plus la conscience de ce qu'elle voyait.

— Oui... oui, dit M. Simon avec douleur, je vois qu'elle souffre ; mais que serait-il donc arrivé si, ce procès une fois engagé, elle en eût été instruite par quelques paroles étrangères, ou par un acte légal dont il eût bien fallu lui faire part ?... Car c'est un dédale affreux que cette affaire.

— Mais ce procès n'est pas possible, dit madame Simon qui s'était assise à côté de Sabine, et qui serrait dans ses mains tremblantes les mains inertes de la jeune fille.

— Tous les procès sont possibles, dit M. Simon. Un voleur qui passe dans la rue à l'heure qu'il est peut prétendre que je lui dois dix mille francs sur parole, il peut les réclamer devant les tribunaux ; il perdra son procès, c'est certain, car il ne pourra prouver ce qu'il avance ; mais il ne m'aura pas moins forcé à venir lui donner un démenti, à jurer que je ne lui dois rien. Et si quelques circonstances habilement arrangées donnaient un air de vraisemblance à sa prétention, assurément il perdrait de même ; mais si je n'avais quarante ans de probité à opposer à une pareille demande, il ne manquerait pas de gens pour dire :

— Il a gagné son procès, mais cela n'est pas parfaitement clair.

— Et, reprit M. Simon en s'animant, aujourd'hui même et dans la position où je suis, je ne voudrais pas que cela m'arrivât, ne fût-ce que pour empêcher quelques bons amis de raconter partout le sot ennui qu'on me suscite, en disant d'un air plein de bonne volonté pour moi :

— C'est une chose odieuse qui lui arrive, l'on se demande quel intérêt a poussé celui qui le poursuit ; car enfin il devait savoir qu'il ne pourrait réussir. Ce doit être une vengeance... etc..., etc...

Et le monde, à force de chercher, trouve une explication à cette vengeance. Basile a raison, ma chère enfant, quand il dit : « Calomniez, il en reste toujours quelque chose. »

— Mais enfin, dit madame Simon, mademoiselle de Prosny a commis ce qu'on appelle un vol.... et elle n'osera pas....

— D'abord, dit M. Simon, elle ne croit pas avoir commis un vol, et elle osera, à moins qu'on ne la prévienne. Elle n'a qu'à s'adresser à certains avocats, race de bandits qui ne vit que de scandales, et tu verras quel admirable procès ils organiseront.

— En vérité, je ne comprends pas, dit madame Simon.

— Eh bien ! reprit M. Simon, c'est parce qu'il faut que tu comprennes et qu'elle comprenne aussi, que je vais vous expliquer ce qui peut arriver, pour que vous ne vous étonniez pas du trouble où vous m'avez vu et de la terreur que me cause tout ceci. Si mademoiselle de Prosny s'adresse à un habile avocat, voici comment il procédera : il ne sera pas assez niais pour venir attaquer Sabine directement, surtout s'il spécule sur le scandale. Il s'adressera à Sylvestre. La tante demandera le paiement de ce qui lui est dû. La créance est certaine, reconnue, le procès est juste. De quelque façon que Sylvestre se pose dans l'affaire, l'avocat ne manquera pas de raconter l'origine de la dette : elle vient de fonds prêtés à M. Durand par mademoiselle de Prosny, avec la garantie du père de Sylvestre. Durand n'ayant point payé, mademoiselle de Prosny est restée en présence de son frère, et par conséquent de son héritier. Que tout cela soit un très-mauvais procès juridiquement parlant, c'est probable; mais il arrivera au scandale, qui en est le véritable but, il arrivera à recommencer l'histoire des faillites du père de Sabine; l'incident des cent mille francs déposés à la porte de Sylvestre viendra s'y mêler... On condamnera sans doute la soustraction de la tante; mais après avoir mis le père en cause, on y mettra la fille. Il y a là de quoi exciter la verve d'un avocat durant des heures entières; il faudra, ou nier ce dépôt, ou l'expliquer. Dans tous les cas, tout cela est odieux, abominable, mais tout cela est possible, tout cela arrivera si l'on ne prévient pas, si l'on ne calme pas cette mégère.

Si l'on s'étonne que M. Simon parlât d'une manière si explicite en présence de Sabine, dont chacune de ses paroles devait briser le cœur, nous dirons qu'une fois que M. Simon s'était décidé à parler, il avait voulu aller jusqu'au bout de toutes les mauvaises prévisions.

Lorsqu'on frappe quelqu'un d'un coup violent, souvent la douleur est affreuse et semble mortelle, mais la chance du lendemain est que cette douleur s'affaiblira; et comme il n'y a plus rien à y ajouter, on tient à bien tout ce qui y manque.

Il y a des gens qui raisonnent autrement, qui ont le désir et la prétention d'épargner le malheur à ceux qu'il atteint, et qui le leur versent pour ainsi dire goutte à goutte.

Avec ces gens-là, on se croit tous les matins au bout de ses peines, on met son courage au niveau du chagrin qui vous frappe, mais, le soir venu, il trouve qu'on n'en a pas assez mis ; il y a un malheur de plus, on s'y résigne, et, sur l'assurance qu'on vous donne que tout est fini, on subit sa peine telle qu'on vous l'a mesurée.

Point du tout, le lendemain, c'est un nouvel événement, un nouveau chagrin, et le surlendemain encore, et de même tous les jours.

Eh bien! pour nous comme pour M. Simon, cette manière de procéder, qui appartient à la faiblesse et non point à la prudence, cette manière de procéder, disons-nous, inflige à ceux qui y sont soumis un des plus affreux supplices qu'on puisse imaginer, c'est ce qu'on a si admirablement nommé la mort à coups d'épingle.

Et s'il arrive que ce supplice frappe un cœur impatient, prompt à s'ébranler à la moindre commotion, à s'agiter sous le moindre contact, il est certain que le frapper de ces atteintes réitérées, c'est le battre pour ainsi dire d'un désespoir incessant et capable de le pousser aux dernières extrémités.

Ce supplice est assez pareil à cette torture de l'inquisition, qui consistait à faire frapper alternativement et d'un coup léger les deux tempes d'un homme au moyen d'un balancier à deux branches portant chacune une petite balle de plomb. Les premiers coups se faisaient à peine sentir : mais à mesure que le plomb revenait frapper sur cette même place de la tête déjà endolorie, la souffrance augmentait, et quoique les coups ne devinssent jamais ni plus rapides ni plus violents, il arrivait un moment où le cerveau, ébranlé sans relâche, tressaillait sans cesse dans une espèce de bourdonnement douloureux, traversé de lancinations aiguës, déchirantes, et qui faisaient de cette torture la plus exécrable de celles qu'avait inventées le saint office. Le bourreau qui rompt rapidement les membres de la victime est bien moins cruel.

M. Simon avait donc voulu frapper Sabine de toute la douleur qu'elle pouvait ressentir; en conséquence, elle avait appris le malheur qui la pouvait menacer; elle l'avait mesuré, et, une fois la première stupeur passée, elle avait écouté avec un courage et une résolution sur lesquels M. Simon avait compté.

Il s'attendait également à ce qu'elle allait lui proposer, il avait préparé sa réponse.

Lorsqu'il eut cessé de parler, Sabine s'approcha de lui :

— Maintenant, lui dit-elle, vous devez comprendre qu'il ne m'est pas possible de garder ma fortune au prix qu'il me faudrait la payer; ce serait me condamner à mourir sous prétexte de défendre les intérêts de ma vie. Vous êtes trop humain pour le vouloir.

— Mon enfant, dit M. Simon, ce que tu me dis là est trop juste pour que je ne sois pas de ton avis; mais, dans ta position, la chose est fort difficile. Tu ne peux encore disposer de tes biens, et je ne le puis pas davantage. Il faut donc gagner du temps, c'est-à-dire arriver à l'époque où, maîtresse de l'emploi de ta fortune, tu rachèteras de la manière la plus noble la honte qu'on t'a léguée. Mais, puisque tu es résolue à ce sacrifice, puisque je pense à mon tour qu'il est nécessaire à ton bonheur, au moins faut-il qu'il te sauve du scandale qui te menace. C'est ce que je pourrais faire si je retrouvais cette infâme mademoiselle de Prosny. Mais elle n'a laissé dans sa maison aucune indication. Sa lettre ne nous renseigne en rien sur l'endroit où elle s'est retirée.

— Mais il doit y avoir à Paris, dit madame Simon, mille manières de découvrir quelqu'un?

— Sans doute, reprit M. Simon, mais il ne faut point perdre de temps. Heureusement pour nous que cette journée ne lui permettra pas d'accomplir immédiatement son projet; elle ne trouvera aujourd'hui, ni avocat ni homme d'affaires dont la maison soit ouverte, et si je puis l'atteindre avant que quelqu'un ait pu lui expliquer la véritable marche à suivre, je suis à peu près certain de prévenir l'attaque qu'elle pourrait faire.

— Merci mille fois, dit Sabine à son tuteur, vous venez de me faire plus heureuse que je ne l'ai jamais été. Si vous saviez comme je me sens forte et fière, en pensant que le jour n'est pas éloigné où je ne devrai plus rien à personne, où je pourrai entrer partout la tête haute sans craindre aucun mot fâcheux qui vienne troubler la tranquillité de ma joie! Monsieur, ajouta Sabine en prenant la main de son tuteur et en le regardant fixement, j'entends que ce que vous ferez ne soit pas fait à moitié. Point d'arrangements contre lesquels on puisse encore récriminer. Ce que je dois, je veux le payer intégralement, non pas seulement à mademoiselle de Prosny, mais à tous ceux qui ont pu être lésés dans leurs intérêts.

— Il est certain, dit M. Simon, que du moment où nous entrons dans cette voie, il faut y aller jusqu'au bout. Ce qui est juste pour l'un est juste pour les autres. Seulement il ne faut pas faire les affaires en dupe, et c'est pour cela que je demande que personne que moi ne s'en mêle.

— Mais, fit Sabine, je voudrais...

— Mon enfant, dit M. Simon en interrompant sa pupille, je ne veux pas revenir sur les reproches que je t'ai faits ; mais tu dois assez voir ce qu'une imprudence te coûte, je ne dirai pas d'argent, mais de chagrins, pour ne pas risquer de t'en attirer de nouveaux par quelque démarche que tu pourrais croire excellente, et qui ne ferait que rendre la position plus embarrassée.

Nous avons dit quelles avaient été les dispositions de Sabine après la scène qui s'était passée au salon, et lorsqu'elle était restée en présence d'elle-même ; nous avons dit comment elle s'était résolue à soumettre désormais ses volontés à celles de M. Simon, à lui confier la direction absolue de sa conduite. Elle céda donc sans murmurer, quoiqu'au fond du cœur elle restât persuadée que, si on l'avait laissée agir elle-même, elle y aurait mis plus de grandeur et de générosité que ne le ferait sans doute M. Simon, qui, dans sa position, se préoccuperait des intérêts de sa pupille plus qu'elle ne l'eût désiré.

Quant à madame Simon, elle interrogeait son mari du regard, ne voulant faire aucune objection, et ne comprenant pas cependant qu'après ce qu'il avait dit à ce sujet, il consentît à sacrifier à ce point les intérêts de Sabine.

Notre avoué devinait bien l'anxiété de sa femme ; cependant, comme il ne voulait pas que le doute qu'elle pourrait avoir sur la manière dont il arrangeait ces affaires vînt en aide à la crainte qu'avait également sa pupille, M. Simon les les renvoya toutes les deux chacune dans son appartement, afin qu'aucune discussion ne s'engageât sur ce terrain ; mais à peine Sabine fut-elle rentrée chez elle, que M. Simon rappela sa femme et lui confia la façon dont il entendait agir et sauver Sabine et Sylvestre.

C'était pour arriver à ce but que le matin du 1er janvier il était sorti de fort bonne heure : ce fut pour cette raison que, lorsque M. de Bellestar se présenta chez lui, il ne trouva personne, et que par conséquent il put pénétrer jusqu'au lit de Sylvestre.

XIII

Lorsque M. de Bellestar entra dans la chambre où se trouvait Sylvestre, celui-ci était couché sur le lit provisoire qu'on lui avait dressé, mais il ne dormait pas.

Le délire violent qui avait agité presque toute sa nuit avait fait place à un profond abattement. La pensée était revenue, mais fatiguée, brisée, et complétement sans ressort.

Sans se rendre compte de la fatigue morale qu'il avait subie, Sylvestre s'étonnait seulement de ne plus se trouver la même colère que la veille au souvenir des mêmes choses qui l'avaient si vivement exaspéré.

Il n'est personne à qui il ne soit arrivé de ressentir une pareille lassitude de l'âme en présence des plus justes ressentiments ou des plus sincères douleurs ; alors on s'accuse de faiblesse, de lâcheté ; on se méprise de ne pas savoir garder dans toute leur énergie les sentiments qu'on a éprouvés et dont on était si fier ; il nous semble qu'on se trahit soi-même.

Voilà quel était l'état de Sylvestre lorsque M. de Bellestar s'approcha de son lit, et il fallait que l'accablement du malade fût bien grand pour que la présence de cet homme ne l'y arrachât pas soudainement.

De Prosny regarda le marquis de cet œil indifférent qui semble annoncer l'absence de toute sensibilité ; et, quoique M. de Bellestar ne fût pas d'une nature à s'inquiéter beaucoup des signes d'une pareille faiblesse, il jugea cependant que ce n'était pas le moment d'avoir avec son rival l'explication qu'il était venu lui demander ; il l'aborda donc avec l'intention de borner cet entretien à quelques questions banales, et de se retirer aussitôt.

— Monsieur, dit-il à Sylvestre, j'étais venu pour m'informer de votre santé ; et quoique les gens de cette maison m'eussent dit que vous étiez tout à fait mieux, j'ai voulu m'en assurer par moi-même.

— Je vous suis obligé, monsieur, lui repartit de Prosny, en le regardant plus attentivement qu'il ne l'avait fait d'abord, et comme si un nuage qui eût enveloppé tous les objets extérieurs se fût dissipé peu à peu : je vous remercie de cet intérêt, reprit-il, quelle qu'en soit la cause.

M. de Bellestar examina Sylvestre. Il avait senti l'inimitié percer dans les dernières paroles du malade, et il ne se trompa point lorsqu'il en conclut que la vie revenait avec la haine ; cependant il voulut être mieux assuré de la force de son ennemi, et il lui répondit avec un ton de politesse qu'il voulut rendre affectueuse, mais qui ne fut qu'affectée :

— Il n'est pas étonnant, monsieur, que je partage l'intérêt que vous inspirez à toutes les personnes de cette maison, car je sais que c'est un titre à leur affection que d'être un de vos amis.

Sylvestre baissa les yeux, la vue de M. de Bellestar l'irritait, et il ne voulut pas se laisser aller à un sentiment qui, au fond, pouvait être injuste, et qui, dans la circonstance où il se trouvait, était certainement déplacé. Il répondit donc au marquis comme un homme qui désire terminer un entretien qui lui pèse :

— Je pense, monsieur, que les sentiments que vous pouvez avoir pour moi, n'entrent pour rien dans ceux que l'on peut avoir pour vous.

Ces derniers mots furent accompagnés d'un sourire amer et dédaigneux ; il fut évident pour M. de Bellestar que M. de Prosny n'était pas charmé des prétendus sentiments que l'on avait pour lui, et le marquis trouva que l'homme qui avait la force d'avoir cette opinion et de la lui faire comprendre, devait avoir la force d'entendre ce qu'on avait à lui dire.

Le marquis reprit donc, en articulant chaque mot de sa phrase de manière à avertir Sylvestre de tout le sens qu'il voulait lui donner :

— Indépendamment de l'intérêt de votre tante, qui a pu m'amener près de vous, monsieur, peut-être y suis-je venu pour m'éclairer sur la nature des sentiments dont vous parlez.

Sylvestre se souleva sur son lit, et regardant M. de Bellestar d'un air fort étonné, il lui dit :

— Et c'est moi, monsieur, que vous venez interroger à ce sujet?

M. de Bellestar se sentit à l'aise en voyant le visage de Sylvestre se ranimer et son regard étinceler. Il prit donc alors ses grands airs penchés et dédaigneux, et lui répondit :

— N'êtes-vous pas l'ami de la maison, le confident de M. Simon, le protégé de mademoiselle Durand?

Sylvestre resta un moment sans répondre.

Il hésitait à comprendre le marquis : il ne s'imaginait pas qu'un homme pût pousser si loin l'insolence et l'inhumanité; il se défiait de ses préventions, car il sentait que sa colère était revenue tout entière.

Sylvestre fut assez fort pour mesurer ses paroles, mais il ne put commander de même à l'émotion de sa voix, et il répondit sans relever les yeux sur le marquis :

— Si M. Simon a daigné m'honorer, devant vous, du nom de son ami, j'en suis fier, monsieur... Quant à la protection que peut m'accorder mademoiselle Durand, vous avez pu voir le cas que j'en fais.

— C'est que vous n'en savez peut-être pas les raisons secrètes, monsieur, reprit M. de Bellestar.

De Prosny regarda le marquis en face, ses sourcils se froncèrent, et il reprit avec une hauteur près de laquelle l'impertinence du marquis était tout à fait pauvre et mesquine :

— Je sais mieux que personne, monsieur, les raisons qui ont pu dicter la conduite de mademoiselle Durand. Je ne sais si elle vous en doit compte, mais je vous avertis qu'il ne me convient pas d'en entendre parler.

M. de Bellestar avait un but trop bien arrêté pour s'emparer de cette sortie et en faire le point de départ de la querelle qu'il était venu chercher. D'ailleurs, il avait parfaitement compris que Sylvestre s'imaginait que ce qu'il avait dit des raisons secrètes de la protection de Sabine s'appliquait aux affaires d'argent qui avaient amené la ruine de M. de Prosny, et il ne convenait pas plus à M. de Bellestar d'aborder ce sujet que cela ne convenait à Sylvestre.

Cependant, pour arriver à ce qu'il voulait, le marquis fut obligé de passer sur ce terrain; mais il le fit comme un homme obligé de traverser un espace plein de boue, et qui marche sur la pointe du pied et avec un air de dégoût. Il reprit donc en marmottant ses paroles :

— Oh! monsieur, il ne s'agit pas ici d'anciennes relations dont j'ai vaguement entendu parler, et dans lesquelles votre famille prétend avoir été lésée.

— Prétend! s'écria Sylvestre, que cette expression choqua au point de lui faire oublier qu'il venait de déclarer qu'il n'entendait nullement parler de ce sujet.

— Le mot vous déplaît-il? fit le marquis en souriant dédaigneusement; je le retire, et je vous dis que je n'entends point parler de relations où votre famille *a le droit* de se croire lésée.

— Et je suis charmé, monsieur, reprit de Prosny, que vous soyez, plus qu'un autre, persuadé de ce droit, vous à qui une certaine fortune doit appartenir.

M. de Bellestar se demanda si c'était la jalousie ou le ressentiment de sa richesse perdue qui venait de faire parler Sylvestre, et il lui dit à tout hasard :

— Peut-être vous trompez-vous, monsieur, et peut-être les raisons secrètes qui ont dicté la conduite de mademoiselle Durand à votre égard empêcheront que cette fortune ne se mêle jamais à la mienne.

Les paroles du marquis eurent une portée qu'il était bien loin de prévoir. Sylvestre restait dans la pensée que M. de Bellestar faisait sans cesse allusions aux réclamations qu'il pouvait avoir à exercer contre Sabine, et en considérant les paroles du marquis de ce côté, de Prosny éprouva, au milieu de son irritation, un sentiment qui l'attrista profondément. Il garda un moment le silence, comme pour examiner et pour reconnaître la nouvelle pensée qui s'élevait en lui; puis, après s'en être pour ainsi dire assuré, il dit d'un ton plus calme à son rival :

— Excusez la vivacité de mes paroles, monsieur : des souvenirs qu'une position peut-être fâcheuse a sans doute rendus trop cuisants, m'ont fait dire un mot que je retire à votre exemple; je n'ai aucun droit qui puisse m'autoriser à réclamer quoi que ce soit de mademoiselle Durand. Sa fortune est à l'abri de toute poursuite et de toute répétition. J'aurais trop de chagrin, monsieur, si je pouvais croire qu'un mouvement de susceptibilité, peut-être exagérée, ait pu vous alarmer sur la position de la fortune de mademoiselle Durand. J'aurais été bien loin de ce que je voulais, s'il devait en résulter le moindre changement dans vos dispositions à l'égard de mademoiselle Durand, si je devais voir s'élever, par ma faute, le moindre obstacle à une union qui lui plait, qui la flatte... et à laquelle je crois son bonheur attaché.

Il est impossible de rendre l'émotion mal contenue avec laquelle de Prosny dit cette dernière phrase.

Il se trouvait sincèrement coupable d'avoir fait une scène qui pouvait amener une rupture entre Sabine et M. de Bellestar; il trouvait honteux et misérable d'avoir, par cette scène, éveillé contre la fille le souvenir des bassesses du père; il se méprisait d'être arrivé à une si indigne vengeance; mais ce n'était toutefois que par un effort inouï qu'il était parvenu à parler du mariage de Sabine et du marquis sans que la malédiction, la colère, le défi éclatassent dans ses paroles.

Aussi fut-il déchargé d'un fardeau qui lui pesait cruellement, lorsque, sans comprendre encore où M. de Bellestar voulait en venir, il l'entendit lui dire avec la même impertinence :

— Eh! mon Dieu! monsieur, croyez-moi, la fortune de mademoiselle Durand n'a rien à faire dans tout ceci, je la sais complétement à l'abri de toute réclamation; cette fortune est libre...

Ce mot qu'il venait de prononcer parut frapper le marquis, comme s'il ouvrait une issue inattendue à la pensée qui le tourmentait, et il reprit aussitôt en appuyant sur ce mot d'une manière très-affectée :

— Oui, monsieur, sa fortune est libre, et je désirerais que sa personne ou son cœur le fussent également.

Il faut être un M. de Bellestar pour dire de pareilles choses; il faut avoir en soi un énorme assemblage de sottise et de grossièreté pour commettre ainsi une femme à laquelle on a eu la pensée de donner son nom.

Mais, d'un autre côté aussi, il faut être M. de Prosny pour rester l'air stupéfait et la bouche béante, en face d'une pareille parole, sans comprendre qu'il pouvait y être intéressé pour quelque chose : il faut avoir été si cruellement éprouvé par la misère qu'on y ait perdu la conscience de sa valeur, pour ne pas deviner, dans une pareille insinuation, la rage maladroite et brutale d'un rival.

— Quoi! s'écria naïvement de Prosny, vous penseriez que mademoiselle Durand n'est pas libre, que son tuteur abuse de son autorité?...

M. de Bellestar regarda à son tour Sylvestre d'un air fort surpris.

Lequel de nous deux est un sot? se dit-il. Ce monsieur, qui ne comprend pas ce que je veux lui dire, ou moi qui, sur un propos répété par un imbécile, viens faire à ce pauvre garçon une scène à laquelle il ne conçoit rien? Le sot, c'est moi qui ai pu croire un moment qu'on avait pu penser à ce clerc romantique, lorsque j'étais là.

Cette conclusion étant résultée du petit raisonnement que M. de Bellestar s'était fait en lui-même, il répondit, sans atcher cette fois à sa phrase l'importance qu'il avait mise à toutes celles qui l'avaient précédée :

— Je n'accuse pas M. Simon d'exercer la moindre violence sur les sentiments de sa pupille ; mais vous connaissez les cœurs aimants, monsieur, un mot, un geste, un signe les alarme, leur délicatesse craint d'user d'avantages qui ne doivent pas compter dans la véritable union de deux cœurs bien épris.

Sylvestre suivait d'un air stupéfait les airs de tête du marquis, pendant qu'il débitait ses phrases amphigouriques comme les enfants suivent les mains d'un escamoteur pour tâcher de deviner le secret de sa magie.

— Je ne vous comprends pas, dit Sylvestre.

— Eh bien! monsieur, dit le marquis, le visage boursouflé de cette impudence de fat qui baisse modestement les yeux, j'ai eu peur ; j'ai craint que mademoiselle Durand n'eût à oublier des sentiments peut-être mal adressés, mais qui avaient pu occuper son cœur. Et c'est pour cela que je vous disais que je désirerais que son cœur fût aussi libre que sa fortune.

Si le marquis fut rassuré sur la passion qu'il supposait à Sabine pour Sylvestre, il dut être immédiatement averti de la passion de Sylvestre pour Sabine. Le regard de de Prosny se troubla, son visage reprit un moment cette expression égarée qu'il avait lorsqu'il était entré la veille dans le salon de M. Simon, et il prononça d'une voix étouffée les paroles suivantes, qui ne sortaient que péniblement de sa poitrine : — Elle, monsieur, elle, Sabine, elle aime quelqu'un!... Elle aime... elle peut aimer... mais... mais...

Tout à coup cette sorte d'égarement cessa ; l'oppression qui comprimait ses paroles fut brisée comme une digue sur laquelle se précipite avec une nouvelle fureur le torrent maintenu à grand'peine.

Sylvestre attacha un regard étincelant sur M. de Bellestar,

et lui dit d'une voix éclatante : — Mais qui donc aime-t-elle, monsieur ?

Le marquis fut si surpris de cette violente interrogation, qu'il laissa échapper, sans le vouloir, la réponse directe, et que, rendant à Sylvestre son regard menaçant, et en parlant avec le même emportement que son interlocuteur, il lui dit :

— Mais vous, peut-être, monsieur.

— Moi ! fit Sylvestre, moi !

Ah ! qu'un pareil mot, s'il lui était venu de la bouche d'un autre, eût ravi Sylvestre ! quelle joie, quelle félicité ce doute, cet espoir eût jetées dans son cœur !

A ce moment même, et venu de M. de Bellestar, ce mot le frappa au cœur d'une de ces commotions où l'excès de transport fait naître la douleur. Comme si la pensée de l'amour de Sabine eût brillé devant lui comme l'éclair qui devait brûler ses yeux, il les ferma un moment... pâlissant, éperdu, cherchant vainement à se recueillir.

Puis, par un mouvement violent, il secoua pour ainsi dire hors de lui cette flamme qui l'avait pénétré, il chassa cette vision qui le rendait fou, et, se levant sur son séant, il se prit à considérer M. de Bellestar.

Nous ne pouvons dire tout ce qui se passa dans la tête de Sylvestre durant le court espace de temps qu'il examina le marquis ; mais il fallait que cette succession d'idées fût bien rapide pour l'amener du point où il était parti à cette conclusion inouïe :

— Monsieur, dit-il à M. de Bellestar, monsieur, vous êtes un lâche !

Le marquis, assis à côté du lit, se releva pâle de colère à cette terrible apostrophe. Cette colère fut si violente qu'elle ne se manifesta que par un cri sourd et rauque, et par un geste que la faiblesse de de Prosny arrêta seule.

Sylvestre sembla s'animer à cette menace ; il se pencha

vers M. de Bellestar, et de cette voix basse et sèche qui donne à l'insulte un accent bien plus cruel que les éclats les plus violents, il reprit :

— Oui, vous êtes un lâche ; vous calomniez une jeune fille que vous savez sans défense, parce qu'elle est sans famille... parce qu'elle vous aura montré, je ne sais comment, qu'elle est honteuse de vous avoir donné une espérance ; car elle ne vous aime pas, je le sais, je le comprends, elle est trop noble et trop fière, et trop supérieure pour cela ; non, non, elle ne vous aime pas. Et parce qu'elle vous l'a dit, sans doute, vous ne trouvez rien de mieux à dire que de l'accuser d'en aimer un autre, que de lui supposer une passion dans le cœur, une passion... pour qui ? pour...

Sylvestre sourit avec amertume.

— Pour moi, monsieur, pour moi qu'elle ne connaît pas... que tout sépare d'elle... pour moi qui ne suis rien, qu'elle serait venue chercher dans la misère... pour moi qui suis, qui devrais être son ennemi... Mais pourquoi ne pas l'avoir accusée d'aimer... je ne sais qui, le passant qu'elle rencontre dans la rue... le...?

Sylvestre s'irritait à mesure qu'il parlait, au point de ne pouvoir articuler ; il s'arrêta et reprit enfin avec une exclamation :

— Ah ! oui, monsieur, c'est une lâcheté... une lâcheté que vous avez dite à moi... que vous ne direz à personne, je vous le jure ; car je veux... je vais...

Sylvestre fit un effort pour se lever : M. de Bellestar, qui l'avait regardé parler avec la rage calme d'un spadassin qui choisit l'endroit où il tuera son ennemi, M. de Bellestar arrêta Sylvestre d'un geste, et lui dit froidement :

— Quand vous aurez quitté votre lit, monsieur, nous reprendrons cet entretien ; vous devez comprendre comment et en quel lieu...

— Ce sera donc sur-le-champ !

— Ne vous pressez pas pour moi, fit M. de Bellestar en saluant de Prosny ; cela ne m'empêchera pas de dormir.

Sylvestre le regarda sortir ; puis, retombant dans son lit, il s'écria en se parlant à lui-même :

— Oh ! le misérable, qui vient me dire qu'elle m'aime !...

Pourquoi donc cet amour, qui devait être pour Sylvestre un bonheur si inespéré, le jeta-t-il dans cette horrible transport ?

C'est qu'il y avait vu une insulte pour Sabine du moment que M. de Bellestar osait en parler, et que cette femme, qu'il avait voulu insulter la veille, remplissait tellement son âme, que, du moment qu'on l'avait touchée par une parole injurieuse, tout son être avait frémi, toute sa fierté s'était éveillée ; c'est que, sans s'en douter, il la portait en lui comme il y portait la mémoire de sa mère, comme il y portait sa foi, sa religion, sa vie. C'est qu'il l'aimait comme il faut aimer.

XIV

Pendant que cette explication avait lieu chez M. Simon, notre avoué s'était mis à la poursuite de mademoiselle de Prosny.

Il avait enfin osé prendre un parti dans cette affaire délicate, et, d'après ses prévisions, il lui suffisait d'atteindre la tante, d'en obtenir, ou plutôt d'en acheter le silence, et le reste marchait de soi-même.

M. Simon alla d'abord à la maison de Sylvestre, où sa qualité de patron du jeune clerc lui permit de prendre tous les renseignements qu'il désirait avoir, sans qu'on fît la moindre difficulté pour les lui donner.

M. Simon avait un profond mépris pour les vieilles filles acariâtres, et mademoiselle de Prosny n'était pas propre à le ramener à d'autres sentiments.

Aussi n'hésita-t-il point, pour justifier ses questions, à déclarer au concierge que mademoiselle de Prosny avait tout à coup perdu l'esprit, c'est-à-dire qu'elle était folle, et que ce malheur, que son neveu avait imprudemment caché à ses amis, avait failli coûter la vie à Sylvestre, et exposait sa tante à mille dangers.

Le concierge n'avait, comme on a pu le voir, aucune tendresse pour mademoiselle de Prosny; il était donc fort disposé à accueillir tout ce qu'on pourrait lui dire contre sa locataire.

D'un autre côté, le fait de la fuite de mademoiselle de Prosny, pendant la nuit, devait paraître nécessairement un acte de folie à ceux qui n'en connaissaient pas les motifs cachés.

M. Simon trouva donc tout l'accueil possible, tout l'empressement désirable à le seconder dans ses recherches.

Si notre avoué eût pu interroger Sylvestre, et si celui-ci eût pu l'accompagner, M. Simon eût sans doute été plus vite renseigné sur une circonstance qu'il considérait comme fort importante...

Mademoiselle de Prosny était-elle sortie avec un paquet ou non?

Dans le premier cas, et surtout si le paquet est volumineux, il y avait nécessairement un fiacre ou un commissionnaire dans la confidence de la fuite. Et comme mademoiselle de Prosny avait dû se décharger le plus tôt possible de ce paquet, le fiacre avait dû stationner la veille, sur la place la plus voisine, ou bien le commissionnaire devait être un de ceux qui avaient le monopole des rues les plus rapprochées.

M. Simon interrogea donc le portier à ce sujet; mais celui-ci, dont la surveillance n'était, disait-il, jamais en défaut, ne put répondre à cette question ; la seule chose dont il fût assuré, c'était, à une demi-heure près, du moment où mademoiselle de Prosny avait quitté la maison.

Cela décida M. Simon à faire, conjointement avec cet homme, une perquisition dans l'appartement de de Prosny.

Ils trouvèrent tout en désordre : les armoires étaient restées ouvertes, et, comme aucune n'enfermait le moindre vêtement de femme, M. Simon en conclut que mademoiselle de Prosny avait emporté tout ce qui lui appartenait ; fort de cette assurance, il jugea que sa recherche deviendrait plus facile.

Mais ce qu'il avait considéré comme un obstacle à l'accomplissement des projets de mademoiselle de Prosny, c'est-à-dire la solennité du premier jour de l'an, devait être aussi une grande difficulté pour lui. En effet, tous les commissionnaires des environs étaient absents de leurs places, envoyés presque tous en mission extraordinaire, soit pour de lourdes étrennes, soit pour de simples cartes de visite.

M. Simon recueillit, dans les bureaux de stations de fiacres qui avoisinaient la maison de Sylvestre, les numéros de toutes les voitures qui s'y trouvaient la veille entre neuf et dix heures ; il apprit en même temps à quelles administrations ces voitures appartenaient ; mais quel espoir avait-il de retrouver les deux ou trois carrosses qui étaient partis de ces stations à peu près à l'heure de la fuite de mademoiselle de Prosny ? Un tout autre jour que celui où il se trouvait, cela eût été fort difficile ; le premier jour de l'an, cela paraissait impossible.

Mais M. Simon n'était pas homme à reculer devant des impossibilités apparentes ; il chargea le concierge de surveiller le retour de tous les commissionnaires à leur place, et de leur donner une heure où ils se trouveraient tous à la maison de de Prosny.

Quelques écus devaient assurer l'exactitude de leur présence.

Une fois ces précautions prises, M. Simon se rendit dans les diverses entreprises auxquelles appartenaient les fiacres dont il avait recueilli les numéros, et ayant répété dans chaque endroit l'histoire de la folie et de la fuite de mademoiselle de Prosny, il obtint aisément que tous les cochers de ces voitures fussent interrogés le soir même, pour savoir si quelqu'un d'eux avait pris, vers neuf heures, une vieille femme, habillée de noir, et portant un paquet.

Dans le cas où cela lui fût arrivé, le cocher ne pouvait manquer de déclarer où il l'avait conduite, et mademoiselle de Prosny était retrouvée.

Cette chance était fort éventuelle, et en outre elle remettait au lendemain une découverte que M. Simon tenait à faire le jour même ; déjà plus de la moitié de la journée s'était écoulée, car il avait fallu aller de la barrière Poissonnière à la barrière du Combat, de là au faubourg Saint-Jacques, du faubourg Saint-Jacques à la Chaussée du Maine, que sais-je encore? et partout il avait fallu donner de longues explications.

Tout cela ne ralentissait pas l'activité de M. Simon; il savait que c'est souvent dans les démarches que les gens indolents trouvent inutiles, qu'on rencontre l'indication qui doit mettre infailliblement celui qui cherche sur la bonne route.

Si cette indication ne se rattache pas directement à la démarche faite, il y a beaucoup de gens qui attribuent à un hasard heureux la rencontre faite de ce premier fil conducteur; mais il n'en est pas moins vrai que ces hasards n'arrivent le plus souvent qu'à ceux qui se mettent en quête de tout ce qui peut les éclairer. Ainsi, dans l'occasion présente, on peut dire que toutes les précautions de M. Simon furent inutiles, et cependant ce fut parce qu'il les prit qu'il fut conduit à suivre une route à laquelle il n'eût peut-être point pensé sans cela.

M. Simon revenait de la barrière du Maine, la tête hors de son cabriolet, dévisageant toute femme vêtue d'un noir suspect et d'une tournure analogue à celle de mademoiselle de Prosny. M. Simon, comme nous l'avons dit, n'était pas homme à négliger le hasard qui pouvait lui montrer la vieille fugitive à l'angle d'une rue.

— Il y a un million d'individus dans Paris ; dans un jour comme celui-ci, j'en rencontrerai cinquante mille sur ma route, se disait M. Simon. Sur ce nombre, j'en remarquerai mille peut-être ; c'est une chance de un contre mille, contre dix mille ; qu'importe ? La chance existe, il ne faut pas la négliger.

Il est vrai que, d'une part, il était présumable que mademoiselle de Prosny ne quitterait pas sa retraite dans ce jour où tout le monde est dehors ; mais d'un autre côté, emportée par l'ardeur de sa vengeance, il était possible qu'elle se fût mise à la recherche d'un avocat ou d'un agent d'affaires, et elle pouvait se trouver sur le passage de M. Simon.

Il était donc, comme nous l'avons dit, la tête hors de la portière, l'œil au guet, lorsqu'au coin de la rue du Bac il vit un doigt qui le désignait, et une figure qui paraissait tout étonnée de l'impression inquiète de sa propre figure.

Le doigt et le visage remarqués par M. Simon appartenaient à son clerc Radinot.

On ne veut point croire à l'existence du fluide magnétique, à la puissance de cet agent qui, dans des circonstances données, transmet les pensées d'un individu à un autre, sans le secours des organes ; qui leur montre des objets qui sont hors de la portée de leurs sens, qui les avertit de certaines approches que rien ne révèle à d'autres.

Quant à moi, je crois au magnétisme, et ce qui arriva à M. Simon en cette circonstance me donnerait cette croyance, alors même que je ne l'aurais pas déjà depuis longtemps.

A peine M. Simon aperçut-il Radinot qu'il se dit, comme si une soudaine apparition lui eût montré tout à coup le chemin qui devait le conduire à son but :

— Voilà celui qui me fera retrouver mademoiselle de Prosny.

Cependant M. Simon ne savait point que Radinot eût été jusqu'à un certain point le complice de l'enlèvement du paquet de billets de banque envoyé à Sylvestre. Il ne savait point que c'était le petit clerc qui avait averti la vieille tante de la présence de ce paquet chez le concierge.

Ce fut tout simplement, de la part de M. Simon, une de ces rapides inspirations, une de ces convictions soudaines qui s'emparent d'un homme, le persuadent, l'entraînent et le font agir dans une voie nouvelle, sans qu'il puisse dire le motif sérieux qui le détermine, sans qu'il puisse expliquer raisonnablement les motifs de cette conviction.

Et cependant il arrive souvent que c'est à de pareilles déterminations qu'on doit le succès.

Rien ne les justifie aux yeux du vulgaire, mais elles mènent l'homme supérieur à son but; c'est, à vrai dire, la seconde vue qui constitue le génie des grands capitaines, des grands diplomates, des grands poëtes, des grands avoués.

M. Simon fit signe à Radinot de s'approcher, et telle était sa persuasion d'avoir rencontré la trace de mademoiselle de Prosny dans la personne de son jeune clerc, que, malgré le peu de temps qui lui restait pour poursuivre ses recherches, il dit à celui-ci :

— Avez-vous une heure à me donner?

Tout le temps qu'il vous plaira, monsieur, répondit Radinot fort surpris d'une pareille demande.

M. Simon ne voulait point interroger Radinot en présence du cocher qui le conduisait; il ajouta donc : — Avez-vous déjà déjeuné?

Radinot eut une de ces réponses qui n'appartiennent qu'à la cléricature, car il repartit aussitôt du ton le plus naturel :

— Je n'ai encore déjeuné qu'une fois.

Sur cette assurance, M. Simon fit entrer son clerc dans un café voisin, et après avoir commandé un déjeuner dont chaque article épanouissait le visage du jeune affamé, il eut avec lui l'entretien suivant :

— Vous connaissez mademoiselle de Prosny? dit M. Simon, en servant les trois quarts d'un beefsteak à Radinot.

— Oui, monsieur, je la connais.

— Vous êtes donc allé souvent chez Sylvestre?

— Oh! monsieur, je connais mademoiselle de Prosny d'ailleurs.

Ceci était un point important, et M. Simon estima qu'il avait déjà beaucoup gagné, que de savoir quelque chose sur les liaisons et les habitudes de mademoiselle de Prosny.

— Et par qui connaissez-vous donc mademoiselle de Prosny, Radinot? dit M. Simon en lui versant à boire.

Le petit clerc releva le nez, regarda le patron, repoussa le verre, et lui dit d'un ton qui contrastait avec l'expression accoutumée de sa parole criarde et narquoise :

— Monsieur Simon, il faut que vous sachiez une chose : tous les clercs de votre étude vous appartiennent corps et âme, parce que... suffit... on apprend chez vous que ça sert à quelque chose d'être un honnête homme. Si vous voulez savoir quelque chose sur mademoiselle de Prosny, il n'y a pas besoin de détours; ça vous intéresse, ça intéresse Sylvestre, voilà tout... Je suis prêt à vous dire tout ce que je sais.

— Eh bien! mon garçon, dit l'avoué que cette déclaration de son petit clerc flatta peut-être plus qu'un éloge beaucoup plus considérable, eh bien! voici de quoi il s'agit : mademoiselle de Prosny s'est échappée de la maison de son neveu... ce doit être un accès de folie...

Le clerc secoua la tête en disant : — Un accès de méchanceté ! la vieille n'est pas folle... que non, que non, elle n'est pas folle !

— Quoi qu'il en soit, reprit M. Simon, il est important que nous la retrouvions aujourd'hui même... et je ne sais pourquoi, en vous voyant, j'ai eu l'idée qu'avec votre intelligence et votre activité vous pourriez nous aider à la retrouver.

Radinot sourit.

Le patron, se dit-il, me rend la monnaie de ma pièce; il me trouve intelligent et actif, et jusqu'à présent il ne m'a guère parlé que pour me dire que j'étais paresseux et maladroit.

Cette première réflexion faite, le petit clerc secoua encore la tête :

— Savoir où elle est allée, dit-il, c'est difficile, parce que c'est une vieille rate qui a plus d'un trou pour se cacher : d'abord il faudrait savoir pourquoi elle est partie.

— Qu'importe le motif de son départ? dit M. Simon, fort étonné de l'assurance du petit bonhomme.

— C'est que c'est tout, répondit-il.

Radinot s'arrêta et se gratta le front, puis il se versa un verre de vin, et dit d'un ton délibéré à M. Simon :

— Pardon, monsieur, mais là, dites-moi la vérité : ce n'est pas seulement pour me faire causer, n'est-ce pas, que vous m'interrogez? c'est pour quelque chose de très-important?

— Mais, sans doute.

— C'est que, voyez-vous, nous *blaguons* (textuel) quelquefois comme ça à l'étude... vous comprenez que c'est pour rire... et je ne voudrais pas, pour une bêtise, raconter des histoires.

— Mais, qu'est-ce donc? fit M. Simon, qui devenait fort curieux de ce que pouvait lui dire Radinot, parlez, je le veux, je vous atteste que vous me rendrez un vrai service.

— Eh bien ! monsieur, dit Radinot, je répète que, pour

savoir où peut être allée mademoiselle de Prosny, il faudrait savoir pourquoi elle est partie.

— Est-ce que vous, qui la connaissez, vous n'en avez pas quelque idée?

— Ah! c'est une vieille scélérate, fit Radinot, qui ne dit guère que ce qu'elle veut; mais il ne m'en faut pas long pour deviner le reste. Voyons, faut-il tout vous dire?

— Mais parlez donc!

— Eh bien! voici ce qui s'est passé il y a deux jours, dans la soirée...

— Il y a deux jours! fit M. Simon, fort étonné de cette désignation qui se rapportait exactement au jour et au moment de la remise du paquet de Sabine.

— Vous voulez que je vous dise tout? fit Radinot.

— Mais tout, absolument tout.

— Voici donc la chose. Il y a deux jours, le maître-clerc me donne, en quittant l'étude, un billet pour le porter chez sa tante, qui loge à deux pas de chez nous. Comme j'arrivais devant chez Sylvestre, je vois un fiacre s'arrêter; une idée, comme celle que vous avez eue que je pouvais savoir quelque chose, une idée me prend de regarder qu'est-ce qui va descendre du fiacre. Aussi sûr que je vous parle, je vois descendre la gouvernante de mademoiselle Sabine, puis mademoiselle Sabine elle-même, parole d'honneur, sur la tête de ma mère!

— Je le sais... je le sais... fit M. Simon assez contrarié de voir dans de telles mains le secret de la visite de Sabine à Sylvestre; et ensuite?

— J'attends quelques minutes pour voir si la visite serait longue; la bonne et mademoiselle ressortent alors presque aussitôt, et je pense alors à aller remettre le billet de M. de Prosny. J'entre donc, et en demandant au portier s'il y a quelqu'un, je vois juste sous mon nez et sur la table qui est au-dessous du vasistas de la loge, un paquet, tout frais posé, à l'adresse de M. Sylvestre de Prosny. Je propose de le monter, le portier refuse. Parole d'honneur, là, vraie parole d'honneur ! M. Simon, je n'ai eu dans ce moment-là d'autre idée que de croire que c'était un joli cadeau d'étrennes que vous vouliez faire au premier clerc, et que, mademoiselle Durand passant par hasard devant la porte de Sylvestre, vous lui aviez dit de le laisser chez lui pour qu'il ne sût pas d'où cela lui venait. Mais quand j'eus remis mon billet à mademoiselle de Prosny, dame ! il me poussa de bien autres idées. — Ah ! fit M. Simon, et quelles idées ?

— Je vous conte la chose comme elle est, ni plus, ni moins, reprit Radinot ; j'ai eu tort, c'est possible ; mais enfin... ce qui est fait, est fait. Mademoiselle de Prosny avait à peine fini de lire le billet de Sylvestre, où il lui disait qu'il ne pouvait pas venir dîner, que la voilà qui se met à grommeler et à dire en *tordant le bec* (textuel), elle est atroce dans ces moments-là, la voilà qui se met à dire :

— Ce n'est pas vrai, il n'a pas à travailler à l'étude... Voilà que ça commence ; il se dérange, il se perd.

Et ci, et l'autre, et un tas de raisons plus injustes les unes que les autres.

— Vous vous trompez, lui dis-je, il ne se dérange pas.

Enfin je tâche de calmer la vieille, lorsque voilà qu'elle se met à dire tout à coup :

— Oui, oui, j'en suis sûre, cette drôlesse lui tourne la tête...

— Plaît-il ? fit M. Simon d'un ton si sévère, qu'il arrêta une bouchée de perdreau dans le gosier de Radinot.

L'avoué fut très-fâché d'avoir interrompu son clerc ; mais il avait si bien compris que cette épithète de drôlesse devait s'appliquer à Sabine, qu'il ne put réprimer un violent mouvement de colère.

Radinot baissa les yeux, devint plus rouge que les radis servis devant lui, et dit :

— Monsieur, vous comprenez que ce n'est pas moi qui ai

dit cela... Tout le monde vous respecte, monsieur, et mademoiselle Sabine aussi on la respecte... mais, dame ! mademoiselle de Prosny... elle... enfin, monsieur... elle l'a dit... Vous m'interrogez...

— Continuez, mon garçon, continuez, fit M. Simon. Je ne vous en veux certes pas. Allons donc.

Le clerc, qui s'était d'abord laissé aller à son bavardage, eut peur d'en trop dire, et balança la tête, en marmottant ses mots, puis il reprit : — Je ne sais pas si je peux... si je dois... C'est que ç'a été très-fort ; quand la vieille s'en mêle, elle n'y va pas de main morte...

— Mais, mon Dieu, je la connais, fit M. Simon ; je sais tout ce dont elle est capable... Voyons, ne craignez rien... puisque c'est un service que vous me rendez.

— Eh bien ! reprit Radinot en continuant à hésiter, voilà qu'alors elle se met à dire un tas de choses... vous comprenez... très-bêtes... que...

— Mais quoi donc ?

— Dame ! que Sylvestre est un gueux, qu'il l'abandonne, qu'il veut la planter là... qu'il commence... et tout ça pour...

— Mais pourquoi donc ?

— Parce qu'il est amoureux de mademoiselle Durand..... ma parole d'honneur, là, c'est elle qui l'a dit !

M. Simon s'attendait bien à quelque chose dans ce genre-là ; mais malgré toute la contrainte qu'il s'imposait, il laissa encore voir malgré lui jusqu'à quel point il était blessé et irrité à la fois de voir sa pupille en proie aux propos des jeunes gens de son étude ; car il connaissait trop bien Radinot et messieurs ses clercs, pour supposer que les paroles de la vieille mademoiselle de Prosny n'eussent pas été répétées et commentées.

Radinot perdit tout à fait contenance, et M. Simon fut forcé d'employer toutes sortes d'instances et d'encouragements pour l'engager à continuer.

Le clerc refusait toujours, si bien que l'avoué finit par dire :

— Songez, Radinot, qu'en vous taisant vous me feriez supposer que mademoiselle de Prosny a fait des choses d'une gravité...

— Ce n'est pas seulement ça, monsieur, c'est que j'ai dit, moi...

— Qu'est-ce que vous avez donc dit ?...

— Eh bien ! j'ai dit une bêtise...

— Mais enfin qu'est-ce donc ?...

— Eh bien ! fit Radinot, en reprenant son courage et en parlant d'un ton bourru, j'ai dit que c'était bien possible... J'ai dit ça en riant... et puis, dame ! quand une plaisanterie vous vient sur la langue, on la lâche, et puis on s'en repent...

— Voyons, dit monsieur Simon, en prenant sa plus douce voix, malgré l'impatience qu'il éprouvait... ce n'est pas un crime, c'est une plaisanterie... achevez...

— Eh bien ! j'ai dit... je riais... j'ai dit : Mais je crois bien qu'ils s'adorent... ils en sont déjà à de petits cadeaux.

L'avoué eût volontiers tiré les oreilles au petit clerc, mais il fut plus fort cette fois, et il reprit en riant :

— Au fait, c'était à croire ; et qu'a répondu mademoiselle de Prosny ?

— Oh ! alors, reprit Radinot rassuré, elle est partie comme une fusée, elle m'a forcé à lui dire ce que j'avais vu chez le portier, et quand elle a su que mademoiselle Durand était venue, oh ! alors, alors... c'était une pluie battante de ci, de l'autre. Ah ! chien... quelle langue !

— Passons... passons, dit M. Simon, par où tout cela a-t-il fini ?

— Voici, dit le clerc, et c'est là qu'est tout le mystère.

— Oui, oui, disait-elle, si c'est vrai... si cette... (les mots ne font rien à la chose), si mademoiselle Durand a des intrigues avec mon neveu, je quitterai la maison, j'irai mendier. J'irai dans un hospice... que sais-je !

Puis elle a ajouté tout d'un coup :

— Ah ! mais si j'avais seulement de quoi payer des poursuites... je lui en ferais voir de dures à cette... (le mot ne fait rien à la chose)...

— Bah ! lui dis-je, elle se moque pas mal de vous, mademoiselle Durand ; elle est riche, sa fortune est en règle, et quoique...

M. Simon eut un mauvais regard, le clerc s'arrêta tout court.

— Qu'avez-vous donc? fit M. Simon.

— Dame ! vous comprenez, fit le clerc, il y a des choses qui se disent partout... on en parle à l'étude... on a tort... on a tort, je sais bien, mais je ne peux pas m'empêcher de l'avoir entendu... ça fait que je savais que la vieille prétendait que M. Durand le père les avait... enfin les avait... un peu... un peu floués... c'est le mot, là. Alors je dis ça à mademoiselle de Prosny, qui me répond :

— Ah ! si j'avais seulement un billet de mille francs à donner à quelqu'un que je sais bien, je lui ferais passer quelques mauvaises journées à cette...

Vous comprenez, toujours un mot désagréable...

Radinot venait enfin, après bien des détours, de toucher au point juste qu'avait pour ainsi dire deviné M. Simon ; aussi l'avoué oublia-t-il soudainement le bavardage qu'il venait d'entendre, et dit vivement à son clerc :

— Et cet homme, vous le connaissez?

— Tiens ! si je le connais, c'est chez lui que je travaillais avant d'être chez vous... Je ne vous l'ai pas dit, parce que ce n'était pas une fameuse recommandation. C'est là que j'ai vu mademoiselle de Prosny, qui venait toujours l'ennuyer de ses doléances et de ses projets de rattraper sa fortune. Si bien que je savais l'histoire de tous les de Prosny quand je suis entré chez vous. Quant à ça, monsieur, c'est comme si je parlais devant Dieu, je n'en ai jamais ouvert la bouche à personne, pas même à Sylvestre, qui ne se doute pas que je connais sa tante de vieille date... Or, monsieur, voilà pourquoi je vous disais que, si on savait pourquoi elle a quitté la maison, on pourrait savoir où elle est, car M. Fumetière doit le savoir.

— Quoi! s'écria M. Simon, c'est ce fripon de Fumetière?
— C'est lui.
— Où demeure-t-il? il faut que j'aille chez lui à l'instant.
— Où il demeure? ah! voilà. Je sais bien où il demeure; mais où le trouver... c'est autre chose. Attendez; c'est le jour de l'an, il doit être à son bureau de la rue du Roi-de-Sicile.
— Qu'est-ce que c'est que ça?

Je vous le dirai en route, parce que voilà trois heures bientôt, et ça ferme à peu près à cette heure-ci. D'ailleurs, il faut que je vous mène, vous ne trouveriez pas, et quand vous trouveriez, ça ne serait pas une raison pour que vous pussiez entrer.

M. Simon se confia à la conduite de Radinot, et tous deux partirent en cabriolet pour la rue du Roi-de-Sicile.

XV

Si cette histoire n'était pas le très-simple récit des amours de deux jeunes gens, nous aurions une belle occasion de peindre une de ces scènes qui font la honte de la société actuelle, et qui montrent jusqu'à quel point le vice peut être exploité par le vice.

En effet, la maison où Radinot conduisit M. Simon était

consacrée à une exploitation clandestine de prêts sur gages.

Il semble que, grâce à l'existence des monts-de-piété, où la misère et le désordre trouvent facilement accès, de pareils établissements n'ont aucune chance d'existence ; mais, si peu sévères que soient les précautions prises par les monts-de-piété pour s'assurer de la possession réelle des objets présentés par celui qui les apporte, elles gênent encore beaucoup de ces industriels parisiens qui n'ont point de domicile, et qui n'ont souvent pas même un nom.

C'est encore dans ces maisons qu'à côté des escrocs et des voleurs de bas étage qui viennent y déposer les objets d'origine suspecte, on rencontre des malheureux que la misère soumet à des obligations qui ne semblent pas excessives au premier abord, mais qui, calculées jour par jour, représentent l'usure portée à sa plus effrayante expression.

Ainsi, c'est là que de nombreux revendeurs, de misérables marchandes qui portent tout leur magasin sur un pauvre éventaire, viennent à trois heures du matin emprunter les uns vingt francs, les autres cinq, pour aller acheter à la halle des fruits et des légumes.

Ce prêt leur est fait à la condition qu'à cinq heures du soir les uns rapporteront vingt-un francs et les autres cinq francs vingt-cinq centimes. C'est un intérêt de cinq pour cent par jour ; c'est un intérêt de dix-huit cent pour cent par an ; de façon qu'une somme de mille francs ainsi exploitée rapporte par an plus de dix-huit mille francs au prêteur.

Eh bien ! aucun de ceux qui subissent cette exécrable usure ne s'en plaint ; aucun de ceux à qui elle arrache les premiers profits de leur labeur ne cherche à y échapper en amassant le minime capital nécessaire à son misérable commerce. La débauche de chaque soir dévore tout le profit fait dans la journée, et tous les matins il faut que ces misérables viennent emprunter au point du jour la pièce d'argent qu'ils ont rendue la veille.

Ce que je dis là est exactement vrai, et, au besoin, je pourrais inscrire un nom propre à la porte de la maison de M. Fumetière, si toutefois on inscrivait des noms quelconques sur de pareilles portes.

Ce qui avait décidé Radinot à conduire immédiatement M. Simon dans ce qu'il appelait le bureau de son ancien patron, c'est que le premier jour de l'an est, avec le lundi gras, le jour le plus important de l'exploitation du prêt sur gages.

Nous n'avons pas besoin d'expliquer pourquoi, ce jour-là, la vanité dorée exploite son crédit, et la vanité pauvre ses guenilles.

Quand M. Simon entra dans ce bouge infect, il éprouva presque un sentiment de crainte; mais le dégoût et l'indignation que fit naître en lui le spectacle qu'il avait sous les yeux lui firent surmonter ce mouvement d'appréhension, et il se plaça le dernier à la file des gens qui passaient l'un après l'autre devant un guichet, par lequel on faisait parvenir à M. Fumetière les objets sur lesquels il prêtait pour une semaine, quelquefois pour moins d'un jour, sans qu'il y eût d'autre garantie, pour l'emprunteur, que la bonne foi de ce monsieur.

Mais M. Fumetière était un parfait honnête homme, jamais il n'avait soustrait le moindre dépôt, et tous ceux qui avaient affaire à lui eussent porté témoignage de son exacte probité.

Lorsque ce fut le tour de M. Simon, c'est-à-dire lorsqu'il fut seul, car il laissa passer tout le monde avant lui, il s'avança vers le guichet, s'attendant à voir une de ces hideuses figures de vieux marchands d'habits qui sentent la dépouille du pauvre.

M. Fumetière, qu'il aperçut à travers la grille, était un homme de trente ans, vêtu avec un soin extrême; la barbe fort bien peignée, les cheveux bouclés, les dents belles, la cravate attachée par des épingles d'assez bon goût.

Au moment où M. Simon frappa au guichet grillé qui venait de se fermer, M. Fumetière, les manchettes retroussées, se lavait les mains dans une cuvette qu'il avait parfumée d'eau de Portugal.

— Qu'est-ce que c'est encore? dit-il en regardant à travers sa grille.

Le lieu était assez obscur, une seule chandelle se trouvait du côté où se tenait M. Fumetière, de façon que celui-ci ne vit point qui lui répondait.

— Il s'agit, dit M. Simon, d'une affaire très-importante.

— Encore une minute, dit M. Fumetière à une personne qui se tenait dans un coin de cette salle encombrée de toutes sortes de saletés, je vais finir avec ce client et je suis à vous.

— Faites, répondit une voix aigre qui ne frappa point M. Simon, mais qui fit tressaillir Radinot.

— C'est elle, dit-il à son patron.

En effet, c'était mademoiselle de Prosny, qu'il était impossible de reconnaître dans l'ombre où elle était pour ainsi dire accroupie.

M. Simon fut surpris par cette rencontre inattendue. Il avait compté arriver à M Fumetière comme un étranger, et lui arracher le secret de la demeure et des intentions de mademoiselle de Prosny ; mais voilà qu'à la seconde parole il allait être reconnu ; il fut donc obligé d'aborder immédiatement le sujet de sa venue, et il dit aussitôt :

— En vérité, monsieur, l'affaire est moins importante que vous ne pensez, et elle sera bientôt terminée. Je venais simplement chercher chez vous l'adresse de mademoiselle de Prosny... La voilà elle-même, je n'ai plus rien à vous demander, si mademoiselle de Prosny veut bien me suivre immédiatement, sans que je sois obligé d'employer les moyens de l'y forcer que j'ai à ma disposition.

Mademoiselle de Prosny s'était élancée vers la grille, et regardait M. Simon avec des yeux si ardents, qu'elle ressemblait parfaitement à une folle furieuse contre laquelle on a pris les plus extrêmes précautions.

Que me voulez-vous ? dit-elle ; que venez-vous chercher ici ? Je ne vous connais pas, allez-vous-en !

— Mais qui donc êtes-vous ? fit M. Fumetière à l'avoué, sans paraître autrement alarmé de la présence d'un homme bien vêtu dans ce repaire infect.

— Je suis M. Simon, avoué, je suis le patron de M. Sylvestre de Prosny, à qui mademoiselle a volé hier une somme de quatre-vingt mille francs. C'est à vous à juger, monsieur, si vous voulez vous rendre complice de ce crime en donnant asile à cette femme.

M. Fumetière regarda alternativement M. Simon et mademoiselle de Prosny ; comme on l'a pu voir dans le récit de Radinot, il connaissait les prétentions et les intentions de mademoiselle de Prosny au sujet de mademoiselle Durand.

Jusqu'à ce jour, M. Fumetière s'était refusé à prêter son appui aux poursuites méditées par la vieille, attendu qu'il en savait l'inutilité et qu'il n'avait aucune envie d'avancer les frais d'un procès perdu d'avance, et sur lequel il n'était pas assuré qu'on voulût transiger par crainte du scandale.

Mais voilà que tout à coup on venait lui apprendre que cette femme qu'il avait repoussée tant de fois, et à la parole de laquelle il ne croyait pas une minute avant l'arrivée de M. Simon, lorsqu'elle lui disait qu'elle avait enfin de quoi le payer grassement de ses soins ; voilà qu'on vient lui apprendre que cette femme possède quatre-vingt mille francs. Quelle proie magnifique à dévorer pour un homme comme lui !

Mais cette somme était le produit d'un vol, et le danger était terrible. Cependant il n'étonna point l'usurier, qui se hâta d'interrompre les exclamations auxquelles mademoiselle de Prosny se livrait contre M. Simon, et lui dit :

— Eh bien! mademoiselle, expliquez-vous; car vous comprenez très-bien que je n'ai nulle envie de me mêler d'une affaire qui présente de pareilles circonstances.

— J'ai volé, moi !... dit mademoiselle de Prosny. Les voleurs sont ceux qui vivent du vol... les voleurs, fit-elle en montrant le poing à M. Simon, c'est vous et votre pupille... Les voleurs...

— Monsieur, reprit M. Simon en s'adressant à Fumetière qui, après s'être essuyé les mains, rabattait tranquillement ses manchettes et leur donnait un tour gracieux, cette femme a volé, et c'est parce qu'elle a volé que nous voudrions éviter un esclandre qui pourrait ne pas la compromettre seule, c'est pour cela que je vous prie de l'engager à nous suivre.

— Mais je ne la retiens nullement, monsieur. Qu'elle vous suive si elle veut, dit M. Fumetière; elle est entrée volontairement, sans que j'aie connu le motif de sa visite, elle peut en sortir de même.

M. Simon se tourna vers mademoiselle de Prosny, et lui dit doucement :

— Allons, venez, mademoiselle, croyez que vous nous trouverez très-disposés à oublier le mouvement de colère qui vous a poussée à faire une action qui, j'en suis sûr, vous fait honte maintenant.

— Honte de reprendre mon bien, dit mademoiselle de Prosny. Non! non! je n'en ai point honte! J'en ai déjà un morceau, il me servira à rattraper les autres.

— Vous me forcerez donc, dit M. Simon, à user de rigueur, et jusqu'à ce que vous ayez établi vos droits prétendus à une restitution quelconque, vous trouverez bon que je vous fasse arrêter comme coupable d'une soustraction faite chez votre neveu.

— D'abord, fit mademoiselle de Prosny, j'étais chez moi, et non pas chez mon neveu, et puis faites-moi arrêter si vous voulez, c'est tout ce que je demande. Il faudra bien qu'on me juge, si on m'arrête ; et si on me juge, alors je dirai pourquoi j'ai pris cet argent, d'où il venait ; je dirai ce qu'est mademoiselle Sabine Durand, votre pupille... Ah ! vous voulez me faire arrêter ! Eh ! bien ! voyons, faites monter vos commissaires de police !... vos sergents de ville !... voyons...

M. Simon s'était imaginé que la crainte d'une arrestation ferait un tel effet sur mademoiselle de Prosny, que, du moment qu'il pourrait l'en menacer, elle se mettrait humblement à sa disposition.

La résistance de la vieille fille le contraria sans l'épouvanter, et il lui dit doucement encore :

— Prenez garde que les suites de cette affaire ne tournent que contre vous ; monsieur que voici, et qui a porté le titre d'avocat, doit trop bien connaître la loi pour ne pas savoir que si vous me forciez à engager l'affaire jusqu'à un certain degré, il n'est pas de désistement qui puisse en arrêter le cours et vous faire échapper à un jugement, et par conséquent à une comdamnation. D'ailleurs, ajouta M. Simon, monsieur ne serait peut-être pas charmé que j'introduisisse ici les agents de l'autorité qui m'accompagnent, et il sera le premier à vous engager à me suivre de bonne grâce.

M. Fumetière ne parut point s'occuper de cette insinuation menaçante, et il repartit en mâchonnant les poils de sa fière moustache d'un air fort indifférent :

— Puisque M. l'avoué veut bien supposer que je connais la loi, il doit penser que je sais qu'il n'a pu obtenir un ordre d'arrestation contre mademoiselle de Prosny qu'en vertu d'une plainte motivée. Les agents de l'autorité ne sont point à la disposition du premier venu qui les prie d'arrêter quelqu'un sans en donner les raisons. Donc, si les suites d'une plainte sont à redouter pour mademoiselle de Prosny, le mal est fait. Quant à la présence des agents de l'autorité chez moi, monsieur, elle n'a rien qui m'alarme ; faites-les monter... je suis prêt à leur ouvrir mes portes. Je fais le commerce des vieux habits ; je les achète à tous ceux qui veulent m'en vendre, et je les revends à tous ceux qui veulent m'en acheter. Je ne vois pas en quoi ce commerce peut me faire craindre une visite quelconque.

M. Simon comprit qu'il avait rencontré un maître fripon, de ceux qui font servir les précautions de la loi à la protection de leurs escroqueries. Ainsi Fumetière avait des registres sur lesquels étaient inscrits comme achetés tous les objets déposés chez lui, et comme vendus tous ceux qu'on venait retirer. Ce commerce était loyal dans sa forme.

La position devenait embarrassante pour notre avoué, qui voyait bien que l'usurier ne croyait nullement à la présence du commissaire de police à sa porte.

L'intention de M. Simon avait été, sans doute, d'entrer en arrangement avec mademoiselle de Prosny. Mais, outre qu'il lui répugnait de faire des concessions en présence d'un homme pareil à ce M. Fumetière, qu'il connaissait pour avoir été rayé du tableau des avocats, il sentait que les conseils que cet homme pourrait donner à mademoiselle de Prosny rendraient ses concessions par trop onéreuses.

Il se décida tout d'un coup à quitter la partie en disant :

— Monsieur a parfaitement raison, j'ai voulu effrayer mademoiselle de Prosny. Je n'ai point d'ordre pour procéder à son arrestation ; mais cet ordre, je l'aurai demain. Ce sera, comme elle dit, un scandale pour nous. Ce sera aussi un malheur pour elle ; elle l'accepte, n'en parlons plus. Je me retire.

— Mais ne vaudrait-il pas mieux, dit aussitôt avec un empressement gracieux M. Fumetière, prévenir ces discussions fâcheuses? et puisqu'on est venu ici avec des intentions bienveillantes, ajouta-t-il en se tournant vers la vieille, on pourrait entrer en arrangement.

— Il n'y a pas d'arrangements, fit mademoiselle de Prosny : on m'a volé tout mon bien, je veux qu'on me rende tout mon bien.

La vieille furie était ivre de l'espoir de retrouver sa fortune, et cette idée s'était tellement emparée d'elle, que rien ne pouvait arriver à son esprit en dehors de cette pensée.

Si M. Simon était embarrassé, M. Fumetière ne l'était pas moins.

D'un côté, il sentait les quatre-vingt mille francs à exploiter en procès et en scandales. D'autre part, il devinait parfaitement qu'on lui paierait largement une composition amiable dont il se ferait l'agent. Dans le premier cas, l'argent devait être difficile à arracher, et le concours à prêter à mademoiselle de Prosny pouvait ne pas être sans danger. Dans le second cas, le gain serait moindre, mais il arriverait sans débats, sans scandale.

Le choix ne pouvait pas être douteux, M. Fumetière se mit soudainement du côté de M. Simon, et dit à mademoiselle de Prosny :

— Si vous avez compté sur moi pour vous aider dans des prétentions sans fondement, et qui n'ont d'autre but que de porter le désordre dans une famille honorable, vous vous êtes tout à fait trompée, mademoiselle.

— Comment, monsieur! s'écria M. Simon, stupéfait de cet acte de haute probité.

A ce moment il se passa une chose qu'il est presque impossible de peindre. M. Fumetière se tourna vers M. Simon les yeux baissés, l'air contrit, la bouche pincée.

— Ai-je compris vos intentions? dit-il à voix basse.

— Parfaitement, dit M. Simon très-surpris.

— A combien réglons-nous les honoraires? fit M. Fumetière du même ton précieux et d'un visage parfaitement immobile.

— A combien?... fit M. Simon... mais à...

— A trente mille francs, lui souffla tout bas Radinot.

Fumetière leva les yeux et aperçut le petit clerc qui s'était tenu coi.

— Ah! c'est toi, petit, lui dit-il... bonjour.

Puis il se retourna tout à fait vers M. Simon et lui dit :

— Est-ce votre chiffre?

— Trente mille, soit, dit M. Simon.

— Il suffit.. Veuillez vous retirer un moment.

— Laissez-le faire, dit Radinot.

M. Simon n'avait pas encore fait un pas pour se retirer, que mademoiselle de Prosny se prit à crier :

— Ah! c'est comme ça, vous vous mettez contre moi, vous aussi! Ah! je vous devine, vous venez de me vendre à cet homme... Eh bien! adieu... J'en trouverai un autre qui ne me trahira pas... adieu.

Elle voulut sortir; mais la porte qui communiquait de la partie de la salle où elle se trouvait avec Fumetière à la partie occupée par M. Simon, était fermée. Mademoiselle de Prosny l'ébranla avec fureur.

— Vous ne sortirez pas, lui dit froidement M. Fumetière.

— Au secours! à l'assassin! se mit à crier mademoiselle de Prosny, s'attachant avec fureur aux grillages de séparation.

M. Simon eut honte de l'état où il voyait mademoiselle de Prosny : et, quoiqu'à vrai dire rien n'eût été fait ou dit qui pût l'avoir si fort épouvantée, il eut peur de ce qui allait se passer ; il s'écria vivement :

— Point de violence, monsieur ; je n'en veux pas...

— Je ne puis pas empêcher les fous de crier parce qu'on les regarde, dit M. Fumetière. Cette femme est folle ; il y a longtemps que je le sais, et, au besoin, il ne manquerait pas de témoins pour le prouver.

M. Simon avait employé cette accusation contre mademoiselle de Prosny pour se faire donner les renseignements qui pouvaient l'aider à la retrouver ; mais lorsqu'elle passa par la bouche du misérable Fumetiere, elle lui sembla devenir un crime.

Toutefois, il n'eut pas le temps de s'interposer ; car à peine l'usurier eut-il prononcé le mot de folle, que mademoiselle de Prosny s'arrêta comme frappée de la foudre, et portant ses yeux égarés de M. Simon à Fumetière, elle dit d'une voix tremblante :

— Quoi! vous seriez assez méchant pour dire que je suis folle! vous voudriez me faire enfermer dans une maison de fous... Ce n'est pas possible, vous ne le ferez pas.

— Il faudra bien en arriver là, dit doucement M. Fumetière, si vous n'êtes pas raisonnable.

— Mais que voulez-vous, mon Dieu! que voulez-vous que je fasse?... Voulez-vous votre argent?... je vous le rendrai.

M. Simon fut on ne peut plus étonné de voir l'énergie cruelle de cette femme, qu'il savait capable de résister aux plus touchantes instances comme aux plus violentes menaces, tomber tout d'un coup devant la crainte d'une pareille accusation.

Ainsi l'arrestation, le procès, la condamnation, l'emprisonnement pour vol, ne semblaient pas l'avoir effrayée un moment ; qui sait même si l'aspect de la mort, si un poignard levé sur elle, l'eusse fait reculer ? Mais la pensée d'être enfermée dans une maison de fous avait tout brisé, tout anéanti.

De cette sauvage fureur qui avait fait craindre à M. Simon de ne pouvoir rien obtenir de cette mégère, il ne restait qu'un effroi indicible, qu'un tremblement convulsif.

Si ce n'était là un fait assez fréquent parmi les vieillards, que cette terreur inouïe qu'ils ont de la folie, nous hésiterions à croire et à raconter à nos lecteurs, comme une chose vraisemblable, le dénoûment subit de cette scène, qui semblait devoir amener une lutte désespérée.

Mais nous avons vu en ce genre des choses si étranges, que l'effroi et la soumission de mademoiselle de Prosny nous paraissent les plus simples du monde. En général, l'homme, lorsqu'il sent ses facultés s'amoindrir et disparaître, s'inquiète, s'agite et s'irrite à la moindre chose qui peut l'avertir d'un malheur dont il a cependant la conscience.

Ainsi je connais un homme, supérieur par son esprit et ses connaissances, dont la mémoire s'est complétement perdue. Il le sent, il s'en aperçoit, et lorsque cela lui arrive, il tombe dans des tristesses qui ont fait craindre souvent qu'il ne se punît par le suicide de l'affaiblissement de ses facultés. Eh bien! si quelqu'un avait l'inhumanité de dire à cet homme qu'il est fou, ou de le menacer de le dire publiquement, il est certain pour tous ses amis qu'on le tuerait ou qu'on le rendrait véritablement fou.

Mademoiselle de Prosny, en proie à cette horrible terreur, faisait pitié à M. Simon, et allait sans doute s'interposer entre M. Fumetière et elle, lorsque Radinot lui dit tout bas :

— Laissez donc faire... il la tient... Mais si elle tenait mademoiselle Sabine, elle la hacherait comme chair à pâté.

Radinot avait raison. M. Simon détourna les yeux.

— Vous avez sur vous ces quatre-vingt mille francs? dit l'usurier à mademoiselle de Prosny.

L'avarice de la vieille se réveilla et surmonta un moment son effroi.

— Vous ne voulez pas me les prendre? dit-elle en se reculant.

— Qu'en pense monsieur Simon? dit M. Fumetière.

— Qu'elle les garde, fit M. Simon avec dégoût.

— C'est bien, vous allez nous donner un reçu, reprit Fumetière.

— Ah! fit mademoiselle de Prosny, si ce n'est que ça...

— Avez-vous apporté les papiers qui établissent votre créance?

— Oui.

— Donnez-les-moi.

Fumetière les prit et les parcourut, puis, prenant une feuille de papier timbré, il libella l'acte suivant :

« Je reconnais avoir reçu de mon neveu, M. Sylvestre de Prosny, la somme de quatre-vingt mille francs, moyennant laquelle somme, je déclare :

» 1º Le tenir quitte de toutes dettes à mon égard, telles qu'elles peuvent résulter de comptes antérieurement arrêtés entre nous, à quelque époque et pour quelque motif que ce soit.

» Moyennant cette somme, je déclare :

» 2º Lui céder et transporter tous les droits que je puis avoir sur mademoiselle Sabine Durand, m'interdisant formellement toute répétition d'aucune espèce qu'elle soit envers ladite demoiselle Sabine Durand, etc., etc. »

Quand l'acte fut rédigé, M. Fumetière le lut à M. Simon, et après cette lecture il le présenta à la vieille. Mais les noms de Sabine et de Sylvestre avaient réveillé en elle la haine que la terreur avait un moment dominée.

— Non... non, s'écria-t-elle, je ne signerai pas cela... non... qu'on m'arrête comme voleuse... j'aime mieux ça... Eh bien, je dirai...

Mademoiselle de Prosny recommença ses menaces, et elle les eût continuées encore longtemps, si l'usurier n'eût crié à Radinot :

— Va chercher un fiacre pour mener mademoiselle à la Salpêtrière.

La crainte qu'inspirait la pensée d'une prison de fous à

mademoiselle de Prosny était si foudroyante, qu'elle tomba à genoux en s'écriant :

— Ah ! par grâce... ne le faites pas !...

— Signez donc, lui dit Fumetière.

Elle se leva comme un enfant craintif, elle prit la plume et elle ne trouva qu'un mot à dire à M. Simon :

— Il n'y a pas là que je suis folle, n'est-ce pas ?

M. Simon lui jura que non.

Mademoiselle de Prosny signa :

Une heure après, M. Fumetière avait reçu les trente mille francs, promis en échange de l'acte signé par mademoiselle de Prosny, qui était réintégrée dans son appartement, sous la garde spéciale du concierge qui ne devait pas lui permettre de quitter la maison.

Il était alors neuf heures du soir, M. Simon rentra chez lui.

Nous verrons ce qui résulta, le lendemain, de cette première victoire.

XVI

Ainsi donc les ennuis, les chagrins, les malheurs que semblait devoir appeler sur Sabine la vengeance de mademoiselle de Prosny étaient complétement écartés ; il n'y avait plus de dangers de ce côté.

Nous avons dit comment avait commencé pour Sylvestre cette journée du 1ᵉʳ janvier 1844.

Après son entrevue avec M. de Bellestar, le médecin était arrivé ; l'agitation que cette entrevue avait causée à de Prosny alarma le docteur, qui ordonna immédiatement le repos le plus absolu.

Le malade se soumit d'autant plus volontiers à cette prescription, qu'il voulait reprendre toute sa tranquillité et toute sa force pour la rencontre qu'il devait avoir avec le marquis. C'est précisément la résolution inflexible qu'il avait prise d'en finir avec cet homme qui lui donnait la patience d'attendre le moment où il n'aurait à subir ni sa raillerie, ni sa dédaigneuse pitié.

Durant cette journée, madame Simon était venue assez souvent près de de Prosny ; mais, d'une part, le jeune clerc n'avait laissé échapper aucun mot qui pût faire la moindre allusion à l'étrange confidence que lui avait faite M. de Bellestar ; de l'autre, madame Simon évita de lui parler de la scène de la veille, ne prononça pas une seule fois le nom de Sabine et se contenta seulement d'apprendre à Sylvestre que s'il ne voyait pas M. Simon, c'est qu'il était sorti pour arranger les affaires dont il se réservait de lui parler seul.

C'est que les ordres de l'avoué avaient été formels à ce sujet ; c'est qu'il n'avait pas voulu qu'un mot imprudent de sa femme ou de sa pupille pût faire deviner ses intentions, jusqu'au moment où il serait assuré de pouvoir les réaliser.

Lorsqu'il rentra chez lui, le but qu'il s'était proposé lui semblait atteint, et il fut ravi d'apprendre que Sylvestre était devenu tout à fait calme. Il se rendit auprès de lui ; et, sans entrer dans aucune explication, il lui raconta qu'il avait retrouvé mademoiselle de Prosny, et que l'affaire des quatre-vingt mille francs était arrangée d'une manière convenable pour tout le monde, et dont il lui rendrait un compte exact lorsqu'il serait plus en état d'entendre une conversation qui devait lui être nécessairement fatigante.

Malgré l'assurance que lui avait donnée sa femme du silence qu'elle avait gardé avec Sylvestre, l'avoué fut assez surpris de la manière dont de Prosny accueillit ses explications.

En effet, il accepta tout ce qui lui fut dit, sans s'inquiéter des moyens par lesquels on était arrivé à un arrangement convenable, sans demander quel était cet arrangement.

La pensée de de Prosny semblait être ailleurs qu'à ce que lui disait M. Simon ; quelque chose de nouveau, de plus puissant que tous les intérêts passés de sa vie, semblait le préoccuper. Telle eût pu être l'espérance de sa prochaine union avec Sabine, et c'est ce qui fit croire un moment à l'avoué que sa femme n'avait pas été aussi discrète qu'elle s'en vantait.

Mais M. Simon ayant déclaré que l'état de faiblesse du malade lui interdisait un trop long entretien sur des intérêts graves et présents, ne crut pas devoir faire des questions, et Sylvestre demeura bientôt seul.

Je ne veux point dire tout ce qui se passa dans le cœur de Sylvestre durant la journée qui venait de se passer et la nuit qui la suivit. Il vécut tout ce temps dans une sorte de joie désespérée. Sa pensée de l'amour de Sabine lui avait pénétré le cœur, Il s'y complaisait comme dans un rêve enivrant qu'on sent ne pas être la vérité, et dont cependant on ne veut pas s'éveiller, parce qu'on sait que le réveil sera désolant.

Pour Sylvestre, ce réveil était, pour ainsi dire, sa rencontre avec M. de Bellestar, et il voulait aller jusque là avec le doute, sinon avec l'espoir qui lui berçait le cœur.

S'il devait mourir dans cette rencontre, il lui semblait qu'il mourrait comme un homme à qui une riante ivresse fait apparaître de charmants fantômes, et qui tombe environné d'éclatantes lumières, de suaves parfums, de douces harmonies : cette ivresse, il la sentait sans y croire, et il la voulait garder quoiqu'il n'y crût pas. Il avait peur de sa raison, de celle des autres, de la vérité.

Si c'était M. de Bellestar qui devait succomber dans la

lutte, de Prosny ne doutait pas qu'il ne lui fût dit que les paroles du marquis étaient un mensonge, et c'était là surtout le réveil qu'il redoutait.

Il aimait mieux voir ce beau rêve se perdre dans le sommeil et dans la mort que de le sentir disparaître dans le réveil et dans la vie. Ainsi passa-t-il toute cette journée et toute cette nuit.

Quant à la nuit de Sabine, pourquoi vous la dirais-je?

Toute une nuit de joyeuse espérance, toute une nuit de bel avenir sans remords, toute une nuit de chaste amour approuvé par des cœurs honnêtes, encouragé par des gens qui savent aimer.

Que deviendront ces espérances? qu'arrivera-t-il de cet avenir? A l'heure où j'écris, je l'ignore absolument; mais ces espérances et cet avenir dussent-ils se réaliser, Sabine devra compter ces moments parmi les plus heureux de ceux que le Ciel lui accordera.

Le bonheur qu'on donne ou qu'on reçoit est toujours au-dessous de celui qu'on a rêvé, parce que le bonheur est de ce monde, et que l'espérance est au ciel. Ce n'est point par ce qu'il éprouve, mais par ce qu'il espère que l'homme se rattache à Dieu.

Ainsi, me direz-vous, M. Simon a donc appris à Sabine qu'il approuvait son amour et qu'il voulait son mariage avec M. de Prosny?

Oui, vraiment, il lui a dit tout cela, mais avec de graves raisons, mais en lui expliquant comme quoi elle trouverait dans cette union le repos et la considération de sa vie; comment le partage de sa fortune avec celui que cette fortune avait fait pauvre était la seule restitution qu'elle pût faire, la seule qu'il pût accepter; comment elle rencontrerait en lui un homme propre à faire taire tous les remords qui pourraient s'élever en elle.

M. Simon enfin avait plaidé admirablement toutes les bonnes raisons de ce mariage ; mais Sabine en avait dans le cœur une bien meilleure : nous n'avons pas besoin de la dire. Or, indépendamment de tout ce que M. Simon avait dit à Sabine pour la persuader, il lui avait imposé une singulière obligation, et cette obligation, c'était...

Mais nous voilà arrivés au lendemain ; venez avec moi, cachez-vous derrière ce paravent, prêtez attentivement l'oreille, regardez en cachette, et vous saurez tout.

XVII

3 janvier 1844.

Donc hier matin Sylvestre avait pu se lever, il était assis dans la chambre de M. Simon, toujours heureux, parce qu'il rêvait toujours.

L'avoué était venu lui dire un bonjour amical, et avait remis ses explications à une heure plus avancée de la journée.

Puis madame Simon était venue s'asseoir à côté du malade, et s'était doucement entretenue avec lui de choses indifférentes, dites avec une grâce pleine d'amitié.

Puis enfin Sabine était entrée.

Elle était belle à faire croire qu'on ne l'avait jamais vue. Une douce pâleur atténuait la grave pureté de ce visage sévère. Une timide langueur voilait l'éclat de son fier regard ; et lorsqu'elle parla, l'émotion de sa voix troubla Sylvestre du trouble qu'elle éprouvait elle-même.

Cependant c'est à peine si elle lui demanda des nouvelles de sa santé. Elle prit place près de sa tutrice, et là, les yeux baissés, le cœur agité, elle sembla se recueillir pour une épreuve solennelle.

Sylvestre la considérait avec un étonnement craintif; sans qu'il pût prévoir de quoi il s'agissait, il pressentait qu'il y avait un événement immense pour lui dans l'entrée de cette jeune fille.

Mais il fut encore bien plus surpris lorsqu'un domestique vint avertir madame Simon que son mari la demandait, et que Sabine, profondément émue, ayant vivement saisi la main de sa tutrice pour la retenir, il vit celle-ci lui faire signe de rester en disant :

— Je serai bientôt de retour.

Sabine et Sylvestre demeurèrent seuls.

M. Simon avait donc voulu que mademoiselle Durand et de Prosny eussent une explication ensemble.

Si Sabine avait à rougir de son passé, si Sylvestre avait à abandonner quelque chose de la dignité de ses souvenirs, il avait voulu que cette double humiliation restât entre ceux qui devaient tout se pardonner et se demander mutuellement pardon.

Cependant Sabine, qui avait accepté cette entrevue avec joie, et qui s'y était préparée avec l'enthousiasme d'un cœur qui porte en soi l'assurance du succès, Sabine était demeurée auprès de Sylvestre, hésitant et se taisant.

Pour un homme qui a éprouvé les passions et les a vues s'agiter devant lui, que Sabine eût été charmante ainsi, tremblante, inquiète, soumise, cherchant à dominer l'heureux effroi, la timidité inconnue qui s'étaient emparés d'elle ! Mais Sylvestre ne pouvait la voir ainsi.

Il la sentait souffrir, il la voyait embarrassée, il s'imaginait qu'elle venait obéir à un ordre de son tuteur, et il en voulait à M. Simon d'avoir sans doute forcé sa pupille à des excuses envers lui; mais il n'avait pas plus de courage qu'elle pour commencer l'entretien : ce fut Sabine qui fut la plus forte.

— Vous êtes tout à fait bien, n'est-ce pas, monsieur? lui dit-elle.

— Oui, mademoiselle, lui dit Sylvestre... et je vous remercie de l'intérêt qui vous a conduite ici...

— Monsieur de Prosny, reprit Sabine en jetant en avant une phrase qui devait engager l'explication et la forcer elle-même à parler, je suis venue pour vous dire bien des choses.

— A moi? dit Sylvestre, à moi?

Sabine le regarda, et le vit si ému qu'elle prit courage.

— A vous, monsieur, lui dit-elle en souriant tristement.

Elle retrouva les premiers mots du thème qu'elle s'était fait et continua d'un ton humble et soumis :

— Et d'abord j'ai à vous demander pardon d'une chose... dont l'intention était bonne... qui vous a blessé cependant... j'ai eu tort... et...

L'idée qu'avait eue Sylvestre relativement à des excuses imposées à mademoiselle Durand par son tuteur était justifiée par ces paroles.

Il s'empressa d'interrompre Sabine et lui dit :

— Ne parlons plus de cela, mademoiselle, et si quelqu'un doit demander pardon à l'autre, c'est moi qui dois vous prier à genoux d'oublier que je vous ai fait un crime de la plus noble action, que j'ai meurtri la main qui me venait en aide... c'est moi qui ai eu tort... n'en parlons plus...

Tous deux gardèrent le silence, il semblait que l'entretien ne dût pas aller plus loin.

Sabine se hasarda encore à regarder Sylvestre : il avait la tête penchée, il respirait péniblement et semblait avoir peine à ne pas crier.

— Mais vous souffrez encore... lui dit Sabine.

— Oh! s'écria-t-il avec désespoir, ce n'est pas de cela que je souffre.

Sabine savait qu'elle était aimée; elle avait entendu l'aveu de cet amour dans le délire de Sylvestre; elle l'entendit encore dans ce cri douloureux.

— Mais de quoi souffrez-vous donc? lui dit-elle avec un accent heureux par avance de la réponse qu'elle espérait.

Comme si le son de la voix de Sabine venait de faire résonner en lui les paroles de M. de Bellestar qui lui avait dit que Sabine l'aimait, Sylvestre tressaillit, il regarda Sabine, et, à l'aspect de ce visage si doucement suppliant et qui paraissait lui dire : « Confiez-moi donc votre cœur, » il se pencha vers elle en lui disant :

— De quoi je souffre! vous voulez savoir de quoi je souffre?

Les cœurs qui ont beaucoup souffert ont peur du bonheur. Alors même qui leur tend les bras, ils hésitent à s'y jeter; ils comprennent si bien le désespoir d'une fausse espérance.

Ainsi l'instant bien court qu'il fallut à Sylvestre pour prononcer quelques mots suffit pour lui inspirer la crainte de s'être trompé et d'avoir été trompé. Toute la joie, tout le transport qui rayonnait sur son visage s'éteignit rapidement, et il reprit en se reculant lentement :

— Je souffre d'une douleur... que vous ne devez pas connaître... d'une douleur... qui... vous est étrangère.

Sabine sentit encore l'amour de Sylvestre dans cet effroi qu'il éprouvait, et, plus forte et plus encouragée par cette crainte qu'elle ne l'eût été de sa propre force et de son propre courage, elle lui dit résolûment :

— Non, monsieur, non, vous n'avez point de douleur qui me soit étrangère.

Sylvestre sembla si interdit, si éperdu, que Sabine osa encore davantage.

— Et peut-être suis-je ici pour consoler toutes vos douleurs.

Sylvestre était dans un trouble qui l'empêchait de croire à

ce qu'il voyait, à ce qu'il entendait ; car il voyait ce cœur qui se jetait à lui, il l'entendait appeler le sien ; mais cette funeste défiance du malheur qui flétrit tout, se jetait aussitôt entre lui et cette céleste apparition, et lui montrait comme une pitié qui voulait à tout prix se faire accepter.

Cette pensée, il la repoussait à son tour, comme il avait repoussé l'espérance à laquelle il n'osait croire, et il restait tremblant, agité, incertain.

Enfin il essaya de s'arracher à ce pénible état en disant :

— Je n'ai point de douleurs que vous puissiez consoler... Soyez heureuse, vous ; c'est tout mon désir... Croyez... oh ! croyez... que c'est le vœu le plus ardent de mon cœur... Quant à moi... je ne me plains de rien...

Sabine lui tendit la main, et lui dit les larmes aux yeux :

— Oh ! parlez-moi donc...

Sylvestre prit cette main, et s'écria :

— Oh ! je sais que vous êtes bonne, et sainte et généreuse ! et je voudrais pouvoir vous le dire comme je le sens ; mais...

Il s'arrêta, et reculant encore une fois devant l'espoir qui s'offrait à lui, il reprit :

— Mais non, ce n'est pas possible, cela ne se peut pas.. Oh ! je vous en prie, dites-moi, dites-moi ce que vous êtes venue faire ici... Vous voyez bien que je ne vous comprends pas, que je n'ose pas vous comprendre... Ayez pitié de moi.

— Eh bien ! lui dit Sabine, si vous, qui vous croyez si malheureux, si à plaindre, vous pouviez pour moi ce que personne ne peut au monde.

— Moi !... fit Sylvestre.

Sabine baissa les yeux devant le regard ardent de Sylvestre.

— Oui, continua-t-elle, je viens à vous, parce que... Mais comment puis-je vous dire cela... vous savez que je souffre... n'est-ce pas que vous le savez ?... n'est-ce pas que vous comprenez qu'il y a des choses dont je suis honteuse, que ce qu'on m'envie est pour moi un malheur, un remords?

— Ah! vous n'avez rien à vous reprocher, dit Sylvestre, rien, je vous le jure.

— Merci! c'est bien à vous de me dire cela, reprit Sabine tremblante... Mais mon tuteur avait pensé que je devais, moi, réparer le mal dont je ne suis pas coupable.

— Encore! dit Sylvestre en pâlissant et toujours préoccupé de la pensée d'une restitution flétrissante.. n'est-ce pas assez?

— Oh! c'est mal, lui dit Sabine; je vous ai demandé pardon d'une injure, ce n'est pas pour la recommencer.... Non, mon tuteur pensait qu'il est un titre auquel on ne refuse rien... que ce qui devient le bien commun... n'est pas un don...

Sabine s'arrêta oppressée, la tête basse et ne pouvant plus parler.. Sylvestre la regardait, épouvanté de ce qu'il sentait.

Sabine attendait un mot... qui ne vint pas, et reprit en se détournant pour cacher ses larmes :

— Si vous ne me comprenez pas, je n'ai plus rien à vous dire.

Sylvestre l'avait comprise, il devinait bien que cette jeune fille venait, chose inouïe, lui offrir sa main et sa fortune. Mais le doute, le doute odieux, lui montrait ce bonheur du ciel comme un sacrifice; il ne croyait pas encore à l'amour qui priait devant lui.

— Oh! reprit-il tristement, je vous comprends; oui, je sais ce que vous voulez me dire.... Oh! je vous le disais bien que vous êtes noble et bonne, que vous êtes généreuse et grande... ah! c'est une vertu qui n'a rien de comparable au monde; mais c'est trop... c'est trop.... Non, le malheur n'est pas un droit à un pareil sacrifice, vous ne l'accomplirez pas... vous ne le devez pas; je serais un misérable de l'accepter....

— Mais pourquoi donc ?

— Pourquoi ?... dit Sylvestre. Il prit la main de Sabine et lui dit :

— Oh! c'est que ce n'est pas cela que je voudrais de vous. C'est que... moi qui suis pauvre, je vous voudrais pauvre... Je voudrais... Ah! comprenez-moi bien et ne vous offensez pas. Seriez-vous ici, dites-moi, si jamais votre père n'avait rencontré le mien ?

Sabine regarda Sylvestre en face, et lui répondit d'une voix entrecoupée :

— Je ne sais pas... Je ne puis vous dire s'il en serait ainsi... Mais ce que je puis vous affirmer, Sylvestre, c'est que j'y suis de ma volonté, c'est que j'y suis parce que mon cœur m'a dit d'y venir... Mais vous voyez bien pourquoi j'y suis.

Sylvestre se leva et parcourut la chambre dans une agitation extrême.

Est-ce de l'amour ? se disait-il, est-ce une pitié exaltée qui la trompe elle-même ? Ce marquis m'a dit qu'elle m'aimait ; mais peut-être parce qu'elle aura souffert devant lui de ma misère, il aura été jaloux, il lui aura reproché sa commisération comme une tendresse coupable, et elle-même alors aura donné un nom qui n'est pas vrai à la pitié qu'elle a de moi. Oh! la devoir à cette erreur, ce serait affreux !... Jamais !... jamais !... Et n'avait-elle pas accepté les hommages et la main de ce marquis de Bellestar ?... C'est envers lui qu'elle était véritablement dans la liberté de son cœur... Oh! non, non ! je n'abuserai pas de cette générosité qui l'égare... Je mériterai d'être aimé d'elle en la refusant...

— Mademoiselle, lui dit-il après ces réflexions et avec l'accent d'un homme qui se déchire le cœur, je vous respecte, et je vous admire ; Dieu nous a donné tout ce qui est vénérable comme tout ce qui est charmant ; il vous donnera aussi le bonheur... le bonheur comme vous le méritez... Ce bonheur, je veux, moi, y contribuer ; je veux que vous y marchiez sans crainte, sans remords, sans retour désespéré vers le passé... Je le veux, et pour cela je ferai (Sylvestre suffoquait), je ferai, reprit-il en domptant son émotion, je ferai une chose qui me tord le cœur, qui me brise... mais enfin je la ferai...

— Qu'est-ce donc? dit Sabine effrayée.

— J'accepterai vos bienfaits, dit Sylvestre : je prendrai, ajouta-t-il en baissant les yeux, je prendrai comme créancier, ce que vous ne saviez comment me rendre... et ce que vous me rendiez en vous sacrifiant... et alors vous oserez être heureuse... alors...

— Que dites-vous? s'écria Sabine.

— Ah! croyez-moi, reprit Sylvestre, je fais pour vous ce que je croyais impossible de faire.

Sabine était anéantie ; elle comprenait bien que Sylvestre n'osait croire à son amour, elle se sentait impuissante à le lui persuader.

Elle essaya cependant encore par un dernier mot :

— Vous savez, lui dit-elle, que j'ai rompu ce matin mon mariage avec M. de Bellestar?

— Oh! merci... merci pour vous! s'écria Sylvestre : car c'eût été le malheur de votre vie entière. Cet homme ne voyait de vous que votre esprit brillant, que votre vertu sévère. Il n'avait rien compris de votre cœur, rien de ce qui le fait bon et indulgent, rien de ce qui le fait fier et généreux, rien de ce qui fait que vous semez le bonheur autour de vous, rien de ce charme qui pénètre et qui ravit, rien de ce qui fait que sous l'empire de votre présence on croit à la bonté de Dieu, et qu'on voudrait croire au bonheur, si on n'était marqué pour souffrir. Oh! ne l'épousez pas! reprit Sylvestre en élevant la voix. C'est bien, maintenant... je suis libre.

Sabine avait écouté Sylvestre dans un ravissement avide. Enfin son cœur éclatait, sa passion parlait ; elle lui dit :

— Oui, je suis libre aussi.

Mais elle n'avait pas compris le sens de ce mot dans la bouche de Sylvestre.

Ce mot : « Je suis libre, » voulait dire:

— Maintenant je puis aller à la rencontre de cet homme, et j'irai sans crainte à la mort qu'il peut me donner, car il n'aura pas le trésor que j'aurai perdu; si c'est moi qui le tue, je ne craindrai pas alors qu'on puisse m'accuser d'avoir arraché une chance de bonheur à la vie de cet ange.

Telle était la pensée de Sylvestre lorsque Sabine, lui tendant la main, lui dit :

— Je suis libre aussi!

A ce moment, elle était si radieuse, si suppliante à la fois... elle se jetait à cet homme avec une innocence si ardente et un amour si franc et si ouvert, que Sylvestre crut enfin qu'elle l'aimait... qu'elle l'aimait un peu; et, à cette pensée, il se sentit pâlir et trembler.

— Oh! se dit-il, si je venais à mourir... à mourir aimé d'elle!...

Il fut pris d'une affreuse faiblesse, il se sentit lâche, il eut peur du combat qui l'attendait, et, après s'être débattu un moment sous cette affreuse torture, il se releva en s'écriant:

— Non... non... c'est impossible... taisez-vous... ayez pitié de moi... non, non, vous ne m'aimez pas... ce n'est pas vrai... et puis, vous ne savez pas...

Il cherchait des raisons pour la repousser, et lui jeta pêle-mêle tout ce qui se présenta à son esprit :

— Non, que dira-t-on? M. de Prosny et mademoiselle Durand... ce serait affreux... on vous calomnierait, on m'accuserait... ce serait un malheur... un malheur irréparable.

Il se prit à pleurer... et il s'écria :

— Sabine, je suis né pour souffrir, moi... soyez heureuse!... et s'il vous faut ma vie.... elle est à vous.... mais...

Sabine, confuse, avait baissé les yeux; une pâleur mortelle avait succédé à l'animation de ses traits. Elle comprimait une horrible douleur.

Sylvestre s'en aperçut, et, tombant à ses pieds, il lui dit:

— Mais qu'avez-vous, mon Dieu!... Je vous ai offensée; je vous ai fait du mal. Ah! parlez, que voulez-vous? Je vous aime comme un insensé! Parlez, mon Dieu, que puis-je faire?

— Rien, monsieur, lui dit froidement Sabine, rien. A votre tour, je vous ai compris.

Elle se leva; il voulut la retenir. Elle retira sa main avec un geste glacé et s'éloigna.

— Ah! mon Dieu, se dit Sylvestre, qu'est-ce donc que j'ai fait?

Et il resta anéanti, brisé, incapable de se rendre compte de tout ce qui venait de se passer.

Quant à Sabine, elle courut dans son appartement. Madame Simon l'y attendait.

En la voyant arriver pâle, bouleversée, sa tutrice courut à elle.

Qu'y a-t-il donc? s'écria-t-elle.

— Oh! quelle honte! dit Sabine, les dents serrées et le regard fixe.

— Il ne t'aimait pas?

— Il m'aime! s'écria Sabine avec un affreux déchirement; mais il refuse. M. de Prosny ne peut s'abaisser à épouser mademoiselle Durand!

— Il ne t'a pas dit cela!

— Il me l'a dit, repartit Sabine avec une amère fierté.

— Mais...

— N'en parlons plus, reprit Sabine: n'en parlons jamais... je vous en prie. C'est assez d'un coup pareil pour en mourir.

Madame Simon fut si épouvantée de l'accent dont Sabine prononça ces dernières paroles, qu'elle n'insista point; mais elle ne voulut pas la laisser seule dans ce premier moment, et elles demeurèrent ensemble sans parler, mais pleurant toutes deux.

XVIII

Le coup qui avait frappé Sylvestre, à la révélation du vol fait par sa tante, avait été foudroyant.

Il l'avait laissé sur le sol, anéanti et mourant; mais, précisément à cause de la violence, le ressentiment de sa douleur s'était peu à peu affaibli, et, comme nous l'avons dit, il s'était perdu dans cette espèce de rêverie douce et triste qui avait précédé l'entretien de de Prosny avec mademoiselle Durand.

Le coup qui frappa Sabine à la fin de cet entretien ne lui arriva pas au cœur avec la même force; mais, au lieu de s'affaiblir, la douleur qu'elle en éprouva s'accrut par la réflexion. Elle croyait au mépris de de Prosny, au mépris de de Prosny qui l'aimait.

Dans cette hypothèse, ce n'était pas seulement la perte de ce cœur, qu'elle estimait si haut, qui désespérait Sabine; c'était le mépris du monde entier. venant à la suite de celui de Sylvestre; car si celui-là, qui avait à la fois tant de fierté et de résignation, et tant d'indulgence et tant d'amour; si celui-là, disons-nous, ne se trouvait pas la force d'oublier le fatal héritage qu'elle avait reçu de sa famille, qui donc l'oublierait? quelques hommes sans principes et sans dignité, quelques âmes cupides, quelques ambitieux, qui voudraient se faire de sa fortune un appui pour arriver au but de leur ambition; mais dans tout cela elle ne trouvait pas un cœur auquel elle eût voulu donner sa vie; et telle était l'étrange exaltation de cette douleur, qu'au lieu de savoir gré à M. de Bellestar d'avoir dédaigné toutes ces vaines récriminations, elle le trouvait misérable et lâche de ne pas s'être arrêté devant la crainte du blâme, dont le monde l'eût puni pour avoir osé épouser la fille du voleur Durand.

Nous avons dit comment Sabine et madame Simon étaient demeurées ensemble, pleurant silencieusement à côté l'une de l'autre.

M. Simon les surprit ainsi, et, au regard qu'il jeta sur elles, il était facile de reconnaître qu'il s'attendait à un événement fâcheux; en effet, il s'écria, dès qu'il les eut considérées un moment :

— Allons! il y a encore un malheur d'arrivé, j'en suis sûr. Je viens d'entrer chez moi, et j'ai appris que Sylvestre avait quitté notre maison sans dire où il allait; et maintenant voilà que je vous trouve tout en larmes · qu'est-il donc arrivé?

Madame Simon ne savait de l'entretien de Sabine et de Sylvestre que les quelques paroles que lui avait dites sa pupille; elle s'approcha de son mari et lui dit tout bas : — Il paraît qu'il lui a avoué son amour, mais elle prétend qu'il a refusé sa main.

Le premier mot de M. Simon fut le même que celui de sa femme :

— C'est impossible! s'écria-t-il.

Sabine releva lentement les yeux sur son tuteur; l'amertume du sourire qui parut sur ses lèvres fut une plus éloquente réponse que toutes les paroles qu'elle eût pu dire.

Devant cette expression désespérée, M. Simon n'eut pas le courage de chercher de ces mots vides de cœur et de sens, vains palliatifs qui ne font qu'irriter le mal qu'ils essaient de calmer.

Il ne répondit ni à sa femme ni à Sabine; il murmura seulement ces mots : — Mais je me suis donc trompé! mais il n'y a donc ni honneur ni grandeur dans cet homme! ce serait donc aussi un misérable!

Sabine ne sembla pas avoir entendu, et peut-être est-il

vrai que, tout entière à sa préoccupation, elle n'entendit pas ces réflexions de son tuteur.

Quant à madame Simon, quoiqu'elle ne crût pas Sylvestre aussi coupable qu'il le paraissait aux yeux de son mari, quoiqu'elle supposât qu'il y avait eu entre de Prosny et Sabine un de ces tristes malentendus qui gâtent souvent l'existence plus cruellement que les plus fâcheux événements, elle n'osa point défendre l'homme qui avait fait tant de mal, et elle ne pensa pas à retenir son mari lorsqu'il sortit en disant :

— Cela ne peut finir ainsi : j'aurai satisfaction de cette affaire.

Cette journée s'acheva sans que madame Simon pût obtenir aucune explication de Sabine.

Cependant la bonne et charmante femme trouva pour sa pupille de ces mots qui entrent dans le cœur jusqu'aux larmes, et qui ouvrent une voie à la douleur qui y fermente et qui menace de le briser. Mais la douleur de Sabine semblait aride comme ses yeux, sèche et brûlante comme son corps, que la fièvre dévorait sans l'agiter.

Madame Simon exigea cependant que sa pupille prît le lit, et celle-ci fit ce qu'on voulait avec cette obéissance résolue et implacable qui abandonne tout son être à la volonté d'autrui, moins un endroit où rien ne peut arriver.

Cependant que faisait M. Simon? que devenait Sylvestre? je le saurai demain, et demain je vous le dirai.

5 janvier 1844.

Je viens de déchirer la lettre que je vous ai écrite hier, et où je vous rendais compte de ce qui s'était passé dans la journée du 3 ; elle se bornait à vous apprendre que Sabine était malade d'une façon assez inquiétante pour que madame Simon fût dans le plus vif désespoir, et que M. Simon fût dans la plus violente colère.

Je vous disair aussi, fort eu détail, toutes les allées et venues inutiles de notre avoué pour retrouver Sylvestre, qui n'avait fait que paraître un moment chez sa tante, à qui il n'avait point dit où il s'était retiré.

J'ai supprimé cette lettre, parce que celles qui viennent de m'être confiées à l'instant même vous expliqueront beaucoup mieux que je ne l'avais fait ce qui était arrivé dans cette journée.

XIX

CORRESPONDANCE

Lettre de M. de Bellestar à M. Simon.

4 janvier 1844.

Monsieur, je m'empresse de répondre comme je le dois à la lettre par laquelle vous m'annoncez que mademoiselle Durand renonce *à l'honneur de mon alliance.*

J'emploie les mots dont vous vous êtes servi, monsieur, pour vous prouver avec quel soin j'ai lu votre lettre, avec quel scrupule j'en ai pesé toutes ses expressions. Vous me dites, n'est-il pas vrai, monsieur, que la scène qui s'est passée chez vous le 1er janvier a réveillé dans le cœur de mademoiselle Durand des souvenirs que vous croyiez effacés ?

Vous me dites encore qu'appelée, par son mariage avec moi, à entrer dans un monde qui s'enquiert, non-seulement de l'ancienneté de l'origine de ceux qui s'y présentent, mais encore de l'honneur de la famille de laquelle ils sortent; vous me dites, n'est-il pas vrai, monsieur, qu'elle a craint de se voir en butte à des recherches, à des récriminations contre lesquelles je la protégerais sans doute de tout mon pouvoir, mais qui n'en arriveraient pas moins jusqu'à elle, qui rendraient son existence d'autant plus malheureuse qu'elle serait plus éclatante, et qui pourraient m'amener moi-même à me repentir d'avoir cédé à mon amour et d'avoir écouté ma générosité en épousant mademoiselle Durand?

C'est là votre lettre, n'est-ce pas monsieur? et certes il était impossible, dans la position où vous étiez, d'en écrire une qui enveloppât de précautions plus flatteuses pour moi et de motifs plus dignes pour votre pupille le refus qu'elle m'adresse et que je reçois.

Dans cette lettre, monsieur, il y a une habileté à laquelle je dois rendre hommage ; seulement je ne sais si c'est à la vôtre ou à celle de mademoiselle Durand que je dois l'adresser : je ne veux point préjuger cette question, et je vous l'envoie à décider, tout en reconnaissant humblement combien je suis incapable de lutter de ruse et de fausses protestations avec celui qui a si habilement arrangé la petite comédie dont il arrive cependant que je ne suis pas la dupe.

Il a fallu un hasard bien inouï pour me faire découvrir le secret de ce refus ; et certes, je l'avoue encore bien humblement, jamais je ne l'eusse soupçonné, si je n'en avais été averti.

Je suis malheureusement de cette race dont on a dit avec tant de vérité qu'elle n'avait rien appris et rien oublié. Oui, monsieur, il le faut reconnaître, nous n'avons appris ni les passions sordides de notre époque, ni les petites intrigues d'un monde qui a voulu prendre la place du nôtre; nous n'avons appris ni à mentir ni à nier nos sentiments pour quelque intérêt que ce fût, ni à jouer la délicatesse pour cacher les emportements d'une triste passion.

Nous n'avons rien oublié non plus, monsieur, ni la loyauté dans les actions comme dans nos paroles, ni le respect pour les serments reçus comme pour les promesses faites ; nous n'avons pas oublié surtout le dédain que nous devons à des injures trop grossières pour nous atteindre.

Voilà ce que nous sommes, monsieur, et voilà ce qui fait que j'eusse accueilli peut-être vos excuses dans le sens qu'il vous a plu de leur donner, si je ne savais, à n'en pouvoir douter, que le motif de cette rupture est tout autre que celui que vous dites, soit que vous le connaissiez, soit qu'on vous ait trompé, comme on a essayé de me tromper.

Vous me comprendrez parfaitement, monsieur, lorsque vous aurez lu la lettre suivante qui m'a été remise par la personne qui l'a reçue. Cette personne est mademoiselle Aurélie de S...; je ne crains pas de la nommer, car elle portera bientôt le nom d'un homme qui la protégera contre toute récrimination, comme il aura bientôt puni l'injure qui lui a été faite, de si bas qu'elle soit partie.

J'ai l'honneur d'être, etc.

Marquis DE BELLESTAR.

Lettre de Sabine à mademoiselle de S... incluse dans la précédente.

(Pour l'intelligence de cette lettre, nous prions nos lecteurs de vouloir bien se rappeler qu'elle fut écrite par Sabine à mademoiselle Aurélie de S... le lendemain de sa rencontre avec Sylvestre dans les magasins de *la Ville de Paris*. C'est celle que mademoiselle de S... avait si soigneusement gardée, qu'elle avait échappé aux investigations de notre espion; c'est celle dont l'excellente amie de Sabine avait parlé chez M. Léonard.

Après les dernières phrases de la lettre de M. de Bellestar, il nous paraît inutile d'expliquer comment le marquis se l'était procurée, et maintenant voici cette lettre :)

Mon Aurélie, ma sœur, mon amie, je t'ai écrit pour te dire

comment j'avais rencontré M. de Prosny, et comment je l'avais invité *à la fête de ma fête.* Je dois tout te dire ; j'ai peur de ce que j'ai dit, et j'en suis heureuse.

La pensée de le revoir, et de le voir au milieu de ce qui est ma famille, devant toutes mes chères amies, cette pensée me charme et me plaît et me console. Je ne puis m'en distraire, elle m'apparaît comme un gage de bonheur et de sécurité pour tout mon avenir. Comment te dire cela ? Mais il me semble que si jamais quelque injure devait me poursuivre, quelque malheur me menacer, je n'aurais qu'à me serrer contre cet homme au cœur si noble, au regard si calme, et si assuré, et que s'il étendait sa main sur ma tête, elle serait à l'abri de tout outrage.

Qu'est-ce donc qui me le fait voir ainsi ? Qu'est-il ? et qu'a-t-il fait ? Rien encore ! mais il porte en lui tout ce qui fait les âmes fortes et supérieures ; et comprends-tu qu'il est possible que cet esprit élevé, que ce caractère si fort dans sa résignation, s'use et se perde à tout jamais, enfermé dans la misère que les miens lui ont faite ?

Et comprends-tu qu'il serait peut-être possible qu'un mot de moi réalisât mon rêve que je te dis tout haut, et le rêve que peut-être il étouffe tout bas ? Comprends-tu qu'il serait possible que je fusse heureuse et qu'il fût grand ?

Est-ce cette idée, est-ce cette espérance qui me charme, qui m'éblouit et qui me fait croire en lui ? Ou bien, est-ce que je vois ainsi mon avenir ?

De quelque côté que me vienne cette foi, je ne puis rêver le bonheur sans voir ma vie attachée à la sienne. Il serait ma réconciliation avec le monde, il serait mon abri contre le passé ; tout ce qu'il ferait de bien, de grand et d'illustre me serait compté à titre de pardon, et l'éclat de son nom absoudrait la honte du mien.

Pourquoi te dis-je tout cela, pourquoi t'écrire toutes ces pensées confuses de mon cœur ? C'est que je voudrais voir clair dans ce que j'éprouve, c'est que je voudrais donner un nom au sentiment qu'il m'inspire.

Faut-il te l'avouer? lorsque je pense à tout le bonheur qu'il pourrait m'apporter, je m'en veux, et je me trouve égoïste. Il me semble que je ne l'aime que pour moi, et je voudrais l'aimer pour lui.

Car je puis te dire aujourd'hui ce mot qui s'est arrêté hier au bout de ma plume; lorsque je l'ai invité à venir se joindre à ceux que j'appelais ma famille, dans ce regard éperdu, étonné et ravi qu'il a attaché sur moi, j'ai cru deviner qu'il m'aimait, et j'en ai été si heureuse qu'il m'a semblé que je l'aimais aussi. Ce n'est que plus tard que tous ces doutes sur moi-même me sont venus au cœur; ce n'est que plus tard qu'il m'a semblé que je ne cherchais que mon bonheur, et que j'en faisais le sien, et j'ai peur de me tromper moi-même.

Viens donc, viens me voir. Je te parlerai de moi, tu me parleras de lui, et peut-être me comprendrai-je enfin...

N'oublie pas, n'oublie pas, surtout, que je suis menacée d'épouser M. de Bellestar... A toi ce qui me reste de mon cœur.

SABINE.

Indépendamment de la lettre du marquis, qui renfermait celle de Sabine, et qui fut remise à notre avoué dans la soirée d'hier, M. Simon reçut la lettre suivante de de Prosny, qui, de même que celle du marquis, est assez explicite pour nous dispenser de reproduire la lettre à laquelle Sylvestre répondait.

Lettre de Sylvestre de Prosny à M. Simon.

Le 4 janvier 1844, huit heures du soir.

Que me dites-vous, monsieur? Ai-je bien compris ce que vous me dites? Moi, j'aurais fait entendre à mademoiselle

Durand que je la trouvais indigne de lui donner mon nom !
Elle a pu le croire, et vous avez pu le penser !

Je ne puis me plaindre d'elle ; c'est à peine si elle me connaît, c'est à peine si elle sait ce qu'il y a dans mon cœur de culte et de respect pour les vertus dont elle donne un si pur exemple ; mais vous, monsieur, vous me connaissez ; je croyais que vous m'aviez éprouvé ; je croyais que vous saviez ce que je sens dans le peu que je suis ; je croyais que j'avais assez vivement témoigné devant vous mon indignation pour ces exécrables souvenirs qui font peser la faute des pères sur la tête des enfants ; je croyais vous avoir montré assez haut et assez souvent à quel point j'estime et j'admire la vertu qui, comme celle de mademoiselle Durand, prend sa force en elle-même, et se grandit, si j'ose parler ainsi, du piédestal honteux sur lequel elle se pose ; je croyais que vous saviez tout cela de moi, monsieur.

Aussi, lorsque je lis l'accusation que vous m'envoyez si cruellement, je m'étonne, je m'irrite, je me désole surtout de ne pas voir que vous vous êtes écrié, de ne pas apprendre que vous avez dit que cela était impossible, de ne pas avoir trouvé en vous un défenseur pour dire à celle qui se croit outragée, que c'est une erreur et une folie de son âme, qu'égare une douloureuse susceptibilité.

Et alors même, monsieur, que ce sentiment qui me fait aimer la vertu n'eût pas existé en moi, quel mépris faites-vous donc de l'homme que vous avez nommé votre ami, pour croire si aisément que j'ai pu oublier, en face d'une fille qui vous est chère, ce simple respect qu'on doit aux affections de ceux qu'on aime ; que devant un cœur qui souffre, j'ai eu la brutalité d'appuyer durement la main sur la douleur qu'elle me laissait voir ?

Mais n'eussé-je que la politesse banale des gens qui savent saluer, je n'aurais pas fait l'odieuse réponse que vous m'imputez, alors même que j'eusse été assez dégradé par ma pau-

17

vreté pour l'avoir dans le cœur. Ne sais-je pas qu'il y a mille moyens polis de repousser une offre qu'on ne veut pas accepter, sans employer le plus injurieux et le plus lâche?

Et vous n'avez rien trouvé pour ma défense, et j'irai peut-être... oui, peut-être à la mort... qui sait? avec le désespoir d'avoir blessé cette âme d'enfant du ciel qui vit sous les traits de votre Sabine.

Oh! monsieur, vous n'avez été ni généreux ni juste envers moi. Non, et vous savez, vous mieux que personne, que vous ne deviez pas me croire coupable.

Avez-vous donc oublié cette heure où vous m'avez proposé de faire les comptes de la succession de mademoiselle Durand pour son mariage avec M. de Bellestar? Vous avez entendu le cri de ma douleur, vous m'avez vu me brisant dans mon désespoir, et vous ne vous êtes pas trompé au sentiment qui a failli me tuer.

Vous le savez bien, monsieur, ce n'était ni regret de ma fortune perdue, ni ressentiment contre celle qui la possède; c'était l'effroyable torture de l'amour jaloux, de l'amour insulté par le bonheur d'un autre.

A ce moment, vous avez deviné que j'aimais votre pupille; à ce moment, vous avez eu pitié de moi... Pourquoi donc m'êtes-vous devenu si hostile et si cruel?

Oui, monsieur, c'est vrai, lorsque mademoiselle Durand est venue à moi, lorsqu'elle m'a dit que je pouvais être son époux.... j'ai reculé devant ce bonheur. J'ai eu peur de l'héroïsme d'une âme qui se sacrifie à ce qu'elle croit un devoir.

Et pouvais-je croire autre chose, monsieur? Que suis-je à côté de mademoiselle Durand, belle entre toutes, supérieure parmi les plus nobles esprits, sainte dans votre famille, modèle d'une si sainte honnêteté?

Que suis-je, moi? Un pauvre clerc d'avoué, obscur, sans passé qui réponde de lui, un homme qui a fait avec soin et probité un métier où, vous le savez, monsieur, l'assiduité peut remplacer l'intelligence.... Et cet homme, qui n'est rien, vous vouliez qu'il pût croire qu'une pareille femme, qui est tant, venait se donner à lui parce qu'elle le croyait digne d'elle !

Non, monsieur, non, la vanité ne peut m'égarer à ce point. Il y avait, il y a dans cette démarche un sacrifice à des craintes, à des remords que vous ne deviez pas laisser exister.

Non, monsieur, non, je ne pouvais accepter ce sacrifice. Je l'ai repoussé, mais je l'ai repoussé à genoux ; je l'ai repoussé en l'admirant. J'ai fermé le seuil de ma maison à l'ange qui m'apportait le bonheur, parce que je ne voyais pas le sien venir à côté d'elle.

Et pas une de ses pensées ne vous est arrivée au cœur ; vous n'avez rien trouvé pour lui faire comprendre que je n'étais pas le dernier des misérables !

Mais alors même que vous n'eussiez pas eu le désir de me défendre, vous eussiez dû avoir pitié d'elle. Puisque j'avais pu lui faire tant de mal, vous deviez mentir pour la consoler ; vous le deviez alors même que vous m'eussiez assez méprisé pour croire que j'étais descendu aussi bas qu'on vous le disait.

Et comment ferez-vous maintenant ? Pourrez-vous réparer le mal que vous avez fait et que vous avez laissé grandir ? car elle est malade, me dites-vous ; elle souffre de la douleur que je lui ai jetée...

Oh! mon Dieu, que je vive encore demain, et, si toute ma vie est nécessaire à réparer ce mal, à lui rendre le repos de son âme que j'ai troublé bien innocemment, oh ! qu'elle prenne chaque jour, chaque heure de cette vie ; qu'elle me commande tout ce qui pourra satisfaire à son juste orgueil... qu'elle m'ordonne de ne plus la voir... et j'obéirai...

Oh! dites-le-lui... dites-lui... Mais ne lui ai-je pas dit que je l'aime, que je l'aime comme on aime Dieu et le ciel, et le bonheur et sa mère?... Je ne puis pas dire comme je l'aime... Oh! je voudrais qu'elle pût le comprendre... Elle n'en serait sans doute ni heureuse ni fière... mais elle me pardonnerait et elle se pardonnerait.

Si vous ne recevez pas une autre lettre de moi, un de mes amis vous en dira la raison.

Adieu... peut-être adieu pour toujours...

Quoi que vous pensiez de moi, n'oubliez jamais que j'ai gardé toujours dans le cœur une reconnaissance sacrée pour vos bontés et un respect inaltérable pour celle qui porte votre nom, et pour celle à qui j'aurais offert le mien, si je l'avais jugé digne d'elle.

Sylvestre de Prosny.

La lettre de M. de Bellestar mit M. Simon dans une colère qu'il eut grand'peine à cacher à sa femme, et celle de Sylvestre lui inspira des craintes qu'il ne chercha point à lui dissimuler. Toutefois, comme il était fort tard, il fallut que notre avoué remît au lendemain les projets que lui dictait sa colère et les démarches que lui inspiraient ses craintes.

XX

M. Simon n'était pas homme à accepter la lettre de M. de Bellestar sans lui faire une réponse sévère.

Le marquis eût-il cent fois raison en disant que la véritable cause de la rupture de son mariage avec Sabine ne venait point des scrupules de la jeune fille, mais de son amour pour Sylvestre ; le marquis eût-il la preuve de ce qu'il avançait, cela ne l'autorisait point à des impertinences fort déplacées.

Les raisons que lui avait données le tuteur devaient, à son gré, suffire au marquis, du moment qu'elles mettaient son honneur et sa dignité à l'abri. Que pouvait faire M. Simon de plus que d'imputer tous les torts de cette rupture, sinon à Sabine elle-même, du moins à sa position et à la juste susceptibilité qu'elle avait fait naître dans le cœur de la jeune fille?

Mais M. Simon avait compté sans la vanité de M. de Bellestar; et le fait d'avoir daigné aimer une petite personne comme mademoiselle Durand, et de ne pas l'avoir trouvée ravie de cet honneur et de ce bonheur, avait exaspéré le marquis.

De là l'insolente lettre écrite à M. Simon; de là peut-être aussi cette détermination d'épouser mademoiselle Aurélie de S...

Quoi qu'il en soit, M. Simon trouva que M. le marquis avait été trop loin, et il se résolut à le lui dire.

D'une autre part, la réponse qu'il avait reçue de Sylvestre lui avait prouvé que la lettre qu'il avait fait déposer à sa porte lui était arrivée; par conséquent, ou bien on savait le lieu de la retraite de de Prosny, ou bien il était revenu chez lui. Dans les deux cas, il y avait quelque chose à apprendre.

Cependant l'état de Sabine devenait de plus en plus inquiétant.

Toujours enfermée dans son silence, ne refusant aucun des soins qu'on lui donnait, comme si elle eût senti qu'ils étaient complétement inutiles, et comme si, dans cette pensée, elle eût voulu se dispenser de l'ennui des insistances qu'on aurait pu mettre à les faire accepter, Sabine était prise d'une fièvre violente; l'éclat de ses yeux, la brûlante ardeur de ses mains, l'agitation de son pouls n'annonçaient pas seuls cet état de maladie active. De temps en temps des mots rapides, prononcés à voix basse, des sourires convulsifs attestaient que le désordre moral était encore poussé plus loin que le désordre physique.

Le médecin avait été appelé; le médecin avait été mis dans la confidence des causes de cette violente atteinte; et comme on lui proposait de faire lire à Sabine la lettre de Sylvestre, pour essayer de calmer ce désespoir morne et muet, le docteur avait effrayé madame Simon en lui disant :

— C'est inutile, elle serait incapable de la comprendre.

— Quoi! s'était écriée la tutrice, en est-elle là?

— Nous marchons tout droit, repartit le docteur, à une congestion cérébrale. Exciter cette irritation dans un sens quelconque, ce serait donner une impulsion à la maladie. Il faut d'abord abattre cette pensée qui brûle, et quand elle sera réduite à un degré de faiblesse qui lui retire tout danger, nous verrons comment il faut employer le remède souverain que vous avez dans les mains.

Donc la pauvre Sabine fut condamnée à être saignée, et le docteur y mit un tel zèle, que, lorsque M. Simon la quitta, sa pupille lui sourit doucement, se pencha vers lui, et réunissant les mains de M. Simon et de sa femme dans les siennes, leur dit d'une voix presque éteinte :

— Vous m'aimez, n'est-ce pas..... vous m'aimez, vous autres?...

Ils l'embrassèrent en pleurant, et le docteur, frappant des mains, s'écria :

— Nous sommes sauvés, elle n'en peut plus.

— Elle est bien faible, dit madame Simon, qui, en voyant Sabine si anéantie, si pâle, si abattue. trouvait que le médecin l'avait traitée comme un bourreau.

En effet, pendant qu'on saignait sa pupille, madame Simon avait pour ainsi dire pleuré chaque goutte de ce sang qui faisait cette enfant si belle, si forte, si charmante.

— Elle est bien faible, et je crains...

— Eh! reprit le docteur avec impatience, ne voyez-vous pas qu'elle est sauvée? Elle sent le besoin d'être aimée.

Madame Simon eût embrassé le docteur pour ce mot-là.

Elle lui proposa sur-le-champ de lire la lettre à Sabine; mais ce ne fut point l'avis du médecin.

— Laissez-la dormir dans sa faiblesse, dit-il. Bientôt, plus tôt que vous ne pensez peut-être, la conscience de sa douleur lui reprendra. Alors nous appliquerons le remède définitif.

— Quel remède? dit madame Simon.

— Eh bien! la lettre du jeune homme, fit le docteur.

Ce docteur est un homme charmant. Je vous le ferai connaître dans une autre occasion.

Cela se passait hier, 5 janvier, vers neuf heures du matin.

M. Simon, rassuré sur le sort de sa pupille, partit alors, et courut chez de Prosny. En effet, Sylvestre était revenu la veille, et était sorti de très-grand matin.

M. Simon monta chez mademoiselle de Prosny; il ne put rien apprendre de la vieille, sinon que son neveu lui avait annoncé que, puisque, grâce à la générosité de mademoiselle Durand, elle se trouvait à l'abri du besoin, il allait faire un grand voyage...

— Mais quand part-il? dit M. Simon.

— Je ne sais pas, avait répondu mademoiselle de Prosny.

— Mais il doit revenir vous faire ses adieux?

— Peut-être....

— Comment, peut-être!

— Attendez donc... fit la vieille en s'arrachant à une pensée qui semblait exclure toutes les autres... Oui, il me semble qu'il m'a fait ses adieux... oui, il m'a dit : « Si je ne vous revois pas, ne m'en veuillez pas, et... » Enfin il m'a dit tout ce qu'on dit en pareil cas.

— Et vous ne vous êtes pas informée où il allait? s'écria M. Simon indigné.

— A propos, lui dit mademoiselle de Prosny en le regardant, savez vous l'adresse de M. P..., notre ancien notaire? Il faut que je le retrouve : c'est le seul homme auquel j'aie confiance.

M. Simon s'aperçut que mademoiselle de Prosny avait le cœur si plein de ses quatre-vingt mille francs que rien n'y avait plus de place ; il se détourna avec dégoût, et quitta la maison de Sylvestre pour se rendre chez M. de Bellestar.

Les inquiétudes de M. Simon, bien que très-réelles, n'étaient pas cependant complétement arrêtées. Il avait bien quelque idée d'un duel possible entre de Prosny et le marquis ; mais comme, par un hasard assez facile à comprendre au milieu des soins actifs qui avaient occupé les précédentes journées de M. Simon, il avait ignoré la visite de M. de Bellestar à Sylvestre, il ne pouvait s'imaginer comment ce duel avait pu arriver.

La lettre du marquis disait assez clairement qu'il aurait réparation d'une insulte reçue. Mais il y avait eu insulte le jour de la scène du 1er janvier, et peut-être le marquis ne parlait-il que d'une réparation à demander. D'autres fois, M. Simon craignait un parti désespéré de Sylvestre, un suicide, un départ.

Quoi qu'il en fût de toutes les suppositions qui se heurtaient dans la tête de M. Simon, il allait chez le marquis de Bellestar avec la résolution fort bien arrêtée de donner une leçon de politesse à ce monsieur ; et, quoique notre avoué n'eût aucune envie de faire le coup d'épée pour une affaire de mariage, il ne se sentait nullement disposé à céder d'un pas aux impertinences qu'il prévoyait, fallût-il les suivre jusqu'au bois de Boulogne.

Il y avait même des moments où, lorsqu'il pensait que M. de Bellestar pouvait s'être battu avec Sylvestre et pouvait l'avoir tué... il se sentait pris d'une rage belliqueuse, au point que, dans un de ces mouvements de fureur interne auxquels il se livrait, il se laissa aller à dire tout haut :

— Mais si cela était arrivé, je le tuerais comme...

L'étonnement du cocher qui menait le cabriolet de M. Simon arrêta la fin de l'exclamation, et l'avoué, honteux de sa sortie, se fâcha contre la lenteur avec laquelle on le conduisait.

Enfin M. Simon arriva chez M. de Bellestar.

Le marquis était sorti de fort grand matin. La concordance de cette sortie matinale avec celle de Sylvestre ne laissait plus guère aucun doute à M. Simon sur la réalité du duel qu'il soupçonnait.

Sous le prétexte, facile à trouver pour un avoué, d'une affaire très-importante et qui exigeait la présence immédiate du marquis, M. Simon put faire toutes les questions possibles pour savoir où il pourrait rencontrer son client; mais rien de ce qu'il apprit ne put l'en instruire, et les détails qu'on lui donna furent même de nature à lui faire croire qu'il s'était trompé.

En effet, M. de Bellestar était sorti avec deux de ses amis. C'était, à la vérité, le nombre voulu pour un duel.

Mais ces messieurs était partis en costume de chasse. Une voiture chargée de chiens et deux piqueurs les avaient suivis; les fusils avaient été emportés; on devait aller chasser chez l'un de ces messieurs, mais personne ne savait chez lequel. Or, l'un possédait de très-beaux bois attenants à la forêt de Sénart, et l'autre une immense propriété aux environs de Mantes.

A supposer que les précautions eussent été prises pour cacher le lieu du rendez-vous, de quel côté aller? M. Simon ne désespéra point cependant de retrouver les traces du marquis.

Voici comment il raisonna :

— Le marquis n'était pas homme à exposer ses chevaux à une route si longue par le temps affreux qu'il faisait; il les estimait trop pour cela. Il s'était donc probablement fait conduire à la première poste de la route qu'il avait prise, et probablement aussi les chevaux rentreraient dans la matinée avec les cochers. Alors il connaîtrait la route suivie par le marquis. C'était une heure ou deux à attendre.

Mais cette heure, ces deux heures, il fallait les occuper. Voici ce qu'en fit M. Simon. Il alla au chemin de fer de Rouen, pour savoir si par hasard trois chasseurs, suivis de chiens et de piqueurs, ne se seraient point fait transporter, eux et leurs équipages, jusqu'à Mantes. On n'avait rien vu de pareil.

Du chemin de fer de Rouen il alla à celui d'Orléans. Là, il apprit que la partie de chasse n'était point un prétexte. On avait avait vu partir deux piqueurs et six chiens. Quant aux maîtres, on ne pouvait en répondre, on n'avait pas regardé le costume de tous les voyageurs. M. Simon insista, supplia pour savoir s'il n'avait pas été pris trois places sous un même nom, et par ce même convoi.

L'employé, fort occupé, rechignait à faire cette recherche, lorsqu'un de ses voisins, ouvrant le registre, dit tout haut :

— Trois places au nom de M. de Prosny... est-ce là votre affaire ?

C'était de beaucoup trop l'affaire de M. Simon. Il ne s'enquit plus de savoir si M. de Bellestar était parti par cette voie. Il s'informa de la destination de Sylvestre : il avait dû s'arrêter à Champrosay.

M. Simon voulait partir sur-le-champ; mais le premier convoi était direct; il fallait attendre trois quarts d'heure. C'était plus qu'il n'en fallait pour que les adversaires eussent le temps de s'égorger... M. Simon ne réfléchissait pas qu'il y avait deux heures qu'ils étaient partis, et qu'à l'instant où il croyait encore possible de prévenir le combat, ce combat devait avoir eu lieu.

Les employés, en le voyant se démener sans rien dire, le prirent pour un fou. En effet, notre avoué allait du bureau où l'on prend les places jusqu'à la porte extérieure... A ce moment il voulait garder son cabriolet pour aller à Champrosay. Puis il s'arrêtait tout à coup en se disant que le chemin de fer le conduirait plus vite, malgré l'attente qu'il avait à subir. Il revenait au bureau, il prenait une place ; mais, là place prise, l'idée d'attendre le dévorait, et il calculait qu'en crevant son cheval il arriverait peut-être quelques minutes plus tôt, et il retournait vers son cabriolet.

Là, il demandait au domestique ce qu'il fallait de temps pour faire la route. Le domestique ne demandait pas plus de deux heures.

— Deux heures ! deux heures ! s'écriait M. Simon, le chemin de fer vaut mieux.

Il regagnait encore le bureau.

Ce bon M. Simon avait si complétement perdu la tête dans ces allées et venues, que l'employé eut pitié de lui, et qu'à un troisième voyage à son bureau, où il demandait encore une place, il lui dit :

— Mais, monsieur, vous en avez déjà pris deux !

M. Simon s'aperçut de sa distraction, et comme il n'avait envie d'être la risée de personne, il répondit très-froidement au commis :

— Eh bien ! monsieur, je prends tout le convoi si vous voulez le faire partir tout de suite.

La chose était impossible ; mais l'observation de l'employé eut pour résultat de donner avis à M. Simon de mettre un peu plus d'ordre dans ses réflexions.

Ce fut alors seulement que la pensée lui vint que de Prosny et probablement M. de Bellestar étant partis depuis deux heures, il n'arriverait jamais, quelque hâte qu'il pût y mettre, que pour apprendre l'issue de la rencontre.

Dans cette conjoncture, et pour ne pas laisser sa femme dans une anxiété cruelle sur sa propre absence, il lui écrivit le petit billet suivant :

« J'ai trouvé la trace de de Prosny; je pars à l'instant pour Corbeil, j'espère vous le ramener ce soir sain et sauf. »

M. Simon n'avait pas voulu parler du duel; mais il ne s'était pas aperçu que le dernier mot de son billet, où il promettait de ramener Sylvestre *sain et sauf*, impliquait l'idée d'un danger. Il envoya ce billet par son cocher, et se mit à attendre l'heure de son départ. Le supplice dura trente-cinq minutes d'attente! on vous coupe une jambe bien plus vite, c'est moins douloureux.

Que de malédictions M. Simon jeta durant ce temps sur la mauvaise organisation des chemins de fer qui n'ont point de locomotives à volonté, comme sont les coucous de la place Louis XV.

Puis, quand il partit, le convoi ne marchait pas; cette prétendue vitesse des chemins de fer n'était qu'un leurre stupide; et pas un moyen de crier au chauffeur d'aller plus vite, comme on fait à un postillon! Quelle misère! Et tout à coup voilà que, pendant que le convoi vole, un autre convoi le croise; qui sait si de Prosny n'y est pas, revenant à Paris, vainqueur ou blessé?

Est-il au monde quelque chose de plus stupide que ces machines qui courent sans qu'on puisse avoir même le temps de reconnaître les gens qu'on cherche et qu'on peut rencontrer, et en outre, impossible d'arrêter, de descendre, ou de dire au cocher de tourner bride.

Et puis... et puis... et puis...

Je vous jure que jamais les inconvénients du chemin de fer n'ont été si bien supputés et analysés qu'ils le furent par M. Simon durant les quarante-cinq minutes qu'il mit pour arriver à Champrosay.

Enfin il arriva, et apprit aisément le débarquement de trois jeunes gens et celui des piqueurs. Quant à M. de Bellestar et à ses amis, on n'en avait aucune idée.

Notre avoué pensa qu'ils avaient dû venir de leur côté dans

la voiture du marquis. Les piqueurs s'étaient arrêtés dans un cabaret du village, cela ne faisait pas de doute ; M. Simon les explora tous. Les braves gens étaient entrés dans celui qui est à la sortie du village, et ils y étaient demeurés deux heures.

M. Simon s'informa au cabaretier de ce qu'ils avaient pu devenir. Celui-ci lui apprit ce qu'il savait de l'arrivée et du départ des piqueurs. D'après ce qu'ils avaient dit entre eux, ils avaient rendez-vous avec les piqueurs du comte de B..., propriétaire du château, à la Patte-d'Oie, et on devait se mettre en chasse, avaient-ils dit, quand l'affaire serait faite.

Il y a des mots qui deviennent affreux dans certaines circonstances. M. Simon ne comprit que trop ce que voulait dire ce mot : « Quand l'affaire sera faite, » et il lui sembla qu'il sentait le spadassin et le boucher.

Il demanda un homme pour le conduire au rendez-vous.

Cette marche fut cruelle pour notre avoué. A chaque instant il s'arrêtait.

Au plus petit bruit lointain qui venait à son oreille, il croyait entendre l'aboiement des chiens ou les appels du cor.

— S'ils chassent, se disait-il, c'est qu'ils l'ont tué... On l'aura jeté dans un coin, abandonné dans une cabane !... et ces messieurs auront passé à un autre exercice. Oh ! cet infâme Bellestar était bien sûr de sa force et de son adresse, lorsqu'il arrangeait insolemment une partie de chasse à la suite de ce duel où il était bien sûr de triompher d'un pauvre garçon qui n'avait jamais de sa vie touché épée ou pistolet.

Quand ces idées venaient à M. Simon, il reprenait sa marche avec une rapidité, une action qui stupéfiaient le paysan qui le guidait.

Enfin ils n'étaient plus qu'à quelques pas de la Patte-d'Oie ; M. Simon n'entendait plus, n'écoutait plus, lorsque tout à coup son guide s'arrête et s'écrie :

— Ah ! pour le coup, la voilà, la chasse !

En effet, au loin... bien au loin... on entendait les cris d'une meute, tantôt perdus dans l'espace, tantôt apportés par une rafale, et passant dans l'air comme des clameurs plaintives et désolées.

M. Simon fut saisi d'un horrible tremblement ; il fut obligé de s'appuyer contre un arbre. Il semblait que ces bruits lointains lui eussent apporté la certitude de la mort de Sylvestre.

Alors, dans un mouvement désespéré, il prit son chapeau, le jeta à terre, et se mit à crier en levant les mains au ciel :

— Oh ! pauvre enfant ! pauvre enfant !

Les bruits de la chasse s'approchèrent, et tandis que la voix des chiens venait dans une direction, on entendit d'un autre côté le galop de quelques chevaux.

— En voilà, dit le paysan, qui coupent par l'allée du Roi.

M. Simon s'imaginait qu'il allait voir paraître M. de Bellestar, et comme madame Simon s'était écriée dans son cœur, en voyant Sabine : Mais si j'étais sa mère, je ne la laisserais pas souffrir ainsi, de même M. Simon se dit tout bas : Mais si j'étais le père de Sylvestre, je tuerais cet homme d'un coup de fusil, et ce serait bien fait.

Les chasseurs s'approchèrent, il s'avança pour les arrêter ; ils étaient trois, et M. de Bellestar n'y était pas.

Ils passèrent comme l'éclair, sans que M. Simon, trompé dans son attente, eût la pensée de les arrêter pour s'informer du marquis. Il restait immobile et incertain de l'endroit vers lequel il devait se diriger, lorsqu'il vit passer un piqueur qui courait à toute bride du côté de Corbeil. Il l'appela, mais celui-ci ne daigna pas lui répondre.

M. Simon ne savait de quel côté tourner, lorsqu'il entendit rire aux éclats à côté de lui dans une petite allée sombre. C'étaient une belle amazone et un gracieux cavalier.

— Comment, lui disait l'amazone en riant... tout à fait emporté ?...

— Il n'y en a plus... reprit le cavalier.

— Un si beau nez! fit l'amazone en reprenant son rire fou.

— Traversé, déchiré, brisé par la balle du clerc d'avoué, fit le jeune homme en riant encore plus fort...

— Quoi!... s'écria M. Simon en s'élançant, et Sylvestre?...

Le monsieur jeta un regard fort peu gracieux sur l'importun qui venait interrompre un entretien probablement convenu de longue main avec le hasard.

— Que voulez-vous, monsieur? lui dit-il.

— Savoir ce qu'est devenu l'adversaire de M. de Bellestar...

— Ma foi, monsieur, fit le cavalier, adressez-vous...

— Allons, dit la dame tout bas, un peu d'humanité... Voyez cette tête effarée, ce doit être le père. Monsieur, ajouta-t-elle en s'adressant à M. Simon, votre fils est un brave... et M. de Bellestar est camard pour le reste de ses jours.

— Et vous ne pourriez m'apprendre où je pourrais trouver ce jeune homme?...

— J'ai entendu dire qu'il était retourné à Paris.

M. Simon salua, et la dame, en s'éloignant, le regarda avec un petit regard très-singulier, et dit à son cavalier :

— Si, comme vous le dites, le jeune homme est très-beau, madame sa mère n'a pas tenu parole à monsieur son père : voyez donc la drôle de figure!

Le cavalier était le témoin et l'intime de M. de Bellestar; et la belle dame, une jeune lionne que le marquis avait chèrement enlevée au plus riche banquier de la Hollande.

M. Simon, heureux, ravi et inquiet tout à la fois, reprit une heure après le chemin de Paris.

XXI

7 janvier 1844.

Hier, à cinq heures du soir, le salon de M. Simon était éclairé comme le jour où cette histoire a commencé; la salle à manger était prête pour un dîner assez nombreux.

M. Simon était au coin de son feu, tisonnant, selon son habitude, et de temps en temps regardant la pendule, dont l'aiguille ne marchait pas sans doute assez vite au gré de son impatience.

De l'autre côté de la cheminée, Sabine était assise dans un vaste fauteuil. Ce n'était plus la jeune fille du premier jour, la jeune fille au regard hautain, au sourire dédaigneux, portant haut sa beauté, et ne cherchant point à déguiser l'ennui qu'elle éprouvait; c'était une enfant pâle et faible, affaissée sur elle-même, avec un doux sourire aux lèvres, le regard vague et cependant radieux, absorbée dans une pensée qui ne laissait plus de place à l'ennui.

Quant à madame Simon, elle allait et venait comme au premier jour, arrangeant, ordonnant, faisant sa maison belle et parée.

De temps en temps, et comme le premier jour, elle s'arrêtait pour regarder Sabine; mais ce n'était pas ce regard inquiet et mécontent avec lequel elle avait accueilli ce jour-là les acclamations de sa pupille; c'était un regard tout plein d'une joie sereine, qui se complaisait à voir la joie douce et calme de ce cœur qui avait tant souffert. Alors elle s'approchait lentement de Sabine et déposait un baiser sur son front. La jeune fille relevait les yeux, souriant à sa tutrice avec un doux mouvement de tête.

M. Simon regardait cela du coin de l'œil; sa femme allait à lui, lui prenait la main en lui envoyant à son tour un sourire qui voulait dire : « merci, » et tous trois reprenaient leur silence et leur heureuse rêverie.

Cependant l'heure se passait, et les convives arrivèrent bientôt; quelques jeunes filles, dont n'était point mademoiselle Aurélie de S..., quelques amis sérieux, parmi lesquels le bon docteur dont je vous ai parlé.

On parlait bas, on se faisait de petits signes d'intelligence; chacun semblait dans la confidence d'un bonheur dont chacun semblait vouloir réserver la surprise aux autres.

Six heures sonnèrent; et à ce moment, Sabine, à son tour, regarda la pendule, et il se glissa une sorte d'inquiétude parmi tout ce monde. Ce fut alors que madame Simon prit son mari à part et lui dit :

— Es-tu sûr que ta lettre soit arrivée à Sylvestre?

— Allons, repartit M. Simon en s'adressant au docteur qui s'était approché, voilà ma femme qui va me faire une querelle et me prendre pour un imbécile, parce que notre grand vainqueur est en retard d'une demi-minute.

Tu sais très-bien, continua M. Simon en s'adressant à sa femme, qu'à supposer qu'il n'y ait pas eu un obstacle gros comme un brin de paille, qu'à supposer qu'il n'y ait pas eu un retard d'une seconde dans les allées et venues de nos jeunes gens, Sylvestre ne peut être ici qu'à six heures, au plus tôt.

Madame Simon ne put retenir un petit mouvement d'impatience; elle avait tellement peur de voir gâter par le plus petit accident un bonheur si difficilement acheté, qu'elle ne put s'empêcher de dire à son mari :

— Le mieux était d'aller le chercher toi-même.

— Je vous en fais juge, dit monsieur Simon au docteur :

D..., l'un des témoins de Sylvestre, est venu ce matin, m'apportant une lettre de de Prosny ; la lettre la plus extravagante, où il disait qu'il était prêt à se tuer pour le bonheur de Sabine ; enfin la lettre d'un fou. D..., après m'avoir raconté le détail du combat de notre jeune homme avec le marquis, m'apprend que Sylvestre est demeuré à Corbeil, et qu'il y attend mes ordres. Il est certain que je pouvais partir avec D... ; mais, je l'avoue, j'avais encore le corps, et la tête, et les jambes brisés de mes courses d'hier ; d'ailleurs, D... est un charmant garçon qui aime beaucoup Sylvestre : je lui dis qu'il faut qu'il me le ramène aujourd'hui même, et je lui donne un mot à cet effet.

C'est précisément ce qui m'alarme, dit madame Simon : que lui as-tu écrit ?

— Je lui ai écrit ce que je devais lui écrire.

— Imaginez-vous, docteur, dit madame Simon, que voilà plus de six heures qu'il ne veut pas me dire ce que contenait ce malheureux billet. Oh ! quand il s'en mêle, il est insupportable.

Le docteur se prit à rire, et dit à l'avoué :

— Mon cher ami, prenez-y garde : la curiosité est un cas de maladie, et votre discrétion peut vous coûter des frais de visites.

— Allons, docteur, dit madame Simon, ne plaisantez pas ; voyez comme Sabine semble déjà inquiète et attristée.

— Bon, bon, dit le docteur, elle a la main dans la poche de sa robe ; dans la poche de sa robe il y a la lettre de Sylvestre ; ne pouvant la relire devant tout le monde, elle la touche ; c'est comme un avare qui s'assure de la présence de son trésor ; et si vous la regardez bien, vous devez voir que ses yeux, ses lèvres, son front, tout son être dit tout bas :

— N'est-ce pas, mon Dieu, qu'il m'aime ?

— Je souhaite, dit madame Simon, que tout cela ne tourne pas encore une fois en larmes et en désespoir. Et pourquoi cela? pour un mot maladroit ou mal compris; car il ne veut pas dire ce qu'il a écrit.

M. Simon prit la main de sa femme, et lui dit :

— Allons, voilà le docteur qui va s'alarmer pour tout de bon de ton état. Puisque tu le veux savoir absolument, voici ce que j'ai écrit à Sylvestre; ce n'est ni long, ni éloquent, mais c'est péremptoire.

Mon billet renfermait ces quatre mots :

« Venez donc, malheureux! venez donc. »

— Et puis? dit madame Simon d'un air stupéfait.

— Et puis?

— Comment! reprit madame Simon, pas autre chose?

— Pas autre chose de ma main, reprit M. Simon; seulement j'ai glissé sous le pli de ma lettre la lettre de Sabine que le marquis a eu soin de me renvoyer, et j'ai remis à D... la lettre elle-même de M. de Bellestar, pour qu'il la montrât à Sylvestre. Si après tout cela il ne vient pas, c'est qu'il est perdu ou mort.

Ce dernier mot, bien que prononcé à voix basse, arriva jusqu'à l'oreille de Sabine, qui tressaillit et regarda avec anxiété le petit groupe, où elle comprenait qu'on venait nécessairement de parler d'elle.

Madame Simon vit ce mouvement et voulut aller vers sa pupille; le docteur la retint en lui disant tout bas :

— Point de ces enfantillages; il n'y a rien qui alarme les gens comme de vouloir les rassurer. Seulement il y a eu dans tout ceci une chose fort mal faite. Puisque le grand vainqueur ne pouvait arriver qu'à six heures, il fallait dire qu'il ne pouvait arriver qu'à neuf.

— Oh! dit M. Simon, empêchez donc les femmes de dire ce qu'elles ont sur la langue. La faute en est à moi qui ai eu le malheur de calculer devant madame combien il fallait de minutes à D... pour aller de chez moi à l'embarcadère du chemin de fer, combien de temps pour aller de Paris à Corbeil, combien de temps pour lire les lettres, combien de temps pour aller de Corbeil à Paris, et du Jardin-des-Plantes ici. Tout cela nous menait juste à six heures, à la condition, comme je vous le disais, que le cheval du cabriolet aura marché comme s'il avait été amoureux, et qu'il n'y aura pas eu un omnibus qui aura barré le chemin pendant quinze minutes ; à la condition, par conséquent, que D... aura pu prendre le premier convoi ; à la condition enfin... que sais-je, moi ?... Et voilà ma femme qui, dans l'enthousiasme de sa joie, va dire à Sabine que Sylvestre sera ici à six heures, comme si c'était une chose aussi certaine qu'il est certain que M. de Bellestar a le nez cassé ! Heureusement que Sabine est plus sage qu'elle, et qu'elle m'a parfaitement compris, lorsque je lui ai dit tous les obstacles qui pouvaient empêcher Sylvestre d'arriver à une heure dite.

— C'est égal, fit le docteur, ce n'est pas heureux ; il fallait qu'il fût impossible qu'il arrivât. Les amoureux ne tiennent pas compte des obstacles qui vous arrêtent, ils ne tiennent compte que des obstacles que l'on surmonte ; enfin le mal est fait, et comme il ne faut pas l'aggraver, il ne faut pas avoir l'air d'attendre une arrivée possible. Faites servir votre dîner, je me charge de dire à Sabine que Sylvestre ne peut être ici avant deux heures.

Madame Simon quitta le salon pour donner l'ordre de servir, et le docteur s'approcha de sa belle malade.

Sabine ne lui demanda pas de vive voix ce qui venait de se passer entre lui, son tuteur et sa tutrice, mais le docteur s'empressa de répondre à la question que lui faisaient les yeux inquiets de la pauvre enfant.

Plus d'une fois Sabine sourit au récit plaisant que fit le docteur de la querelle de l'avoué et de sa femme, et quand il eut fini, elle lui répondit doucement :

—Ils sont si bons! et vous aussi, docteur, et tout le monde!

Ah! qu'on est heureux d'être heureux! Vous le voyez, tout est beau, tout charme et tout plaît!

On annonça que le dîner était servi.

Le docteur prit le bras de Sabine et se plaça à côté d'elle; cette place ne lui avait pas été destinée, et comme madame Simon allait désigner celle qui était à sa droite, un signe imperceptible du médecin lui apprit qu'il voulait rester près de la jeune fille.

C'était dire à madame Simon qu'il croyait sa présence et son entretien nécessaires à la malade, et cette petite précaution alarma madame Simon.

Un nouveau signe du docteur l'avertit de ne point regarder sa pupille avec l'air d'inquiétude qui se peignait sur son visage, et le dîner commença.

Le docteur se mit à causer avec Sabine, lui ordonnant de manger, le lui défendant aussitôt, la taquinant de mille façons pour la distraire de l'agitation inquiète qui commençait à s'emparer d'elle. Il lui parlait sans cesse, appelant ses regards sur tous les objets qui se trouvaient sur la table; mais il ne pouvait parvenir qu'à grand'peine à les détacher d'une pendule placée en face d'elle, et sur laquelle Sabine suivait l'heure avec une avide constance.

Déjà tout le monde avait remarqué les efforts inutiles de Sabine pour répondre à la gaîté forcée du médecin. Déjà on avait observé quelques légers tressaillements nerveux, quelques sourires contractés, quelques exclamations sourdement échappées. L'œil de Sabine se voilait, la respiration devenait oppressée et haletante, lorsque tout à coup voilà un coup de sonnette qui éclate, on entend une première porte s'ouvrir et se refermer.

Par un mouvement spontané, tout le monde se lève, excepté Sabine et le docteur; une seconde porte s'ouvre, c'est Sylvestre et son ami qui entrent.

Toutes les voix poussent un cri de joie, toutes les mains se tendent vers le nouveau venu, et lorsque tous les yeux se tournent vers Sabine pour lui dire :

— Enfin le voilà !

on voit la pauvre enfant renversée sur sa chaise, pâle et inanimée, et le docteur coupant impitoyablement, avec un couteau de table, ceintures, cordons, etc., etc.

— Ce n'est rien ! ce n'est rien ! criait le docteur ; de l'air seulement et de l'eau fraîche.

Sylvestre veut se précipiter vers Sabine, mais madame Simon le prévient.

On s'empresse autour de la jeune fille, on l'emporte dans le salon, sans que Sylvestre puisse s'en approcher, sans qu'il puisse l'apercevoir par-dessus le rempart d'amis officieux qui sont venus à son secours.

On dépose Sabine sur ce même divan où quelques jours avant Sylvestre avait été déposé, lui frappé d'un coup affreux, elle atteinte d'un bonheur trop attendu.

Madame Simon, le docteur et quelques femmes restèrent près de Sabine, et tout le monde rentra dans la salle à manger.

Les uns sont debout, avec leur serviette sur le bras; les autres tiennent encore leur fourchette chargée du morceau qu'ils n'ont pas eu le temps de porter à leur bouche; on parle, on s'appelle, on s'alarme.

Enfin on s'adresse à Sylvestre, on lui demande pourquoi il n'est pas arrivé plus tôt; mais Sylvestre, la tête perdue, l'oreille collée à la porte qui sépare la salle à manger du salon, ne répond rien, parce qu'il n'entend rien.

Alors on s'adresse à l'ami qui l'a accompagné, et au moment où il allait commencer le récit de leur voyage, la porte du salon s'ouvre, et madame Simon, passant seulement la tête, dit tout bas :

— Elle va mieux.

— A-t-elle tout à fait repris connaissance ? lui dit son mari.

— Certainement, car lorsqu'elle a ouvert les yeux et qu'elle m'a regardée, je lui ai dit : Il est ici ; et elle m'a répondu avec un doux sourire qui prouvait bien qu'elle avait repris toute sa connaissance, elle m'a répondu :

— Je l'ai vu.

Mais elle est encore si faible que le docteur défend que personne, *personne*, entre dans le salon.

Le second *personne* fut adressé directement à Sylvestre, qui prit la main de madame Simon, et la porta à ses lèvres.

A ce moment, il sembla qu'on le remarquait pour la première fois, car madame Simon, se reculant de lui, s'écria en regardant aussi M. D...!

— Oh! mon Dieu, dans quel état les voilà tous les deux !

En effet, ils étaient couverts de boue et dans un désordre effroyable.

— Parbleu! s'écria D... d'un ton joyeux, si vous vous êtes imaginé jusqu'à présent que dix lieues faites à franc étrier sur d'affreux bidets de poste, à travers la boue et la pluie, rendent un homme présentable pour le bal, vous devez perdre, en nous voyant, cette opinion.

— Comment! c'est ainsi que vous êtes venus ? dit-on de tous côtés.

— Ah! peu s'en est fallu, reprit D..., que nous ne soyons partis à pied. Il voulait partir, partir, partir... il n'avait que ce mot-là à la bouche. J'avais beau lui expliquer comment nous arriverions plus vite en attendant le convoi, en louant une voiture, il n'entendait rien. Tout ce que j'ai pu gagner, c'est le malheureux bidet de poste, et encore est-ce parce que nous passions devant l'établissement, et qu'on n'a demandé que deux minutes pour seller les chevaux. Et puis, une fois partis, c'était un train, un train....., Je déclare que, l'année prochaine, je me fais jockey pour les courses du Champ de Mars !

A ce moment, la voix du docteur appela madame Simon ; elle alla vers sa pupille, qui entendait sans doute la voix du narrateur, et qui lui dit :

— Eh bien! que disent-ils? qu'est-il arrivé ?

Madame Simon lui raconta ce que venait de dire M. D..... qui, pendant ce temps, continuait son récit dans la salle à manger, et il fallut que madame Simon allât du chevet de sa malade jusques auprès de M. D... pour écouter ce qu'il disait et le rapporter à Sabine.

La belle malade voulait tout savoir, et les disputes avec les postillons, et la selle qui avait tourné à Essonnes, et le cheval de Sylvestre qui était tombé à la Cour de France, et M. D.... qui était tombé de cheval à Juvisy, et les deux jeunes gens renfourchant intrépidement leur rosse, reprenant leur galop enragé, calmant les fureurs des postillons à force d'argent, et arrivant à la dernière poste après avoir jeté à un garçon d'écurie leur dernière pièce de cent sous.

Les voilà donc bien empêchés, et ils n'eussent pu continuer leur route, si la montre de M. D... n'avait pas répondu du paiement des chevaux pris, etc., etc.

Comme nous l'avons dit, à mesure que l'ami de Sylvestre racontait toutes ces circonstances avec cet esprit familier que donne la joie qu'on éprouve et le plaisir avec lequel on est écouté, madame Simon allait et venait, rapportant à chaque fois une bribe de ce récit à Sabine, qui l'écoutait avec avidité, reportant du côté de Sylvestre les mots échappés au bonheur de Sabine; messagère du bonheur de ces deux cœurs heureux qu'elle aimait, et que le docteur s'obstinait à ne pas mettre encore en présence.

Bientôt l'ordre fut donné que l'on eût à se remettre à table, et madame Simon annonça que, dès que le désordre de la toilette de Sabine serait réparé, elle viendrait reprendre sa place parmi les convives.

Par une prescription secrète de madame Simon, la place de

Sylvestre fut marquée assez loin de celle de la malade, contrairement à l'avis du docteur ; elle ne voulait pas qu'ils pussent se parler de manière à n'être entendus de personne.

Madame Simon avait invoqué le décorum, mais au fond elle savait bien qu'elle leur sauvait à tous deux un embarras cruel. Quand on a tout à se dire, il vaut mieux ne pouvoir se dire rien que d'essayer d'un mot et de le voir aussitôt arrêté par les regards curieux dont on est entourés.

Quelques minutes après que le dîner eut repris son cours, Sabine rentra, toujours appuyée sur le bras de son médecin. Au moment où elle passa près de Sylvestre qui s'était levé et qui voulut parler à Sabine, le docteur le repoussa doucement de la main, en lui disant :

— Très-bien, très-bien, jeune homme, nous parlerons de cela plus tard.

Le dîner continua.

Sabine et Sylvestre se regardaient à peine, et se voyaient toujours. Ils ne se disaient rien, et ils s'entendaient tous deux. La joie était franche, animée, bruyante. Sabine riait avec le docteur, Sylvestre écoutait complaisamment les plaisanteries de M. Simon, auxquelles il ne comprenait rien du tout.

Enfin le dernier service du dîner arriva, et avec ce dernier service, un énorme gâteau sur un immense plat : car, j'ai oublié de vous le dire, c'était hier la fête des Rois, et l'on devait tirer les Rois chez M. Simon.

Lorsqu'on procéda à cette auguste opération, les conversations, éparpillées autour de la table, se concentrèrent toutes sur le magnifique gâteau.

Qui aura la fève ?

Chacun la demande, chacun l'espère, chacun fait de magnifiques promesses, si la royauté lui échoit, comme s'il s'agissait d'une véritable royauté.

Enfin les parts sont distribuées, et, à un signal donné, chacun se met en quête d'éplucher le morceau qu'il a reçu, pour découvrir la fève royale.

Mais personne ne l'a, personne ne la trouve, et l'on commence déjà à accuser quelques-uns des grands prometteurs de la réunion de l'avoir soustraite pour ne pas tenir leur parole, lorsqu'une voix douce et faible dit tout bas :

— C'est moi qui l'ai.

Était-ce le hasard? était-ce le désir de madame Simon qui avait destiné cette préférence à sa pupille? toujours est-il que c'était Sabine qui avait la fève. Et tout aussitôt voilà que, selon l'intimité des gens qui parlaient, voilà mille cris qui s'élèvent tout autour de la table, disant :

— C'est Sabine! c'est mademoiselle Durand! vive Sabine! vive mademoiselle Durand!

Et tous ensemble : — Vive la reine!

Puis tout à coup M. Simon s'écrie de sa voix d'audience la plus sonore, quand il s'agit de dominer le murmure d'un nombreux auditoire :

— Mais à cette reine il faut un roi!
— Un roi! un roi! cria-t-on de tous côtés.

Et de tous côtés aussi on se poussa du coude, et de tous côtés aussi les regards coururent de Sabine à Sylvestre, de Sylvestre à Sabine.

La jeune fille les vit et les comprit : elle baissa les yeux et une subite rougeur lui monta au visage.

Sylvestre tenait aussi les yeux baissés sur son assiette, Sabine n'osait ni parler ni regarder.

Elle ne se sentait pas de force d'obéir à cette désignation faite par tous, et qu'avant tous avait déjà faite son cœur.... N'était-ce pas jeter l'aveu de son amour aux yeux de vingt curieux? elle hésitait.

Enfin elle entendit le silence qui se faisait autour d'elle; et prenant la fève dans sa main tremblante, elle se leva doucement, elle la tendit à Sylvestre en lui disant d'une voix presque éteinte :

— Voulez-vous être mon roi?

Les cris, les bravos, les trépignements couvrirent la réponse de Sylvestre, qui poussa le docteur de côté, et se jeta à genoux devant Sabine.

M. Simon courut les embrasser, et madame Simon aussi, et tout le monde aussi, et...

. . . .

Et c'est ainsi que finit cette histoire, commencée au réveillon de l'année dernière, et achevée le jour des Rois de la présente année 1844.

Mille amitiés.

P. S. J'espère, mon cher Armand, que vous ne manquerez pas à la noce ; c'est le samedi 10 février qu'ils se marient à l'église Saint-Vincent de Paul.

FIN.

TABLE

                                                                    Pages.

PREMIÈRE PARTIE. 1
   Dans la nuit. 22
   Le jour de Noël. 26
   Lettre volée. 77
   Suite de la lettre volée. 90
   Suite de la lettre volée. 95
   Deuxième lettre volée. 119
   Troisième lettre volée. 124
DEUXIÈME PARTIE. 152
   Idylle sur la nuit. 183
   Récit. 185
   Correspondance. 284

FIN DE LA TABLE.

COLLECTION MICHEL LÉVY.

Volumes parus et à paraître. — Format grand in-18, à 1 franc.

A. DE LAMARTINE.
- Les Confidences... 1
- Nouv. Confidences... 1
- Touss. Louverture... 1

THÉOPH. GAUTIER
- Beaux-arts en Europe 2
- Constantinople... 1
- L'Art moderne... 1
- Les Grotesques... 1

GEORGE SAND
- Hist. de ma Vie... 10
- Mauprat... 1
- Valentine... 1
- Indiana... 1
- Jeanne... 1
- La Mare au Diable... 1
- La petite Fadette... 1
- François le Champi... 1
- Teverino... 1
- Consuelo... 3
- Comt. de Rudolstadt 3
- André... 1
- Horace... 1
- Jacques... 1
- Lettres d'un voyag... 1
- Lélia... 2
- Lucrezia Floriani... 1
- Péché de M. Antoine. 1
- Le Piccinino... 2
- Meunier d'Angibault. 1
- Simon... 1
- La dern. Aldini... 1
- Secrétaire intime... 1

GÉRARD DE NERVAL
- La Bohème galante... 1
- Le Marq. de Fayolle. 1
- Les Filles du Feu... 1

EUGÈNE SCRIBE
- Théâtre (ouv. comp.) 20
- Comédies... 3
- Opéras... 1
- Opéras comiques... 5
- Comédies-Vaudv... 10
- Nouvelles... 1
- Historiettes et Prov. 1
- Piquillo Alliaga... 3

HENRY MURGER
- Dern. Rendez-Vous. 1
- Le Pays Latin... 1
- Scènes de Campagne. 1
- Les Buveurs d'Eau... 1
- Les Amoureuses... 1
- Propos de ville et propos de théâtre. 1
- Vacances de Camille. 1
- Scènes de la Bohème. 1
- Sc. de la Vie de Jeun. 1

CUVILLIER-FLEURY
- Voyag. et Voyageurs. 1

ALPHONSE KARR
- Les Femmes... 1
- Encore les Femmes... 1
- Agathe et Cécile... 1
- Pt. hors de mon Jard. 1
- Sous les Tilleuls... 1
- Sous les Orangers... 1
- Les Fleurs... 1
- V. y aut. de mon jard. 1
- Poignée de Vérités... 1
- Les Guêpes... 6
- Pénélope normande. 1
- Trois cents pages... 1
- Soirées de St. Adresse 1
- Menus-Propos... 1

Mme STOWE
- Traduct. E. Forcade.
- Souvenirs heureux... 3

CH. NODIER (Trad.)
- Vicaire de Wakefield. 1

LOUIS REYBAUD
- Jérôme Paturot... 1
- Paturot-République. 1
- Dern. des Commis-Voyageurs... 1
- Le Coq du Clocher. 1
- L'Indust. en Europe 1
- Ce qu'on voit dans une rue... 1
- La Comt. de Mauléon. 1
- La Vie à rebours... 1

FRÉDÉRIC SOULIÉ.
- Mémoires du Diable. 2
- Les Deux Cadavres. 1
- Confession Générale. 2
- Les Quatre Sœurs. 1

Mme É. DE GIRARDIN
- Marguerite... 1
- Nouvelles... 1
- Vicomte de Launay. 4
- Marq. de Pontanges. 1
- Poésies complètes... 1
- Cont. d'une v. Fille. 1

ÉMILE AUGIER
- Poésies complètes... 1

F. PONSARD
- Études Antiques... 1

PAUL MEURICE
- Scènes du Foyer... 1
- Les Tyrans de Village 1

CH. DE BERNARD
- Le Nœud gordien... 1
- Gerfaut... 1
- Un homme sérieux... 1
- Les Ailes d'Icare... 1
- Gentilhom. campagn. 2
- Un Beau-Père... 2
- Le Paravent... 1

HOFFMANN
- Trad. Champfleury.
- Contes posthumes... 1

ALEX. DUMAS FILS
- Avent. de 4 femmes. 1
- L. vie à vingt ans... 1
- Antonine... 1
- Dame aux Camélias. 1
- La Boîte d'Argent... 1

LOUIS BOUILHET
- Melænis... 1

JULES LECOMTE
- Poignard de Cristal... 1

X. MARMIER
- Au bord de la Newa 1
- Les Drames intimes. 1

J. AUTRAN
- La Vie rurale... 1
- Milianah... 1

FRANCIS WEY
- Les Anglais chez eux 1

PAUL DE MUSSET
- La Bavolette... 1
- Puylaurens... 1

CÉL. DE CHABRILLAN
- Les Voleurs d'Or... 1

EDMOND TEXIER
- Amour et finance... 1

ACHIM D'ARNIM
- Trad. T. Gautier fils.
- Contes bizarres... 1

ARSÈNE HOUSSAYE
- Femmes comme elles sont... 1

GÉNÉRAL DAUMAS
- Le grand Désert... 1
- Chevaux du Sahara. 1

H. BLAZE DE BURY
- Musiciens contemp... 1

OCTAVE DIDIER
- Madame Georges... 1

FELIX MORNAND
- La vie Arabe... 1

ADOLPHE ADAM
- Souv. d'un Musicien. 1
- Dern. Souvenirs d'un Musicien... 1

J. DE LA MADELÈNE
- Les Ames en peine. 1

MARC FOURNIER
- Le Monde et la Coméd. 1

ÉMILE SOUVESTRE
- Philos. sous les toits 1
- Conf. d'un Ouvrier. 1
- Au coin du Feu... 1
- Scèn. de la Vie intim. 1
- Chroniq. de la Mer. 1
- Dans la Prairie... 1
- Les Clairières... 1
- Sc. de la Chouannerie 1
- Les dernières Paysans. 1
- Souv. d'un Vieillard. 1
- Sur la Pelouse... 1
- Soirées de Meudon... 1
- Sc. et réc. des Alpes. 1
- Les Anges du Foyer. 1
- L'Échelle de Femm. 1
- La Goutte d'eau... 1
- Sous les Filets... 1
- Le Foyer Breton... 2
- Contes et Nouvelles. 1

LÉON GOZLAN
- Châteaux de France. 2
- Notaire de Chantilly 1
- Polydore Marasquin 1
- Nuits du P.-Lachaise 1
- Le Dragon rouge... 1
- Le Médecin du Pecq 1
- Hist. de 130 femmes. 1
- La famille Lambert. 1

THÉOPH. LAVALLÉE
- Histoire de Paris... 2

EDGAR POE
- Trad. Ch. Baudelaire.
- Histoires extraord... 1
- Nouv. Hist. extraord. 1
- Aventures d'Arthur Gordon Pym... 1

CHARLES DICKENS
- Traduction A. Pichot.
- Neveu de ma Tante. 1
- Contes et Nouvelles. 1

A. VACQUERIE
- Profils et Grimaces. 1

A. DE PON MARTIN
- Contes et Nouvelles. 1
- Mém. d'un Notaire... 1
- La fin du Procès... 1
- Contes d'un Planteur de choux... 1
- Pourquoi je reste à la Campagne... 1

HENRI CONSCIENCE
- Trad. Léon Wocquier.
- Scèn. de la Vie flam. 2
- Le Fléau du Village. 1
- Les Heures du soir. 1
- Les Veillées flamand. 1
- Le Démon de l'Argent 1
- La Mère Job... 1
- L'Orpheline... 1
- Guerre des Paysans. 1

DE STENDHAL
- (H. Beyle.)
- De l'Amour... 1
- Le Rouge et le Noir. 1
- La Chartr. de Parme. 1

MAX. RADIGUET
- Souv. de l'Amér. esp. 1

PAUL FÉVAL
- Le Tueur de Tigres. 1
- Les dernières Fées. 1

MÉRY
- Les Nuits anglaises. 1
- Une Hist. de Famille. 1
- André Chénier... 1
- Salons et Sout. de Paris 1
- Les Nuits italiennes. 1

ÉDOUARD PLOUVIER
- Les Dern. Amours. 1

GUST. FLAUBERT
- Madame Bovary... 2

CHAMPFLEURY
- Les Excentriques... 1
- Avent. de Mlle Mariette 1
- Le Réalisme... 1
- Prem. Beaux Jours. 1
- Les Souffrances du profes. Delteil... 1
- Les Bourgeois de Mo-linchart... 1
- Chien-Caillou... 1

XAVIER AUBRYET
- La Femme de 25 ans. 1

VICTOR DE LAPRADE
- Psyché... 1

H. B. RÉVOIL (Trad.)
- Harems du N.-Monde. 1

ROGER DE BEAUVOIR
- Chev. de St-Georges. 1
- Avent. et Courtisanes 1
- Histoires cavalières. 1

GUSTAVE D'ALAUX
- Soulouq. et son Emp. 1

F. VICTOR HUGO
- (Traducteur.)
- Sonn. de Shakspeare. 1

AMÉDÉE PICHOT
- Les Poètes amoureux 1

ÉMILE CARREY
- Huit jours sous l'É-quateur... 1
- Métis de la Savane. 1
- Les Révoltés du Para 1

CHARLES BARBARA
- Histor. émouvantes. 1

E. FROMENTIN
- Un Été dans le Sahara 1

XAVIER EYMA
- Les Peaux-Noires... 1

LA COMTESSE DASH
- Les Bals masqués... 1
- Le Jeu de la Reine. 1
- L'Ecran... 1

MAX BUCHON
- En Province... 1

HILDEBRAND
- Trad. Léon Wocquier
- Scè. de la Vie holland. 1

AMÉDÉE ACHARD.
- Parisiennes et Provinciales... 1
- Brunes et Blondes... 2
- Les dern. Marquises. 1
- Les Femmes honnêtes 1

A. DE BERNARD
- Le Portrait de la Marquise... 1

CH. DE LA ROUNAT
- Comédie de l'Amour. 1

MAX VALREY
- Marthe de Montbrun. 1

A. DE MUSSET
GEORGE SAND
DE BALZAC etc.
- Le Tiroir du Diable. 1
- Paris et les Parisiens. 1
- Parisiennes à Paris. 1

ALBÉRIC SECOND
- A quoi tient l'Amour 1

Mme BERTON
- (Née Samson.)
- Le Bonheur impossib. 1

NADAR
- Quand j'ét. Étudiant. 1
- Miroir aux Alouettes. 1

ÉMILIE CARLEN
- Trad. M. Souvestre.
- Deux Jeunes Femmes 1

LOUIS ULBACH
- Les Secrets du Diable 1

F. HUGONNET
- Souvenirs d'un Chef de Bureau Arabe. 1

JULES SANDEAU
- Sacs et Parchemins... 1

LOUIS DE CARNÉ
- Drame s. la Terreur. 1

www.ingramcontent.com/pod-product-compliance
Lightning Source LLC
Chambersburg PA
CBHW060634170426
43199CB00012B/1545